编委会

主　编：贵州省博物馆

编委会主任：陈顺祥

编委会副主任：王　曼　李　飞

编委会成员：李　甫　刘秀丹　李　渊　简小艳　张　婵　曾　嵘
　　　　　　全　锐　万　旻　苏洪彪　江　钊　米　兰

统　筹：李　甫　袁　炜

编　辑：朱良津　胡　进　李　甫　刘秀丹　吴一方　袁　炜　刘　恒

征途

贵州省博物馆建成
六十周年纪念专集

ZHENGTU

GUIZHOU SHENG BOWUGUAN JIANCHENG
LIUSHI ZHOUNIAN JINIAN ZHUANJI

贵州省博物馆

—— 主编

广西师范大学出版社

GUANGXI NORMAL UNIVERSITY PRESS

·桂林·

图书在版编目（CIP）数据

　征途：贵州省博物馆建成六十周年纪念专集 / 贵州
省博物馆主编. 一桂林：广西师范大学出版社，2020.4
　ISBN 978-7-5598-2779-1

　Ⅰ．①征… Ⅱ．①贵… Ⅲ．①博物馆—概况—贵州
Ⅳ．①G269.277.3

　中国版本图书馆 CIP 数据核字（2020）第 057325 号

广西师范大学出版社出版发行

（广西桂林市五里店路 9 号　邮政编码：541004 ）
　网址：http://www.bbtpress.com
出版人：黄轩庄
全国新华书店经销
珠海市豪迈实业有限公司印刷
（珠海市香洲区洲山路 63 号豪迈大厦　邮政编码：519000）
开本：787 mm×1 092 mm　1/16
印张：21　　字数：358 千
2020 年 4 月第 1 版　　2020 年 4 月第 1 次印刷
定价：158.00 元

如发现印装质量问题，影响阅读，请与出版社发行部门联系调换。

前　言

斗转星移，六十甲子。

贵州省博物馆自 1958 年建成开馆，迄今已 60 载。

贵州省博物馆前身是贵州省人民科学馆。1953 年 1 月，贵州省人民政府决定在省科学馆的基础上改组成立贵州省博物馆筹备委员会，揭开了贵州省博物馆正式建馆的序幕。筹建时办公地点设于科学路科学馆内，后几经搬迁，1956 年才最终落地于北京路，并修建馆舍。1958 年 5 月 1 日，苏式风格的馆舍建成，展览开放，宣告了贵州省博物馆的诞生。

2000 年，经过 40 多年的发展，贵州省博物馆馆舍已远远不能满足时代的需要，新馆建设提上了议事日程。2001 年，贵州省人民政府决定成立新馆建设工作小组，拉开了新馆筹建的序幕。几经论证，新馆选址于贵阳市观山湖公园东北侧。2007 年 12 月，新馆建设项目立项。2010 年 10 月，工程开工。2013 年 6 月，新馆建设易地重启。2016 年底，贵州省博物馆由云岩区北京路 168 号搬迁至观山湖区林城东路 107 号。2017 年 9 月 30 日，新馆正式对外开放。

建馆 60 年来，历任馆领导班子同心协力，带领全馆职工筚路蓝缕、承前启后、砥砺前行，发扬艰苦奋斗、自力更生的创业精神，使藏品征集、文物研究、社会教育与陈列展览工作齐头并进，为博物馆的发展奠定了坚实基础。尤其是老一辈博物馆工作者，他们不计名利，常年奔波于贵州各地，跋涉在崇山峻岭，开展了大量的田野调查、考古发掘、文物征集、标本采集工作，为我馆积累了数十万计的藏品及标本，是我馆事业发展的奠基者和开拓者。2013 年，新馆兴建，编制扩编，之后，大批高学历年轻同仁进入博物馆，为我馆注入了新生力量，为更加适应时代发展需要增添了活力。

　　60年集腋成裘，贵州省博物馆的馆藏从无到有，日渐丰富。至今，贵州省博物馆馆藏涵盖传世、出土、革命、民族、民俗及化石标本等不同类型，藏品5.4万余件（套），另有化石标本29余万件。据不完全统计，自1953年筹建以来，举办、承办及协办各类展览近600个。

　　今年，是党的十九大胜利召开之年，也是贵州省博物馆建成60周年。贵州省博物馆将以此作为历史征程的新起点，坚决按照十九大关于文化建设的方向指引，践行"办馆为民，开拓创新，兼容并包，合作共赢"的办馆理念，不断增强博物馆收藏、保护、研究、教育和展示功能，永葆艰苦创业的工作作风，适时调整内部不适应时代发展的桎梏，不断提升发现问题、解决问题的能力，继续发扬文博工作者艰苦奋斗的创业精神，为满足人民群众日益增长的美好生活需要而开创新局面，为"百姓富、生态美"的多彩贵州新未来而接力奋斗。

贵州省博物馆馆长：

2018 年 12 月 31 日

目 录

贵州博物馆事业发展简述

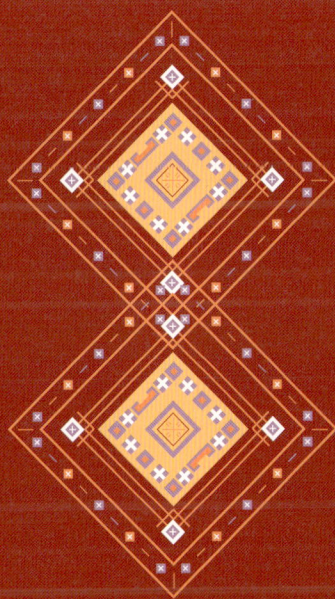

贵州博物馆事业发展简述

胡进

贵州博物馆事业发展至今，已有一百多年。纵观其历史，大致可分 5 个节点，即酝酿、萌发、成熟、发展、壮大；以时间段来划分，酝酿阶段在 20 世纪初 ~20 年代，萌发阶段在 30~40 年代，成熟阶段在 50~70 年代，发展阶段在 20 世纪 80 年代至 21 世纪初，壮大阶段则是 2008 年后至当下。

一、酝酿阶段

酝酿阶段，也可说是准备时期，即博物馆实质性的机构还未建立，但一些与博物馆性质相关的活动已有开展。

目前所知，最早的信息是 1909 年至 1910 年之间，贵州巡抚庞鸿书上书朝廷，奏设"劝工陈列所"。这是一个由政府主导筹办"罗列货品，以资研究"，并向公众开放的机构，其性质与博物馆已很接近。这种类型的机构在当时许多省份已经建立，贵州是否实施，还没有充分证据，但即使作为博物馆准备时期的一种导向，也有十分重要的意义，因此也可将这一信息作为贵州博物馆事业之肇端。

1911 年，贵州举办了第一个具有现代意义的实业展览会。所谓现代意义，就是用物品进行展示，并向社会开放，以达到宣传教育目的。1913 年，为了促进经济发展，加快先进技术的推广和应用，贵州实业司举办了"贵阳工作品第一次展览会"，展期特意安排在春节，观众络绎不绝。20世纪20年代，贵州省民政厅还举办过"贵州劝业会""护国纪念贵州物品展览会"等活动。

最值得一提的是，1930年贵州省建设厅和农矿厅为了全面反映本省生产及经济状况，"寓提倡于观摩，较优劣而改进，俾全省人士，晓然于出产之丰饶，鼓舞其开发之热心，所裨益于将来者"。报省政府批准，在贵阳市中山公园举办"贵州全省实业展览会"，分设农业馆、卫生馆、美术馆（内中专设姚茫父书画陈列室）、矿业馆、交通馆、工业馆（另附设贵州兵币药纸四厂制造品陈列室）、动物馆、商业馆等，原计划设有历史博物馆，后因故归并入美术馆。这次展览会几乎动员了全省人力物力，各县及贵阳市的许多机关单位，包括企业和学校都选送物品参展，还发动省内世族大家、金石书画名家等选送古文玩器和书画作品展出。所展物品，纯系国货，且多为土产，凡一切洋货均摒弃不用，旨在激发民众爱祖国爱家乡的热情。陈列展品计有12项106类，达数千种，可谓蔚为大观。展览会于10月9日开幕，至11月12日结束，展期月余，最后一天为了让广大民众也能参观，贯彻向大众进行宣传教育的宗旨，展览会免费开放。每天观众多达数千人，影响巨大。这次展览会从组织规模、陈列形式以及社会效益等方面，都显现出博物馆的一些基本特征，反映我省博物馆意识已有较为普遍的社会基础。（图1~11）

这一时期，在一些资料上还记载有"商品陈列所"，甚至"中山公园博物馆"等机构名称，因为缺乏更具体的材料来落实，所以仅记一笔，将其归入贵州博物馆准备时期的活动。

图 1：贵州全省实业展览会的门头

图2：贵州全省实业展览会上的民族民俗演出

图 3~5（从左至右）：贵州全省实业展览会之美术陈列室

图 6（左）：贵州全省实业展览会之卫生馆陈列室

图 7（中）：贵州全省实业展览会之姚茫父书画陈列室

图 8（右）：贵州全省实业展览会之动物陈列室 1

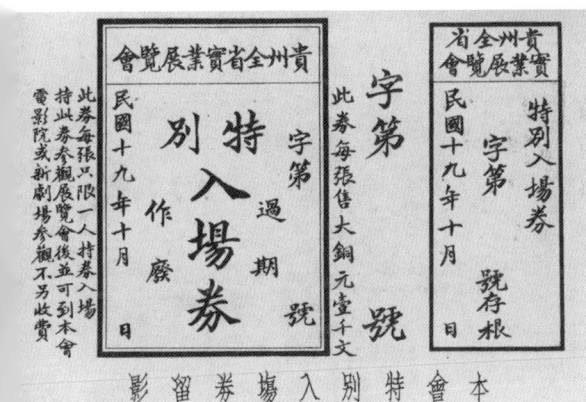

图 9（左）：贵州全省实业展览会之动物陈列室 2

图 10（中）：贵州全省实业展览会展示的部分青铜器

图 11（右）：贵州全省实业展览会入场券

二、萌发阶段

此阶段主要在抗日战争时期。此时,贵州成为全国抗战大后方,许多机关、厂矿、学校迁入贵州,贵阳人口急剧增长,一些文化名人或辗转途经贵州,或逗留寓居,从而促进了经济、文化的空前繁荣。作为文化建设的重要标志——博物馆,也应运而生。

1938 年 7 月,贵州省政府呈请中英庚款董事会及中华文化教育基金委员会立项拨款修建"贵州省立科学馆"。1939 年 8 月正式成立筹备处,馆址选定在贵阳市棉花街(后改名科学路),经过一年多的建设正式开放,蓝春池为第一任馆长。

开设之初,设有化学、物理、生物 3 个部,后来根据中央教育部颁布的科学馆组织法,遂将机构调整为总务部、展览部、推广部和研究部,明确其职能是为社会公众服务,进行自然科学知识的宣传普及教育。陈列展览主要分为 4 个部分:(1)生物陈列室;(2)建筑工程陈列室;(3)国防工业陈列室;(4)地质矿产陈列室。另设置有文献资料室,也对公众开放。还备有一些化学、物理学仪器,可辅导观众,尤其是中小学生进行试验。

贵州省立科学馆常年向社会开放,每逢重要节日及纪念日还要举办有关自然科学方面的临时展览,以丰富社区文化活动并推动科学知识的普及教育。因此可以确认,贵州省立科学馆是贵州第一个自然科学类博物馆。

1939 年,为了促进贵州物产资源的开发利用,加快抗战大后方的经济建设,由"中国西南实业协会贵州分会"创议,建立贵州物产陈列馆,得到贵州省政府和有关部门的支持,筹办经费主要由省政府、贵州企业股份有限公司(简称贵州企业公司)、贵州矿务局和贵阳市银行团体等单位资助,共集资 20 万元。推举省财政厅厅长周诒春、贵州企业公司董事长何辑五等人负责筹备工作,馆址选定在省立科学馆旁,于 1940 年 2 月动工。省建设厅、省农业改进所、省合作业务代营局、西南公路管理局、贵州公路局、大夏大学社会研究部、贵阳模范工厂等单位都积极参与,经过一年多的筹备建设,于 1941 年 10 月 10 日正式开馆。由西南实业协会贵州分会和贵州企业公司共同组建管理委员会为主管机构,贵州企业公司出资维持。开办初期,即已明确办馆宗旨:"故本馆陈列物品,供大众观摩展览,无异辟一公民社会课堂,其富于社会教育意义,诸有足多者。"

贵州物产陈列馆由管理委员会委任正副馆长各 1 位。设有总务股、调查征集股、陈列保管股和服务部（负责宣传推广）。除星期一及节假日的补休日闭馆外，陈列展览常年开放。每遇特别时节，如中秋节、"7·7"事变纪念日等，还要举办临时展览，如工业品展览会、国防产品展览会、农贸产品展览会等。贵州物产陈列馆通过调查研究，对贵州物产建有档案资料，如某一矿产的产地、分布、储藏量、开发价值乃至供销情况等。出版有科研宣传资料《贵州物产名称一览》，无偿向社会提供。据 1944 年统计，贵州物产陈列馆藏品有 2900 余种，4700 余件，主要分为工业品、农业品、矿产品、林产品和手工艺品 5 大类。抗日战争后期，因贵州企业公司生产经营不景气，1944 年后，贵州物产陈列馆已名存实亡。

贵州物产陈列馆虽然是企业设立的调查研究机构，但在整个发展过程中都得到地方政府和社会的广泛支持，其职能发挥也并不仅仅以本企业为限，而是尤其注重为社会公众服务。因此可以肯定，贵州物产陈列馆是一个名副其实具有现代意义的博物馆。

这一阶段虽是贵州博物馆发端，但事业发展却蓬勃兴盛，不仅几乎同时建立了两种类型的博物馆，而且办得有声有色，促使其他展览活动也十分活跃。尤为值得一提的是，1944 年 4 月举办"国立北平故宫博物院在筑书画展览会"。抗战时期，故宫博物院部分藏品转移贵州保藏数年之久，时任贵州艺术馆馆长的陈恒安先生深感国宝入黔，黔人不得一览，甚为遗憾。于是向贵州省主席吴鼎昌提议可在贵阳举办一个展览，吴同意后，即以吴氏名义与有关部门商定，遂由陈恒安先生与故宫安顺办事处庄岩科长操办，展览地点在贵州省立艺术馆，展出晋、唐、宋、元、明、清书画 170 件，轰动一时，省内许多人士从各县专门赶往贵阳参观，实为贵州文化史上一大盛事。此外，很多艺术家如徐悲鸿、关良、关山月、赵少昂、丰子恺、熊佛西、倪贻德等都在贵阳举办个人画展，使得社会大众的博物馆意识普遍提高。

抗战胜利后，外来企事业单位纷纷离黔，加上政治日益腐败，贵州经济文化迅速衰退，博物馆事业随之每况愈下，至 1949 年中华人民共和国成立之前，只有省立科学馆存在，但也只是抱残守缺，贵州博物馆事业陷于困顿不前的境地。

三、成熟阶段

20 世纪 50 年代初起，贵州博物馆事业进入新的历史发展时期，主要以贵州省博物馆和遵义会议纪念馆的建立为标志，贵州博物馆事业的建设逐步走向正轨。

1951年3月，贵州省人民政府及省文教厅收到西南军政委员会要求贵州尽快建立省立博物馆筹备工作机构的公文电报，文号为"文文〔51〕字第01642号代电"，全文如下（根据原电文摘录）：

云南省人民政府文教厅

贵州省人民政府文教厅

贵州省人民政府：

西南军政委员会文教部〔代电〕：西南博物院筹备委员会业经正式成立，开始进行各项筹备工作，准备筹设西南博物院，展开西南全面文物工作。当此反霸减租退押行将结束，逐渐开始土地改革过程，实切防止文物散失，争取各地文物工作开展，希你厅从速成立省立博物馆筹备委员会，以便掌握可能失散的文物。

西南军政委员会文教部寅〔俭〕

当年4月（也有文章说是6月）贵州省文教厅与有关方面进行磋商后，列出有24位教授和专业人员为聘请对象的筹备人员名单，并将贵州省博物馆筹备委员会建立的有关情况呈报西南军政委员会。全文如下（根据原电文草稿摘录）：

已于四月二十四日函师院（国立贵阳师范学院）、贵大（贵州大学）、贵医（国立贵阳医学院）、科普（贵州省科学技术普及学会筹委会）将素于博物方面人名提名送处，以明组织成立。

铭记。

一九五一年四月二十三日

这是中华人民共和国成立后有关贵州省建立博物馆机构的两份文件，可证明其筹备工作已经启动，但从目前见到的资料来看，这一工作没有继续开展。据查，很可能与中央人民政府当时紧缩地方博物馆建设的指示精神有关。

1951 年 10 月，中央人民政府文化部对全国博物馆建设发出专门指示《对地方博物馆的方针、任务、性质及发展方向的意见》，文件强调："据各地工作报告中了解，目前已有若干省市成立博物馆的筹备机构，或正在改造旧有的博物馆。但对博物馆的方针、任务、性质及发展方向，还缺乏明确一致的认识。为了在改造或筹建期间打稳基础起见，特作以下指示……"其中第二条明确指出："鉴于目前国家经济情况，博物馆事业仍应以改造原有的为主，仅在个别有条件地区得筹建新的博物馆。其筹建，须报经本部批准。"贵州省博物馆的筹备工作应该是因中央指示而停顿，但省文教厅"以明组织成立"的文件是否作废，还有考证的必要。在此提供一些信息，以供参考。

据本馆老同志陈默溪于 1988 年在《贵州省博物馆开馆三十周年纪念专集》上发表的《贵州考古话当年》一文中回忆道："1952 年从江苏调到贵州以后，七月里，省文化局以贵州省博物馆（筹备委员会）的名义，将我送往北京大学考古人员训练班去接受考古培训。"其回忆说明当时贵州省博物馆筹备委员会还存在。再有一条，据罗会仁、张宗屏等老同志在《贵州文物》2001 年第四期上发表的《回顾贵州省博物馆筹建工作始末》中谈道："1953 年 1 月 3 日，贵州省文化事业管理处正式口头通知科学馆负责人，决定在原贵州科学馆的基础上，改组成立贵州省博物馆筹备委员会……"如果这些老同志的记载准确，似乎可以做出这样的推断：1951 年 4 月省文教厅成立贵州省博物馆筹备委员会后，因中央精神而停顿，但机构并未撤销，所以1952 年陈默溪才会以其名义被派出学习，也才会有 1953 年有关部门仅以口头通知就决定成立该机构的结果。当然，这只是个人推断，可作贵州省博物馆事业建设的一个小插曲。

1953 年元月，根据西南区文化行政工作会议"关于调整本区人民科学馆的决定"精神，我省将贵州人民科学馆改组为贵州省博物馆筹备委员会。贵州人民科学馆的前身即民国时的省立科学馆，据 1949 年 3 月该馆档案，时有职工 8 人，工役 2 人。贵阳解放后即更名，维持 2 年多，便改组为"贵州省博物馆筹备委员会"，办公地点仍在贵阳市科学路原科学馆。贵州人民科学馆馆长熊其仁担任筹委会主任，罗会仁同志任业务秘书，次年增补简菊华同志任行政秘书。机构设置有办公室、清理发掘组、历史调查征集组、民主建设征集组和文物资料保管组（包括图书资料）等 5 个部门。职工 14 人，其中业务人员 9 人。年经费 2 万元，由省人民政府全额拨给。（图 12、13）

图 12：郭沫若题写的馆名

图 13：陈恒安题写的馆名

　　1954 年 2 月，经上级主管部门决定，将贵州省博物馆筹备委员会更名为贵州省博物馆筹备处。12 月，筹备处借用中苏友好协会贵州分会的场地（地点也在科学路）举办"文物展览"，有 3 个展室：第 1 室为"革命文物"；第 2 室为"历史文物"；第 3 室为"出土文物"，展出时间约 1 个月，观众 8 万余人。这是以贵州省博物馆筹备处名义举办的第一个陈列展览。（图 14）

　　1955 年 11 月，因科学路办公地狭小，不适应博物馆建设的发展，经省政府协调，将地处贵阳市南郊太慈桥的省干部疗养院（原贵阳医学院院址）拨交贵州省博物馆筹备处，随之迁往其地办公。太慈桥办公地虽然较大，然而距离市中心较远，交通很不方便，仍不符合博物馆向大众开放的公共特性。1956 年 6 月，筹备处又迁往市区雪崖路雪崖洞丁（文诚）公祠内，具体地点大致在今都司路蓝波湾小区附近。雪崖洞地处南明河畔，历史上曾是贵阳的主要文化景点，环境优美，但因其建筑褊狭，筹备处

　　征途——贵州省博物馆建成六十周年纪念专集

文物库房仍在太慈桥。是年，熊其仁同志调任，杨绪兰同志任博物馆筹备处主任。

筹备处几经搬迁，其原有建筑都不太符合博物馆的特殊属性要求。为了加快贵州省博物馆的建设，使其更好地为社会服务，1957年元月，经贵州省人民政府批准并立项，拨出专款人民币57万元，在六广门外的环城北路（当时还没有北京路）修建贵州省博物馆，总占地约2万平方米。基本建设有陈列楼、办公楼、文物库房及职工宿舍等，绿化面积2000多平方米。陈列楼建筑面积3080平方米，建筑主体高约12米，分上下两层。墙体为钢筋水泥结构，木梁架屋顶。这种结构方式是为了增强建筑的抗震强度，其设计理念基本符合博物馆文物安全及公共开放的特殊属性。1957年末，贵州省博物馆基本建设完成，它以建筑壮观、布局合理、环境优美而受到广大市民的喜爱及省内外专家的好评，直至20世纪70年代，一直是贵阳市区标志性建筑。2015年，贵州省人民政府公布为省文物保护单位。(图 15)

1958年元月，经省委宣传部批准，任命吴业君同志担任贵州省博物馆副馆长，主持工作，并兼任党支部书记。按照文化部"各大行政区或省、市博物馆应是地方性和综合性"的指示精神，贵州省博物馆的性质明确为"地方综合性博物馆"。在册职工31人，其中业务人员27人，有大、专学历的16人。(图 16) 经过一段时间的筹备，

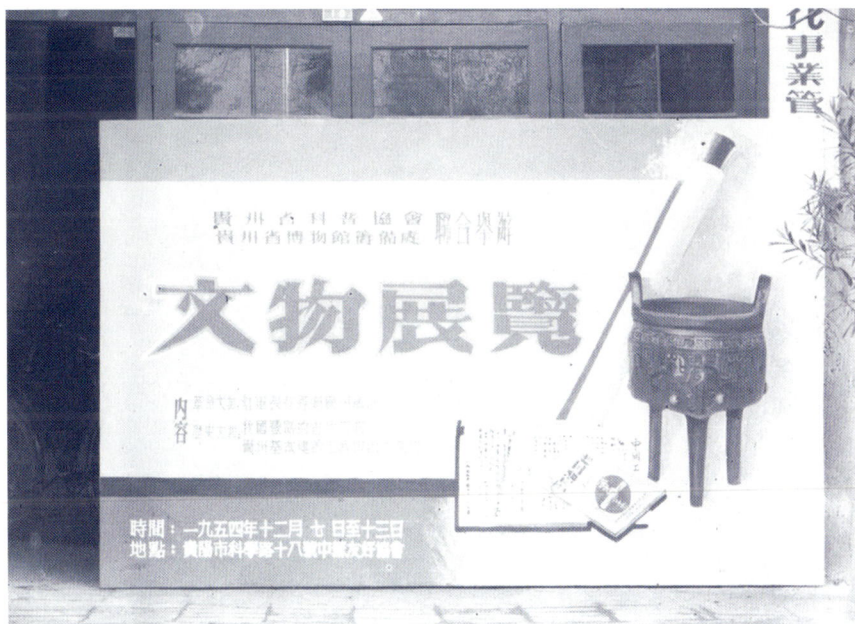

图 14：贵州省博物馆筹备处举办的第一个展览的海报

图 15：贵州省博物馆 20 世纪 60 年代的陈列大楼

图 16：20 世纪 50 年代中期，贵州省博物馆在铜仁地区举办展览的工作人员合影

征途——贵州省博物馆建成六十周年纪念专集

在陈列楼一楼展厅推出了"矿产资源""少数民族美术工艺品""贵州出土文物""历代书画"4个专题展览，标志着贵州省博物馆基本功能已经完善，可以向社会正式开放。1958年5月1日至5日在《贵州日报》登载开放启事（根据原文摘录）：

> **贵州省博物馆启事**
>
> 我馆定于5月4日举行矿产资源、少数民族美术工艺品、贵州省出土文物及历代书画四个专题展览，欢迎各界参观。集体参观请事先与我馆联系。
>
> 展出时间：每日上午8时至下午5时。
>
> 地址：六广门外环北路。
>
> 电话：3333

在此应该注明的是，这段时间在单位名称上存在一些矛盾，在许多场合都已称之为"贵州省博物馆"，而在行政建制上仍是贵州省博物馆筹备处。

1959年10月，为庆祝中华人民共和国成立10周年，举办"贵州十年经济建设成就展"，开展2月，观众达16万人次。

1960年，经过对原有专题展览的调整和补充，筹办了贵州省博物馆的第一个基本陈列，共分4个部分："自然资源""出土文物""民族文物""社会主义革命与建设"。5月13日正式开放，成为宣传贵州文化的重要窗口。

是年，增派王瑞千同志到馆任副馆长。组织机构做了调整，分6个组室：办公室、社建自然组、历史组、保管组、美工组和群工组。

6月15日，经上级部门批准，贵州省博物馆筹备处行政建制撤销，贵州省博物馆正式成立，同时启用"贵州省博物馆"公章。

6月23日至7月2日，中央文化部文物局王冶秋局长到贵州检查工作，对博物馆做了较全面了解后，给予很高评价。他在全馆职工大会上说："贵州省博物馆是全国地志博物馆第一流的馆，不在前3名，也在前5名。特别是短时间内将3个部分（自然、历史、民族）的陈列都搞起来了，是很不错的。陈列大楼的建筑也很好，值得推广。"

1959年至1960年间，国家领导人董必武、朱德、陈毅等先后到贵州省博物馆参观。

基本陈列在 1963 年和 1965 年分别撤除，计划筹备新的陈列。随着"文化大革命"运动开始，贵州省博物馆也进入较为特殊的发展阶段。直至 1987 年，没有基本陈列，只是随社会形势的需要举办一些临时展览。

在 20 世纪 80 年代以前，贵州省博物馆除了要发挥自身的社会功能，还要承担全省文物工作的业务指导、人才培训等工作，工作面覆盖全省，与地州县文物部门联系密切，对贵州全省博物馆事业的发展起着重要作用。（图 17）

遵义会议纪念馆是为纪念中国共产党历史上具有伟大历史意义的遵义会议而建立的，是中华人民共和国成立后最早建立的 21 个革命纪念馆之一。1951 年 1 月，为庆祝中国共产党 30 周年诞辰，中共遵义地委成立了"遵义会议纪念建设筹备委员会"，着手遵义会议相关历史文物资料的调查征集工作。

1955 年 1 月，中央文化部决定，成立了"遵义会议纪念馆筹备处"，最初编制为馆员 4 人。2 月，经贵州省文化局批复，成立遵义会议纪念馆，由长征时担任红三军团四师侦察参谋、十二团作战参谋，后因在娄山关战役中负伤流落遵义的老红军孔宪权兼任第一任馆长。1955 年 10 月正式开放。

1961 年 3 月，国务院公布遵义会议会址为全国第一批重点文物保护单位。1964 年 11 月，毛泽东主席题写了"遵义会议会址"馆名。（图 18）1984 年 11 月，邓小平为红军总政治部旧址题写了"红军总政治部旧址"匾牌。

在 20 世纪 50 年代末"大跃进"时期，贵州一些县也曾兴起大办博物馆的热潮，虽然时间很短，但也反映出社会发展博物馆事业的较高热情。（图 19）

四、发展阶段

进入 20 世纪 70 年代末，在国家改革开放政策的激励下，贵州博物馆事业蓬勃发展。1979 年，贵州省在全国率先进行文物普查工作，拉开了全省文博工作新局面的序幕。

1980 年开始，在文物普查工作的基础上，古建筑维修、抢救民族文物、保护民族村寨、举办展览等工作全面铺开。短短几年间，省文化厅文物处推出"贵州侗族建筑及风情展览""贵州酒文化展""贵州民族节日文化展览"等，贵州省博物馆推出

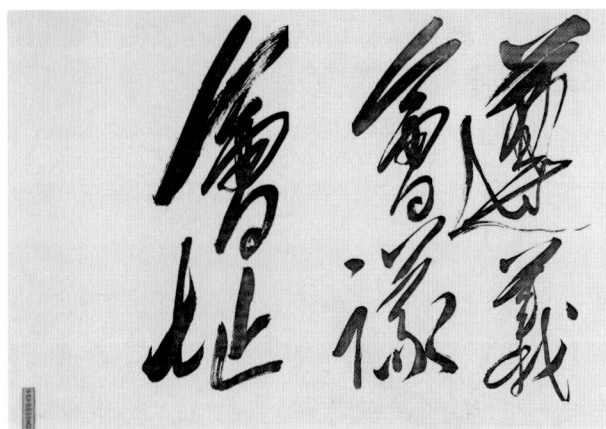

图 17（上）：1957年贵州省博物馆
制作的立在文物点的文物保护标志

图 18（中）：毛泽东主席题写"遵
义会议会址"

图 19（下）：金沙县博物馆

"贵州苗族风情展"进京展出，并到天津、西安、南京、成都、重庆、深圳、广州、顺德及山东、内蒙古等地巡回展出，引起较大反响，被全国文博界誉为"西南风"。同时还结合贵州实际情况，在具备条件的地州县举办了蜡染、刺绣、傩戏、婚俗、奢香、乌江等主题文化展览，然后经过扩充、完善，办成专题博物馆或陈列室。到 80 年代中期，相继建立了镇远青龙洞民族建筑博物馆、福泉大夫第古城屯堡博物馆、安顺文庙蜡染博物馆、台江文昌宫民族刺绣博物馆、黄平飞云崖民族节日博物馆、平坝天台山民族戏剧博物馆、铜仁东山傩文化博物馆、遵义贵州酒文化博物馆、兴义下五屯民族婚俗博物馆、雷山上郎德苗族村寨博物馆、思南乌江博物馆、大方奢香博物馆等 10 多个专题民族民俗博物馆。这些博物馆的建立，都是以贵州各地所具备的地方优势以及能够反映贵州文化特色为标准，对推动贵州博物馆事业的大力发展积累了宝贵的经验，而且一些开拓性的思路在国内外都引起重视，大受专家好评。比如民族村寨博物馆的建立，以具有特色的民族村寨为主体，以民俗民风作背景，以生动切实的感观来了解民族建筑、饮食、服饰、生产、生活、礼仪、信仰等，为保护民族文化、振兴民族经济、增进民族团结具有积极作用。至今，民族村寨保护仍是贵州文博工作的一个重点。(图20)

20 世纪 80 年代中期在地州县大力兴办博物馆，结束了主要以贵阳为中心向四周辐射的状态，贵州博物馆事业呈现出齐头并进、蓬勃发展的局面，对贵州文博事业的发展产生巨大推动作用。至 2001 年，贵州开办了 60 多个专题博物馆和文物陈列室。据 2007 年统计，全省已建有 86 个专题博物馆和文物陈列室，不仅类型多样，而且注重突出贵州文化特色，尤其是在国内率先探索建设民族村寨博物馆、生态博物馆的理论和实践，产生了很大影响，甚至引起国际博物馆专家的关注。

1995 年，经中国和挪威文博专家联合考察，撰写了《在贵州省梭戛乡建立中国第一座生态博物馆的可行性研究报告》，通过中国国家文物局和贵州省人民政府批准，列入中挪文化交流项目。1997 年 10 月 23 日，中国国家主席江泽民和挪威国王哈拉尔五世、王后宋雅在北京人民大会堂共同出席了中国博物馆学会与挪威开发合作署《关于中国贵州省梭戛生态博物馆的协议》签字仪式，当年开始实施。根据协议，挪威政府无偿援助 88 万挪威克朗（折合人民币 80 万元）用于场馆建设及实物征集。该馆于 1998 年 10 月 31 日正式开馆。

梭戛生态博物馆是中国第一座以保护民族生态环境、展示民族生活方式、研究民

图 20：黄平飞云崖民族节日博物馆内景及民族节日活动盛况（吴正光提供）

族文化为宗旨的博物馆，并且由国际合作建设，对贵州乃至中国博物馆事业建设及发展都具有重要意义。

五、壮大阶段

随着国家文化建设的大力推进，特别是 2008 年全国博物馆、纪念馆向社会免费开放政策的实施，贵州文博事业进入新的历史发展时期。

贵州省文物局是全省文博工作的主要管理机构，其直属单位及主要职能有：贵州省文物考古研究所（图 21）侧重地下文物的发掘和研究；贵州省文物保护研究中心侧重地面文物的保护和研究；贵州省博物馆侧重文物的收藏、研究和陈列展示。三家既有各自的工作重点，又相互协调配合，使贵州文博事业得以有序发展。2017 年，贵州省博物馆搬迁至观山湖区林城东路新馆，9 月 30 日基本陈列 "多彩贵州" 正式开放（图 22~24）。目前，全省各地级市不仅基本上建立了博物馆机构，而且建

图 21（左）：贵州省文物考古研究所（孙力提供）

图 22（右上）：贵州省博物馆新馆（孙力提供）

图 23（右中）：新馆开馆基本陈列 "多彩贵州" 海报（孙力提供）

图 24（右下）：贵州省博物馆新馆一楼大厅及排队参观的小学生（孙力提供）

有新的博物馆馆舍，可谓人员齐备，设施齐全。更为可喜的是，全省各县几乎都建有专题博物馆或文物陈列室。此外，贵州省文化厅还专门成立了贵州省非物质文化遗产保护中心，全省各县非物质文化遗产保护工作也都积极开展，贵州文博事业进入一个全面发展的新时代。

参考文献

1. 王宏均主编：《中国博物馆学基础》，上海古籍出版社，1990年。

2. 贵州全省实业展览会编：《贵州全省实业展览会专刊》，中华民国二十年（1931）元月印行。

3. 周春元、何长凤、张祥光主编：《贵州近代史》，贵州人民出版社，1987年。

4.《贵州企业季刊》，第二卷第二期，中华民国三十二年（1943）二月。

5. 贵州社会科学编辑部、贵州省档案馆、贵州历史文献研究会、贵州省人口学会编：《贵州近代经济史资料选集　第二卷》（上），四川社会科学院出版社，1987年。

6.《贵州省博物馆开馆三十周年纪念专集》，内刊资料，1988年刊印。

7. 吴正光：《沃野耕耘：贵州民族文化遗产研究》，学苑出版社，2009年。

馆藏文物概述

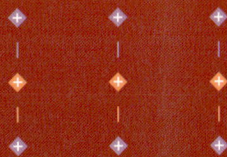

馆藏文物概述

朱良津

任何一个博物馆馆藏文物的数量与质量无疑都是其价值架构最重要的基础材料。对综合性的地方类博物馆而言，其征集文物的取向重点，还要履行地域文化的保护责任，彰显馆藏特色，突出地域文化。贵州省博物馆遵循这一目标，不断努力，历经 60 年。

文物是文化的重要载体，由于其相对稳定且具有历史见证功能，同时又是传递各种信息的发生源，我们从中能解读到那些早已消失的历史片段，窥视古人曾经面临的社会及生活情景，使我们头脑中的历史认知从抽象和理性变得生动和感性起来。

贵州省博物馆的文物收藏种类丰富，分门别类，在此我们不避烦琐冗赘之嫌，按类别将其中具代表性的文物作简单的点评。

贵州素有"地层、古生物宝库"之美誉，这里沉淀了地球 10 多亿年来的历史，从元古代到新生代各个地质时期的地层都有出露，沉积类型多，是我国沉积地层发育最完整的地区。在累积厚度逾数万米的地层中，由原生岩性和生物群的综合特征反映出复杂地理环境的沧桑巨变：大致说来，距今 2 亿年前，这里曾是一片汪洋大海，潮起潮落，海水时深时浅，甚至时而海域时而陆台，进退频繁，至两亿年后这里才完全脱离海域成为陆地，逐渐演化成今日贵州之高原地形。这些地层中蕴涵着丰富的古生物，贵州省博物馆收藏着从埃迪卡拉纪到第四纪的上千件古生物标本，这些标本是贵州沧海桑田变化的最好见证。

贵州丰富而保存完好（包括个体形态特征和同属种不同发育阶段的个体）的古

生物资源，为人类认识地球、探索生命的起源与演化发挥着积极的作用，也为人类利用资源进行经济建设做奉献。其中一些生物类群的发现，为国际古生物的研究提供了非常重要的资料。馆藏古生物标本多为这些生物群，例如埃迪卡拉纪晚期的瓮安生物群，寒武纪的凯里生物群，志留纪早期的凤冈洞卡拉植物群，三叠纪的兴义生物群、关岭生物群等。

瓮安生物群被称为"早期生命的摇篮"，是一个磷酸盐化特异埋藏化石库，距今大约 6.1 亿年。瓮安生物群中发现的化石主要包括如蓝藻之类的细菌、原生动物、地衣、真核多细胞藻类、大型带刺疑源类以及丰富的后生动物胚胎化石等。同时，瓮安生物群中还发现了少量可疑的多细胞动物幼虫和成体化石。出自瓮安距今大约 6 亿年前的这些类型复杂的生物化石，是研究寒武纪生命大爆发之前生物发生、发展和演化的重要证据，也是研究埃迪卡拉纪生命的重要化石内容，为人类探索动物多样性的起源和早期生命演化提供了独一无二的科学窗口。特别是"贵州始杯海绵"的发现，是首次在瓮安生物群发现动物成体化石，解决了瓮安生物群中是否存在动物化石这一受关注的问题，再次肯定了瓮安生物群是迄今全球最古老的后生动物化石库。世界自然科学领域著名的美国杂志《Science》曾为 20 世纪 90 年代这一突破性发现刊载《追溯动物的起源》一文，发表编辑部评论：来自中国的化石的发现，使我们第一次目睹了寒武纪大爆发之前我们所熟悉的动物，这些化石将有可能向我们展现动物历史黎明时期的场景。《华盛顿邮报》为此发表头版消息，称"来自瓮安的化石发现是本世纪演化生物学最重大的成就之一"。

距今 5.08 亿年前的凯里生物群以发现 11 大门类 120 余属种生物化石闻名中外，该生物群包括大量软驱体化石，是典型的布尔吉斯页岩型生物群，与澄江生物群及加拿大布尔吉斯页岩生物群共同构成全球三大布尔吉斯页岩型生物群。组成化石主要有海绵动物、腕足动物、蠕形动物、腔肠动物（刺胞动物）、软体动物、节肢动物、棘皮动物、叶足动物、开腔骨类、水母状化石、藻类及遗迹化石，其中，动物化石超过 120 多属。丰富的化石为古生物研究的一些薄弱环节提供了有力的物种支撑，展现了 5.08 亿年前后贵州繁盛的海洋生物面貌。整个生物群既是展现海洋生物多样性的窗口，也具有承前启后的生物演化作用。

距今 4 亿多年前的凤冈洞卡拉植物群中具有维管束的植物化石是介于藻类与高等植物之间的类群，是目前世界上发现的最早具有维管束及表层结构和孢子体的高等植物化石，被称为"绿色世界的摇篮"，对于探索植物由水登陆的演化并发展成为绿色世界这一问题具有非凡的科学意义。

贵州的三叠系地层分布广泛，其中化石数量之多、保存之完好和形态之精美乃国内外同期地层中所罕见，堪称世界一流。距今2.42亿~2.37亿年的兴义生物群，早在20世纪50年代便以胡氏贵州龙的发现代表原始鳍龙类在整个亚洲的首次发现而闻名于世。生物群中已知的爬行动物，包括海龙类、楯齿龙类、始鳍龙类、原龙类、主龙类和鱼龙类。该生物群不仅包括海洋爬行动物，还发现了个别陆生类群，如巨胫龙。比兴义生物群时间稍晚的关岭生物群（距今2.37亿~2.27亿年）的发现掀起了三叠纪海生爬行动物研究的热潮。由于中三叠世末期全球大海退，有些地方直接因海退变成了陆地，世界上许多同期地层没有化石记录或保存不好，而贵州此时仍是海洋，为关岭生物群的繁荣提供了充足的条件。关岭生物群富含中到大型的鱼龙类、海龙类以及鳍龙类中的楯齿龙类。此外，在该生物群中发现了较原始的龟类——半甲齿龟，这是世界上首次发现与现代龟类具有明显区别的化石龟类，为解答龟类起源提供了线索，记录了龟甲演化的过程。关岭生物群的研究将海生爬行动物的研究推向一个世界性的新高潮，更彰显了贵州地域的厚重和不可或缺的地位与资源优势，亦是十分宝贵的自然遗产和罕见的旅游资源。

侏罗纪时期，贵州从海洋转变为陆地，此时恐龙已经成为这片陆地的霸主。无论是在平坝转坡、息烽龙背坡发掘出土的大量恐龙骨骼化石，还是在习水、赤水、仁怀及毕节等地发现的恐龙足印化石，均证实恐龙曾经统治这片地域，直到白垩纪末期的灭绝事件才结束了它们的"霸主"生涯。

贵州古人类及旧石器考古蜚声中外，在我国旧石器考古发掘研究中名列前茅。黔西观音洞文化、兴义猫猫洞文化的确立，桐梓人、水城人、安龙福洞人头骨、普定穿洞人头骨等人类化石的发现和近300处古人类史前遗址，体现了贵州在人类发展史上的延续性和史前文明的辉煌。

在馆藏的历史文物范畴内，首先从出土文物来看，人类石器时代的石制工具，附于其上的磨光、钻孔的制作技艺，与对称均衡的造型形式，揭示了爱美实则人类的本能。如原出土于盘县沙陀村的有肩石斧，通体红色，细润如玉，这样精制细磨，除实用之外，还为了视觉上的美观。

出土的金属器物，尤其是那些青铜器，闪烁着中原青铜艺术辐射的光芒，各类带钩、铜釜、兵器、铜鼓、灯盏等虽非大器，然而与那些赫赫巨制的尊、鼎的恢宏之气相比，具有别样的美。它们形制精巧，美轮美奂，还有依功能而作的巧饰。在这里，我们迫不及待想介绍的是一件在众多青铜器中，鹤立鸡群般突出的铜车马。其制作之精美令见过它的考古学家、历史学家、美术家叹为观止。马车的结构分马、轮轴、车厢三部分，构件多达200余个。它出自贵州的汉墓，在造型处理上与甘肃、四川等地汉墓中出土的铜马、陶马文物有不少相似之处，让我们看到了地域相近，在风习、审美、技艺上的相近状况。另外，我国南方及东南亚诸多民族钟爱的铜鼓，这种作为乐器兼其他功能的重器，也是馆藏青铜器中不可不提的。学术界认定铜鼓有八种类型，它们有着不同的特点及大小之别，附于鼓面及环绕于鼓胸、鼓腰、鼓足的纹饰造型，则是制作者发挥创意、表现民族习俗的所在，迄今我省发现有三种类型，即"石寨山型"及黔贵地域内首先出现的"遵义型""麻江型"。

在我国，陶器、瓷器的遗存，真可谓浩如烟海，千姿百态。贵州省博物馆收藏的陶器，特别是省内各地汉墓中发现的陶俑、陶动物、陶模型等，有不少可圈可点之作。出土于赫章可乐西汉墓的陶干栏式建筑模型，让我们在一些现代少数民族屋居中，看到这种建筑形式的一脉相承，除其具有自身的丧葬礼仪功能之外，又具有建筑雕饰艺术品的欣赏意义和研究古代南方民族建筑形式的价值。魏晋南北朝时期是我国青瓷发展的成熟期，在我省发现的这一时期墓中出现的青瓷器物，如莲花罐、鸡首壶、蛙形器、狮形器等，无论色彩、造型、纹饰均与其他省区出土的同时期的众多该类器物相吻合，反映了外来文化的影响。遵义明墓出土的70件彩陶俑仪仗方阵，人物姿态各一，可称绝妙之作。从国内同时期的土司墓葬出土看，是罕见的。在考古出土中令人欣喜的，还有对于地域民族而言，为仍在沿袭的印染工艺——蜡染，找到了珍贵的古代例证。具体地说，1987年在平坝齐伯乡下坝村棺材洞内，发现的宋代蜡染服装——"鹭鸟纹蜡染衣裙"，对于地方蜡染源流追溯的意义，不言而喻。这件服装采用了蜡染与挑花、刺绣工艺相结合，制成了与现代民族服饰相较，毫不逊色的丰富多变的图案，在我们叹服于这件蜡染衣裙的精工巧制之余，期待在不懈的考古发掘工作中能有更多的发现，使我们对这一久盛不衰的工艺做追根溯源的探究时有丰富形象的资料。还有出土的明代纺织品中，如麒麟莲塘鸳鸯纹裙及褐色织花软缎夹被等，和谐呼应地配着各类纹样，据行家鉴别为民间制作，足以证明当时民间技艺的精湛。

在展示于今人面前的贵州古代雕塑中，石刻艺术无疑是最浓重多彩的部分，从地图上去寻觅出现地点，便会发现它们多聚于黔北，依现代行政划分，即遵义市。遵义市分布的石窟造像、墓葬石刻，以宋代石刻据重中之重，其中尤以杨粲墓石刻为代表，它是贵州考古史上的重要发现，也是我国南宋时期墓葬石刻艺术的典范之作。墓葬是男女二室并列的夫妻合冢大结构，二室石刻排布呈相似的形式，女室石刻早已移存至贵州省博物馆，其中的精品有"女室墓主人石雕""女室棺床下石雕龙头""女室石壁捧奁女官"等。另外，黔北明墓石刻中的"演乐图""备宴图"，浅浮雕技艺之精美，即便与国内出土的同类石刻相媲美，亦是不可多得的佳作。

在贵州省博物馆所藏的传世文物里，瓷器、书画、杂件、钱币、木漆器以及对历史学及其他领域研究具有价值的古籍、文书、信札类一应具有。

首先来看馆藏的瓷器，时代早的有宋代的，之后明、清、民国至现代均有可称道的。如宋代龙泉窑高足碗、宋代永和窑折枝花盏、南宋建阳窑兔毫盏、明宣德仿哥釉铁花笔筒、明宣德青花什锦团花深腹碗、明白釉隐刻双龙戏珠瓷杯、万历丁亥年"黔府应用"青花盖罐、道光"尘定轩"斗彩人物带盏杯等精品。

杂件中类别丰富，如玉器有明透雕如意全福玉簪、明荷花纹玉执壶、清《江岸望山图》玉雕插屏、清玉雕钟离像等，皆是造型上独具匠心、制作上极尽精工之作。砚台有清荔枝飞蝠砚、清透雕云龙纹端砚，这些都是石质与刻工俱佳的精品。

馆藏货币除了许多各地博物馆均见存藏的春秋、战国、汉、三国、南北朝等时期的钱币外，亦有与我省地方历史密不可分的钱币，展示了这方面收藏的地方特色。其中，当十铜币、竹节银元等都是民国时期贵州铸造，因存世稀少，颇受国际钱币收藏界关注。另外，贵州义安公司制钱一千文则是民国初年黔省发行的纸辅币，传世稀少，是研究贵州地方纸币发行不可缺少的实物资料。

馆藏古籍中有不少珍贵版本，其中"宋刊《新编方舆胜览》""元刊残本《策要》""明成化内府本《贞观政要》"，均被列入国家珍贵古籍名录。

卷轴书画在馆藏文物中占有较大的比重，自唐以来，各代翰墨丹青之作，或多或少，均有存藏，其中有国家级的稀世之珍、近现代大师之作以及反映地方书画艺术的名家作品，还有外来画家表现贵州古代山川风物的传世画卷。作为历史人物传世墨迹的《北宋韩琦楷书信札》，不惟在今天，即便在清代的康乾时期，也被奉为国宝，编入《三希堂法帖》中。书画史上各流派如吴门画派、金陵画派、扬州画派、海上画派、京津画派等代表人物的作品均有收藏。至于顺治、康熙年间的黄向坚与乾隆年间的邹一桂以贵州风光为题材的图册，毋庸置疑地被视为我省历史文化遗产中的至宝。还有那些反映绘画大师重要创作构思的图稿及集中现代诸多文化名人题跋于一幅的作品，是书画珍藏中的亮点。与书法关联的摩崖碑刻拓片，有数以千计的存藏，其中不乏汉碑、魏碑、唐碑中经典书法碑刻的拓片，也有我省历史上遗存下来的人物题刻拓片，不仅具有书法赏析上的意义，也兼具地方历史研究的价值。例如"习水三岔河摩崖题字""杨粲墓志铭刻石"，这两件刻字拓片均具有研究贵州历史的学术探究价值。

以木漆雕刻技艺制作的傩面具，这种源于原始巫术活动而后演变不止的工艺品，因政治、经济、地理诸原因，至今在贵州的遗存居全国之首。单就雕刻技艺论，它完成了由粗糙质朴而又稚拙，向工艺精细、造型多姿多彩，色彩及材质取舍考究的演进。贵州省博物馆收藏的"撮泰吉""傩堂戏""地戏"面具，各具特点，相形之下，显现了制作技艺的繁简之别、艺术品位的高下之殊。

另外，作为贵州省博物馆馆藏文物重要组成部分的革命文物，是见证自清代以来贵州历史上发生的各个具有革命性质事件的实物材料。如《白号军朱明江汉八年"誊黄"》是咸同年间一支农民起义军的宣言书，表达了当时农民反清的意志与要求。《大汉贵州军政府令》则是辛亥革命时期，由贵州临时军政府发布的第一张安民告示。革命文物中最重要的部分，是那些见证中国工农红军曾在贵州进行的一系列活动的传单、布告、标语、武器、文件等，对今天而言，伴随这一过程所产生的文物，无疑是我们探究这段历史诸多问题的可贵材料。缘于这些文物在我馆存藏之丰富，已成为我们引以为豪的可贵财富。

民族文物是民族文化的见证。贵州是一个多民族的省份，少数民族人口约 1500 万，占全省总人口的 40% 以上。苗、布依、侗、土家、彝、仡佬、水、回、白、壮、毛南、瑶、蒙古、满、畲、仫佬、羌等 17 个世居少数民族在这里繁衍生息，创造了既丰富多彩又独具特色的民族文化。民族文物是贵州省博物馆对外展示的不可或缺的亮点。这些民族文物内容涉及少数民族生产工具、生活用具、宗教、历史、婚姻、习俗、乐器、农民起义、服饰、银饰等诸多方面。因馆藏服饰、银饰藏品制作精美，颇具艺术观赏性和文化信息量，故此类文物数量略有侧重。

民族生产工具类藏品在原理和功能上同贵州出土的相关历史文物一脉相承，如近年出土的石刀、杵臼等生产工具，同迄今仍在广泛使用的苗族摘禾刀即有着密切的关系。侗族的瓜壳篮、隆里屯堡木窗花等，既是生活用具，又是具有独特民族性的装饰品。

民族宗教是贵州各族人民精神文化的重要组成部分。外来宗教虽有一定的渗透，但占统治地位的仍是万物有灵的原始宗教，包括自然崇拜、祖先崇拜、鬼神崇拜等。这些宗教观念在今天各民族的生活和生产中仍发挥着一定的积极作用。水族通书、铜鼓面石刻，苗族祖鼓、皮鼓、鼓藏服，侗族神龛等宗教文物，承载了极其丰富的民族文化内涵，并成为反映民族精神、民族性格、民族心理、道德观念和价值取向等的重要载体。

习俗指一个特定民族在生产生活、婚姻、节庆、丧葬、礼仪等方面的风尚习惯，是民族文化生活的组成部分。贵州省博物馆收藏的与之相关的文物在表象上具有独特的民族或地域特色，在内涵上具有强大的约束功能。苗族方木条刻道、苗族姑娘扁担、苗族龙船的龙头和侗族踩歌堂石刻等藏品，无不反映了民族婚姻、节日或社交习俗状况。

贵州少数民族银饰以苗族银饰最为炫目，明代郭子章的《黔记》中有"以银环银圈饰耳"的记载，瞿久思在《万历武功录》中有"耳戴大环，项带银圈，自一围以至十余围"的记载，这表明在明代苗族银饰已广泛使用。20世纪80年代至今，苗族银饰空前繁荣。银饰中，大如银角，小如编丝，细如发丝，都由当地银匠手工制成。苗族姑娘盛装所用的一套银饰，动辄重达十斤以上，望之雍容华贵，美轮美奂。其他少数民族也不同程度地喜爱银饰，如侗、水、彝等，仅艺术风格或种类、重量多寡各异。各民族银饰的头饰、耳饰、颈饰、胸饰、衣背饰、衣袖饰、衣角饰、腰饰等应有尽有，每一类型样式又琳琅满目，可谓洋洋大观。银饰作为服饰的一部分，不但种类丰富，其纹样也承载了独特的民族文化信息。

贵州少数民族服饰造型丰富，款式多样，尤其以苗族服饰款式最多，目前收入图录正式出版发行的已达170余种，加之省内其他民族大多有本民族独特服饰，据不完全调查统计，种类可逾200款。千姿百态的上衣有：披袍、贯首服、旗帜服、交襟衫、对襟衫、敞胸衫、左衽衫、右衽衫、长襟衫、长摆衫、半截衫、半臂衫、广袖衫、窄袖衫、无领衫、立领衫、琵琶襟衫等。风姿绰约的裙子有：曳及足踵的长裙、中过膝盖的中裙、短仅护臀的超短裙；妩媚的百褶裙、婀娜的飘带裙、朴实的筒裙、简洁的幅裙、明快的围腰裙，还有鸟羽悠扬的百鸟裙。除了衣、裙、裤之类的主体服饰外，还有美不胜收的附件，诸如披肩、背牌、背扇、抹胸、腰带、围腰、手绢、荷包、护腕、绑腿及绣花鞋、袜、鞋垫等，无不呈现造型的个性之美。

这些服饰采用多种工艺手法，刺绣、织锦、蜡染等十分考究。其中刺绣以苗绣最为著名，按技法可分平绣、破线绣、锁绣、辫绣、绉绣、打籽绣、缠线绣、错针绣等，以及仅于贵州可见的锡绣。苗绣因绣法多样、色彩绮丽，与苏、湘、蜀绣齐名并入《辞海》。水族马尾绣、侗族轴绣等，亦是一朵朵绽放的奇葩。

织锦主要是用织布机来完成的手工艺术，是将色彩各异的纬线穿梭织入经线内，形成图案与色彩紧密结合的整体。贵州境内的苗、侗、布依、土家等民族均有织锦。一般情况下，大面积的织锦常使用织布机，细长的带子则使用腰机，但不论哪一种织机，在心灵手巧的各民族女性手里，都能创造出精美绝伦的织锦佳作。

蜡染是以蜂蜡为防染材料的古老技术，目前在贵州省的苗、布依、瑶、仡佬等民族中仍广泛使用。另外，牛油染、枫香染等染制工艺也异曲同工，可以达到很高的艺术境界。

贵州少数民族大多无本民族通用文字，有关传说、历史、宗教、文化、习俗皆以口传心授的形式传承，而少数民族服饰图案也承载了深厚的文化信息，时常成为"看图说话"般的"普及读物"，代代传承。例如苗族服饰图案常常反映创世神话、祖先迁徙等内容，威宁苗族男装为长开衫，系腰带，肩部、背部有红色几何纹饰，代表祖先曾经居住过的地方有田园、山川和城市；该地女装褶裙上绣的三条红道，分别代表祖先迁徙途经的黄河、平原和长江，这些图案记录了祖先漫长迁徙的足迹。苗族刺绣图案"蝴蝶妈妈""神鸟孵蛋""谷种来源"等，本是苗族集体创造的创世神话，是苗族先民对天地形成及人类起源的解释。但当它们形成图案跃然于服饰上时，则成为兼具艺术性及丰富文化内涵的珍贵民族文物。苗族刺绣"张秀眉像"女衣，图案记录的是真实的历史事件和历史人物，使服饰成为"穿在身上的史书"。

贵州少数民族服饰以其丰富的款式造型、多样的工艺技艺及深厚的文化底蕴著称于世，成为研究中华服饰弥足珍贵的"活化石"。制作服饰的各族妇女们拥有奇妙的才华，她们的心灵安稳而沉静，对大地上的事物与生命心怀敬重又细腻敏感。她们的技艺看似在抒一己之情怀，但却在绣花针、织布机或蜡画刀间弥漫着整个民族的痛楚、忧伤与快乐，吐露着人间的酸甜苦辣。这强大的作者群体的生命感召力，是一个民族从远古走来的不老精神。从这些少数民族文物中，我们可以深深体会到贵州少数民族文化的博大精深与独特魅力。

　　文物是人类活动的实物遗存，从各个方面反映了我们祖先的辉煌业绩。当目睹这一件件文物时，我们会为之鼓舞，为之振奋，为伟大先民的丰富创造力造就的灿烂文明而自豪，为将自己的祖国建成领先世界的国家而充满民族自信心。

馆藏青铜器

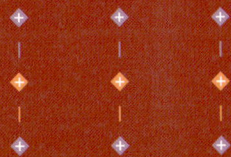

馆藏青铜器

朱良津

半个多世纪的考古发掘，在贵州广袤的土地上，发现早起石器时代，晚至清代的为数可观的文物。贵州省博物馆馆藏绝大多数青铜器均来源于地下发现。这些文物以两汉时期的墓葬出土为主，它们体量悬殊，视觉感受殊异。从制作上看确实不乏让人欣喜的物件，或精巧，或细腻，或粗犷，或独特。

一、馆藏青铜器的组成及特点

青铜文物的馆藏数量逾千件。从器物类别上看有车马模型、釜、灯具、摇钱树、鼓、兵器、錞于、镜、钱币、带钩、俑等。这些馆藏青铜器，在形制上大都受中原文化的影响，或与周边青铜文化有关联。今天来看这些文物，除了历史价值和科学价值之外，还有一部分可视为有纯粹欣赏价值的艺术品，如古人创作的青铜雕塑铜车马、摇钱树、铜俑等；另一部分是实用性物品，经过精妙的美术设计，可视为工艺美术品。

二、代表性文物点评

对于上述的两类馆藏青铜器，在此，我们各选择一些具有亮点或代表性的文物着重介绍。

属于前一类的，有在兴义万屯汉墓中发掘的"铜车马模型"，长1.12米，高0.88米。（图1、2）除了车与马的造型具有极高的可赏性外，在制作上分段构造的精湛工艺，也令人啧啧称羡。马的制作是将头、耳、颈、身躯、尾、四肢等分成十一段来铸造。车的结构分驾马、轮轴、车箱与篷盖三部分，众多部件采用了扣接、焊接、铆接、子母口套合四种组装法，还运用了压花、鎏金等装饰工艺。马的造型昂首嘶鸣，迈步向前。论造型，它与甘肃武威汉墓中出土的青铜走马均呈张嘴露齿，引颈作嘶鸣状，并两耳直立，尾部上翘，迈左前肢行走状；与四川彭山汉墓中出土的陶马相比较，两者如同"孪生"，看那脖颈的弯曲，嘴咧开的程度，一条前肢迈开而蹄尖立地的状态，以及整体向上而又略有弯度的翘尾，近乎一模一样，唯一不同的就是陶马躯体更为丰满些。虽然我们不能确定兴义出土的铜车马产自何方，是外来传物，抑或本地"土产"，或许在当时，制作者们受风俗习惯、审美上的相互影响，而出现造型上的趋同性。

还有一对铜羊，出土于赫章，通体幽黑，几无锈蚀，高6厘米，长8厘米，躯体四肢蜷曲呈半球状造型，虽小，但刻划不失细腻，头部阴刻细线羊毛纹，体形肥硕，憨态可掬。

那些附有美术设计的实用物件，在馆藏青铜器中占多数，在这些物件上的那种与实用巧妙构合的艺术想象，使之在与其他省区发现的同时代相类物件比较时，亦毫不逊色。

首先谈谈馆藏的带钩。在我国历史上，带钩始于春秋中期至战国早期，而盛行于秦、两汉。以铜质占多数的衣服上的带钩，在满足于腰带两端带头相勾结的基本功用之外，充分彰显了制作者的创思，它们精工细作，镶金嵌玉，造型各异。司马迁的《史记》中，便有"满堂之坐，视钩各异"的记载。因为功用上的需要，它们无论做成何种造型，多呈弧形，并且有钩有钮。馆藏"鲵鱼形铜带钩"，在威宁中水地区西汉墓中出土，长10厘米，宽3.5厘米。（图3）其形大致如摇头摆尾游弋的鲵鱼，故而名之。古人把这件鲵鱼造型的带钩，头大身粗，尾长而渐细，上翘弯曲恰好成钩，构思巧妙！鲵鱼，民间俗称"娃娃鱼"，原本在贵州的山溪河流中并不少见，以它的模样巧制的带钩，至今在其他地方的考古发掘中还未见有报道，故可视为一件孤品。由此，我们也很自然地将其当成"土特产"，是汉代生活在贵州这方地域上的古人所制。

图 1：兴义万屯汉墓出土铜车马

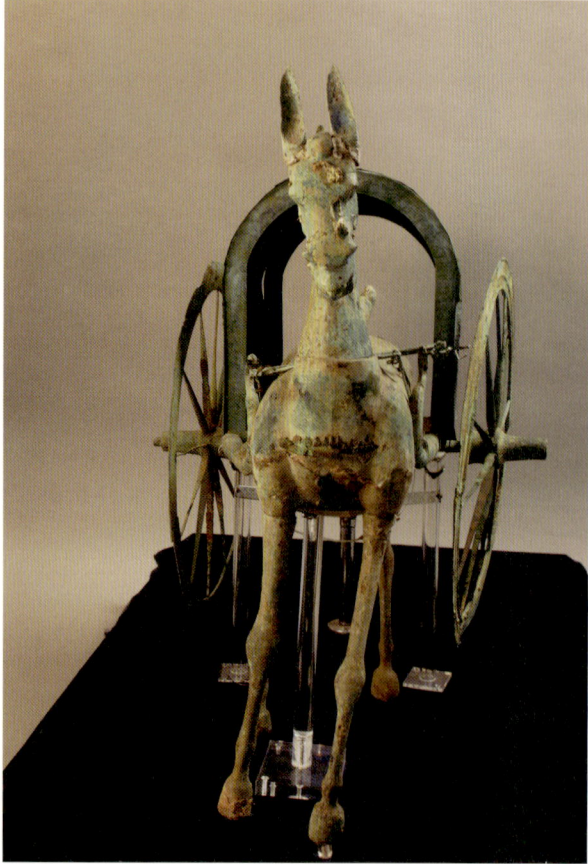

图 2：兴义万屯汉墓出土铜车马正、背面及局部

图 3：威宁中水汉墓出土鲵鱼形铜带钩

带钩上阴刻"日利八千万"五字隶书铭文，这是一句充满着商贾气息的吉语。从书法的角度看，不是出自精擅书法的人之手，字迹大大小小，刻划时率意而为，这几字或许为了表达佩戴人内心祈求财源滚滚的商业愿望。同墓出土的还有一件"牛头形铜带钩"（图4），以牛头造形制作带钩同属罕见，曾有报道在内蒙古准格尔旗秦汉广衍故城墓葬中出过一件。[1] 馆藏这件带钩造型夸张，分居牛头左右的大弯角，上翘成弧形，如此夸张地塑造牛角部分，仍包含有实用便利方面的考虑，左角背中部的圆形钮，与右角相应位置的钩首，两者同处一侧面，妙处是使腰间带头勾结处呈现出一个完整的、微微张着嘴的水牛头。角背的钩钮，既保持带钩作用，又无碍牛头造型的美观。还有一件发现于这座汉墓中的"飞鸟形铜带钩"，长仅 7 厘米，展翅飞翔的小鸟儿形状，头部弯曲成钩，双爪紧贴腹部，双翅排列的羽毛，以线刻纹样来表现。同样值得一提的精巧之作——赫章可乐汉墓出土的"鹅头形铜带钩"，长 12.8 厘米。这件带钩的制作采用了金银错工艺，即在青铜器表面凿刻出浅槽图案，再将金银丝截作点或线，挤入槽内，捶轧后，以错石错平，产生辉煌华丽效果的装饰技法。它钩端纤细，形似鹅头，在钩身上错金错银，并以细线镂刻来表现鹅的嘴、眼、头羽及各类纹饰，

1　崔璿：《秦汉广衍故城及其附近的墓葬》，载《文物》，1977 年 05 期。

图 4：威宁中水汉墓出土牛头形铜带钩

在嵌金嵌银的工艺之外，还在纹饰之间排布了八枚绿松石。这些以动物为造型的小巧物件，在制作上完成了它们应具备的基本功用后，在造型以及修饰上，构思奇出，形态各异，归根到底，是缘于求美心理。

"龙首柄铜釜"高13.1厘米，口径8.7厘米，在六盘水市黄土坡西汉墓中发现，釜柄上为龙头的造型。所谓釜，即古代用以炊事的锅。中国人以龙的传人自诩，对龙的崇拜可远溯至新石器时代，祖先创造的龙形象，一直都极普遍地出现在中华民族的世代生活中。这种以龙头巧作炊具把柄的妙想，正体现了这一形象的无所不在。如果论体量，"龙首柄铜釜"算是一件小器，那么与神秘丧葬习俗相伴的赫章可乐汉墓出土的"立虎索辫纹耳铜釜"就是一件大得多的器物了。从它高32.8厘米，口径44.3厘米的尺寸来看，前者难以与其相提并论。在贵州赫章可乐汉墓中发现的铜釜、铁釜，或套在死者头部，或置于头部侧边。这种葬式被称为"套头葬"，至今在别处尚未发现，被考古工作者认为是一种具有地域文化特质的现象。这件文物外形上最为突出的是，口沿边铸造两条对称的猛虎，姿态造型一致，张嘴，尾上扬，细微处虎眼、耳、须，以线刻表现。这种铸虎为饰的器物，在贵州省博物馆的藏品中还有一件——在正安汉墓出土的"铜虎钮錞于"，时代与铸虎铜釜应该比较接近。錞于是古代的一种乐器。云南出土的贮贝器器盖上，装饰了各种人物动物雕像，其中一件上有左手横

图 5：青铜虎钮錞于及局部

抱錞于、右手拍击其顶部的人物造型。[1] 可见錞于在古代是乐器。正安出土的这件錞于，高 55 厘米，最小口径 22.5 厘米，中空，器形瘦长，盘状的顶部正中，铸了一只作欲扑跃状咆哮的猛虎，盘下短颈，鼓腰，直筒。(图5) 这只錞于上的铸虎不如"立虎索辫纹耳铜釜"的精致，但是在造型上却颇为相似。

还有一种见诸日常生活的器具——青铜灯具。清镇汉墓出土的龟座踞人铜灯，高仅 26.5 厘米。这盏灯的底座以昂首迈步的乌龟，给人坚实稳固的感觉，龟背上坐着的人物高鼻大眼，双手放于膝上，头部顶着灯杆。这种头顶托灯的造型，在毗邻的云南省也出土了精制之作，如个旧出土的东汉"铜俑灯"[2]，底部是人物屈膝跪坐的姿势，双手平伸，手与头部各托一盏灯，看上去简练利落，一目了然。当我们凑近细看这件清镇汉墓出土的龟座踞人铜灯时，可以看出它的制作是非常有特点的，首先形象

1、2　见李昆声：《云南艺术史》，云南教育出版社，2001 年。

生动的乌龟采取了忠实于真实物象的铸造手段，人物则取反差较大的夸张变形的处理方式，头大身细，最为惹眼的是有着一个大鼻子，坚挺而突出，这一写实一夸张的手法放在一起，并不让人感觉有什么不协调之处。

在贵州省博物馆的馆藏中，还有造型丰富、纹饰各异的兵器。青铜兵器历来是古代青铜器中令人瞩目的一个支系。著名的有勾践所用的青铜宝剑，刃部极锋利，复加遍饰剑身的菱形纹，在剑格上采用嵌满蓝色琉璃与绿松石等艺术装饰处理，以及剑上的八字鸟篆铭文，使其具备了研究古代青铜铸造工艺和文字发展源流等多重价值。贵州省博物馆馆藏古青铜兵器，有在普定县雄家林寨出土的葫芦形扁茎铜剑，剑茎形似葫芦，其上有纹饰与矩形镂孔，更增美观和可赏性。在普安县铜鼓山出土的 T 形茎一字格铜剑，剑形奇特，茎长 36.5 厘米，茎首却异常的宽，达到 15.5 厘米。在普安县铜鼓山遗址出土的一字格曲刃铜剑，形状也是非常奇异，作为剑身与剑柄之间的护手——剑格，显得比较宽，剑的刃部却弯曲如波。在赫章可乐出土的十余件铜柄铁剑，剑身已锈蚀不堪，唯有铜柄上的饰纹完好如初。除上述剑外，还有威宁中水的 M 形内铜戈、赫章可乐的长方形内铜戈，普安县铜鼓山的心形铜钺、靴形铜钺、铲形铜钺等。在认真地欣赏研究那些装饰及造型后，若按类评析，笔者以为一类为造型大众化而刻意于纹饰者，如铜柄铁剑、M 形内铜戈。剑即剑的一般式样，戈仍为戈的普遍造型，然而纹饰各不相同，是制作者倾其才智之所在。另一类则是其型其纹均领异标新，如 T 形茎一字格铜剑、葫芦形扁茎铜剑等，让人惊叹于古人丰富的想象力。还有一种，纹饰淡化或省略，专意于造型，如一字格曲刃铜剑、袋形铜钺、铲形铜钺、靴形铜钺、曲刃铜矛，作为已被专家们认定了的某种兵器，因造型显得有些"怪异"，且形状与生活中所见的某一物象相似，所以被专家们以其形状冠名，在满足兵器功能的前提下，将造型作如此创造，不能不认为是古人视觉美感意识的丰富表露。

考古专家认为，将这些出土的兵器与几近同时的中原兵器形制相较，所存差异是显而易见的。从普安铜鼓山遗址里找到的那些铸造兵器的石范、陶模，印证了古代贵州有生产兵器的情况，增强了认为它们具有地域特征这一观点的说服力。

铜镜也是古人见诸生活日常的东西，由贮水铜盂、水面照人的铜鉴演变形成，故有人以为铜镜即铜鉴的扁平化，正面磨光照脸，背面则铸以纹饰样，起着装饰作用。贵博馆藏的这类器物，样式、风格与中原地区的发现一致。具体而言，发掘于赫章可乐西汉墓中的日光镜，镜背正中有半球形钮，环绕钮座的连弧纹及在外一层环铸铭文

"见日之光，长不相忘"，如此组合饰镜，与中原汉镜风格保持一致性。同时同地出土的四乳铜镜、星云纹铜镜、昭明铜镜也是如此，大抵都环绕着排布的乳钉纹、连弧纹以及夹在其间的夔纹，或者是圆圈状的铭文带，大同小异。这些铜镜在当时或是贵州所产，或由外传入，是文化交流的实证。

最后要谈及的是铜鼓，这种我国南方与东南亚诸多民族钟爱的礼乐之器，自古及今，代代沿用。大约 2700 年前便已出现，传承延续，至今仍为许多民族所使用，它首先是乐器，又兼具其他方面的功能。早期铜鼓上的炊爨之迹表明其经历了既是乐器又是炊具的初始阶段，是一种极特殊的青铜器。它的功能涉及祖先祭祀，丧葬习俗，民间喜庆，娱神又娱人。就铜鼓普遍的形状而言，通体以青铜铸成，分鼓面、鼓身，鼓面呈正圆，鼓身分上部鼓胸，又称胴，中部为腰，下部是足三段。鼓面的纹饰，即中央凸出的光体，光体向外放射出多角花纹，谓之光芒，两者相组合的纹饰，称太阳纹。其外，有一圈复一圈的带状纹，称晕带或晕圈，这部分纹样因铜鼓类型之异而各显特色，但基本按这样的顺序排布在鼓面上。鼓身可以装饰的面积宽，纹饰种类更为丰富繁缛，有动植物纹、几何纹、竞渡纹等，亦因鼓型不一，各有特点。铜鼓被专家们确分为"万家坝型""石寨山型""冷水冲型""遵义型""麻江型""北流型""灵山型""西盟型"八种类型。馆藏有"遵义型""麻江型""石寨山型""灵山型"。"石寨山型"铜鼓在赫章可乐西汉墓中出现，是贵州省内已知时代最早的铜鼓。历史文献的叙述也让我们了解到古代贵州先民对它由来已久的珍视，翻阅《明史·朱显传》《平播全书》《遵义府志·金石志》等书籍，可以读到有关铜鼓的记录。

这件"石寨山型"铜鼓的大小、形制、纹饰与云南晋宁石寨山出土的"石寨山型"鼓标准器相似，故而划入该类。"遵义型"和"麻江型"独具特点，与其他鼓型大异，且最早发现于贵州，以出土地名而各自定型名，成为相似铜鼓的比照标准器。馆藏铜鼓多数为传世品，并以时代较晚的"麻江型"为多。"石寨山型"铜鼓铸造精致，纹饰繁缛。通体的纹饰，鼓面的太阳纹光体，如圆心居鼓面正中，与呈角状四周放射的光芒浑然一体。鼓胸有锯齿纹、同心圈纹、船纹。船纹则是公认的"石寨山型"鼓的主要纹饰之一。这圈纹样由四只轻舟俱作竞渡状相连而成，驾舟人头饰羽毛，多者四人，少者一人不等，姿态各异。以船饰鼓，对于晋宁"石寨山型"鼓而言，不仅常见，而且丰富多变。"遵义型""麻江型"铜鼓的纹饰，采用几何图案。馆藏的"遵义型"铜鼓有两面，均出自遵义南宋杨粲墓，在这座夫妇合葬双室墓中，每室各出一面。以男室这面鼓为例介绍，鼓面出沿，鼓胸微凸，有带状的扁耳一对。面鼓的纹饰，中心为光体，有放射四周的十二芒，从鼓胸及足，分布着乳钉、同心圆、三角、叶片、复线人字、复线菱形纹。鼓高 28 厘米、面径 44.2 厘米、腰径 36.3 厘米、足径 43.1 厘米。（图6）这面鼓还有一特点，鼓壁内外可发现夹杂其间的铜钱碎片，依稀可辨识出的字迹有"元""祐""通"，当为北宋哲宗时期铸造的"元祐通宝"。"麻江型"鼓，纹饰亦简略。以 1954 年麻江谷洞明墓出土的那面鼓为例，鼓面出沿，略小于胸，腰间一道凸棱，正将鼓身分上下两段，一对扁耳置于胸、腰之交。自腰至足，渐次展开，中无折线。鼓面中心为光体，岐出十二芒，外有四晕。第一、二晕纹饰模糊不可辨，第三晕饰游旗纹，第四晕饰乳钉纹。鼓身纹饰疏少，胸部见同心圆及梅花图案，腰部有回纹，足部仍见有同心圆及回纹。此鼓型制矮圆，四道合范，工艺上的粗略使纹脉线条模糊不清，纹饰更简略。馆藏的这些类型鼓，倘以时间早晚来看纹饰之殊，由繁缛精致、图案写实而趋于抽象，并渐渐接近简略粗制。其中，一些时代较近、从民间征集到的，或因埋入土中时间不长，但纹饰精致的铜鼓，皆为抽象的图象。若以工艺美术品来看待，此类鼓与出土的鼓相比较，多一些工艺气，少了后者那泥土久来侵蚀的斑驳之美。随时间后移铜鼓功能扩展，各民族间各层面的婚丧、祭祀、节日喜庆均涉及铜鼓，铜鼓的功用日渐世俗化，量的需求增多，制作者水平不一，除了装饰铜鼓的构思意识程式化以外，制作技艺则表现出良莠不齐的特点。

图 6：遵义南宋杨粲墓出土"遵义型"铜鼓

三、馆藏青铜器的价值

　　以上是我馆藏青铜器的重点和亮点，从价值上，这些文物是我国古代青铜文化成就的组成部分，为相关方面的研究提供了宝贵的材料。前面已谈到，这些青铜器是在贵州省境内考古出土的，无疑是贵州省文化遗产的重要组成部分。从地方层面上，对于我们探究和认知古代贵州各个方面的成就，如文化的影响交融、科学技术的发展、艺术创作的状态等，其重要性都不言而喻。另外，展示文物是博物馆人的使命之一，也是发挥文物价值的重要之举，所以我们要在对这些文物加强保护和研究的前提下，举办各种专题展览，向大众展示和诠释这部分文化遗产，惠及社会，提高民众的文化素养。

　　总结过去，展望未来。对于包括青铜器在内的各类文物，我们还有许多工作要做：继续征集扩大馆藏，是我们工作的基本方向；让这些文物在博物馆里得到很好的保护，是我们责无旁贷的使命；对这部分文物中的各类别加强研究，更好地认识它们的价值，是我们毋庸置疑的工作重点——我们将不懈努力。

馆
藏
石
刻

馆藏石刻

朱良津

在馆藏文物中，石刻文物亦是我们珍藏的重要类别。虽然从如今的入藏量来看，只有近二百件，与其他类别的文物相比并不占优势，但其价值是多方面的，我们举办的许多展览和各种研究，均体现了这部分文物不可或缺的价值。

一、石刻文物的来源及组构

在我们的石刻文物中，传世品很少，主要是六十年来，通过历次考古发掘不断入藏的。具体内容是与墓葬相关的石上文字材料，譬如墓碑和埋入地下的墓志铭以及买地券等，还有就是装饰墓葬的各种物象石刻。这些石刻文物发现于我省的汉、宋、明、清墓葬中，其中饰墓石刻的发现主要集中在黔北地区。

二、代表性文物点评

对于馆藏石刻中具有代表性的文物，笔者选择部分大致以时代先后之顺序，作如下评述：

金沙后山汉墓出土的石刻为一块买地券及六块画像石，1991 年由考古人员清理这处墓葬时发现。买地券刻于该座汉墓的封门石内侧壁上，刻有六个字——"巨冢直二万五"，字体是隶书，这几个字是目前所见的、我省考古发现中较早的石上镌刻字迹。买地券是古代墓葬中经常出现的一种随葬文字材料。这几个字的意思就是，这个坟冢价值二万五。这里的"直"与"值"，意思相通。在古代，人们安葬死者后，将买地券埋入地下，意在让死者到了阴间也有一片栖身之地，不被其他人侵扰。从探究古代贵州书法艺术发展史的角度来看，它是现知最早的实物性材料之一。六块画像石，分别被命名为"双阙图""伏羲女娲神龙交尾图""人物图""奏乐俑""耍丸俑""镇墓兽"。画像石的表现题材大都具有普遍性，如"伏羲女娲神龙交尾图"画像石（图1），这种题材的画像石在汉墓出土中常见，伏羲女娲是我国古代神话传说中的神，作为喜闻乐见的题材，在各地出土的汉代画像砖石中得到淋漓尽致的表现。贵州出土的画像石数量甚少，但仍可看到这种题材偏好的影响。这块伏羲女娲题材画像石，其构图与毗邻的滇、蜀及中原地区的同一题材画像石有较多相似之处。再如"双阙图"画像石，阙原为古代建筑中一种特殊的类型，对称的台楼，中有通道，建于宫殿或墓前，是体现封建礼仪的一种标志性兼装饰性建筑，这种建筑的描写也屡屡出现于古代文人的辞章诗赋中。它也作为常用题材出现在汉代画像砖石中。六块画像石从制作上看，都显得古朴、稚拙。这种构图和题材与其他地区出土的汉代画像石有较多相同之处，自然反映出与外来文化的交融。这种装饰墓葬的画像石，迄今在贵州考古发现中少见。

雷公山残碑，是民国年间在贵州雷山地区发现的两块碑刻残片，后来有人将又一块碑刻残片捐赠给贵州省博物馆，残片上仅有两个字完整，另外三字均有不同程度的残损。这些残碑上的字体非常奇特，不像汉字，也非苗文或其他文字，碑刻时代很难断定。细观这些刻字，笔法挺劲，与在云南出土的东晋时期的《爨宝子碑》和南朝刘宋时期的《爨龙颜碑》，在笔意有相似之处，或许是与两者时代接近的产物。

遵义南宋田通庵墓出土的一对圆雕石像，均高28厘米。五官雕凿精细，头上的发丝以线刻表现，双手搭在一屈一跪的双腿上，因用以承托田墓女室的棺床，雕像头顶被錾平，出土后被命名为"顶棺奴石雕像"（图2）。这是迄今为止，我省出土的罕见的精美石圆雕。

图 1：金沙后山乡汉墓出土的"伏羲女娲神龙交尾图"画像石

图 2：遵义南宋田通庵墓出土的顶棺奴石雕像

图 3：遵义南宋杨粲墓女室出土少女启门石刻

遵义南宋杨粲夫妻合葬墓女室石刻是馆藏石刻的精华，在此先将墓主杨粲代表的遵义杨氏家族稍作介绍。唐代末期，位于今天云南大理一带的南诏国，派兵攻陷了辖制现代贵州遵义大片地区的播州，唐朝下诏募人进剿，太原人杨端应募平息播州兵祸。唐中央政府给予杨氏家族世领其地的殊遇，从此，杨氏家族盘踞播州，经历了二十九代。直至明朝万历时年间，应龙起兵反叛朝廷，在征剿大军连连取关夺隘的迅猛攻势下，最后在海龙囤自焚身死，历时七百余载。杨粲，字文卿，是播州杨氏家族的第十三代。

杨粲墓自从发掘问世以后不久，便因为精美的墓葬装饰石刻（图3），进入了艺术史家的视野。女室里的石刻装饰在发掘时便运至贵州省博物馆编号存藏，其中重要文物如"女墓主石刻"，在考古人员发掘之前头部已毁，仅存身体部分，是袖手端坐的样子，高104厘米，宽82.5厘米，原位于墓中女室后壁壁龛中央。这座雕像高度写实，女主人身着对衽宽领长衣，人物衣衫上的衣纹折线，衬托出这位女主人体态丰腴，雍容端庄。其二，"进贡者石刻"（图4），从人物形象上看，不像本土人士，而像异域人物，卷发、深目、高鼻、赤足，赤露上身，双手高举托有宝物的盘子趋步向前，一个向上呈献贡品的姿势，似为表现一个"进贡者"形象。这座雕像原置于女主人像的左侧。其三，女室出土的高浮雕虎柱（图5），高129厘米，直径26厘米，原立于女室之中的武士像侧面。这件雕塑设计十分巧妙，虎首龙身，盘绕在一根石柱上，龙虎融合，似龙非龙，似虎非虎，充分蕴含龙盘虎踞的寓意。这件虎柱制作精良，细微具体之处如须眉、口眼、足爪都雕琢得很精致。另外，还有"野鹿衔芝石刻""捧奁女官石刻"、四个"龙首石刻"。野鹿衔芝石刻原在女室南壁，长36厘米，宽30厘米。浅浮雕刻手法，在石刻方框内，有奔跑的野鹿口衔芝草，构图简洁，线条流畅利落。捧奁女官石刻雕凿的是一名站立的人物，高168厘米，宽67厘米，女官戴冠，手捧盛放梳妆用具的奁，把一个侍奉主人的侍者拘谨的神态刻画得淋漓尽致。至于四个"龙首石刻"，原本是女主人棺材石板下的垫棺石，起着将棺床腾空托起的作用。四个龙头的造型大致都是口微微张开，双目圆睁，作仰首状。这四个龙头是圆雕作品，可看出是作者依据原石的自然形态，依势而雕，独具匠心。这些文物因早已脱离了墓葬建筑的本体，我们已看不到它们原本在墓中的排布所产生的艺术效果。作为贵州省博物馆的藏品，无论过去抑或将来，都以展览的方式，结合一定的形式和内容，展示其独特的艺术性。杨粲墓的刻饰，与我们见到的其他宋代石刻，普

图 4：遵义南宋杨粲墓出土的进贡者石刻

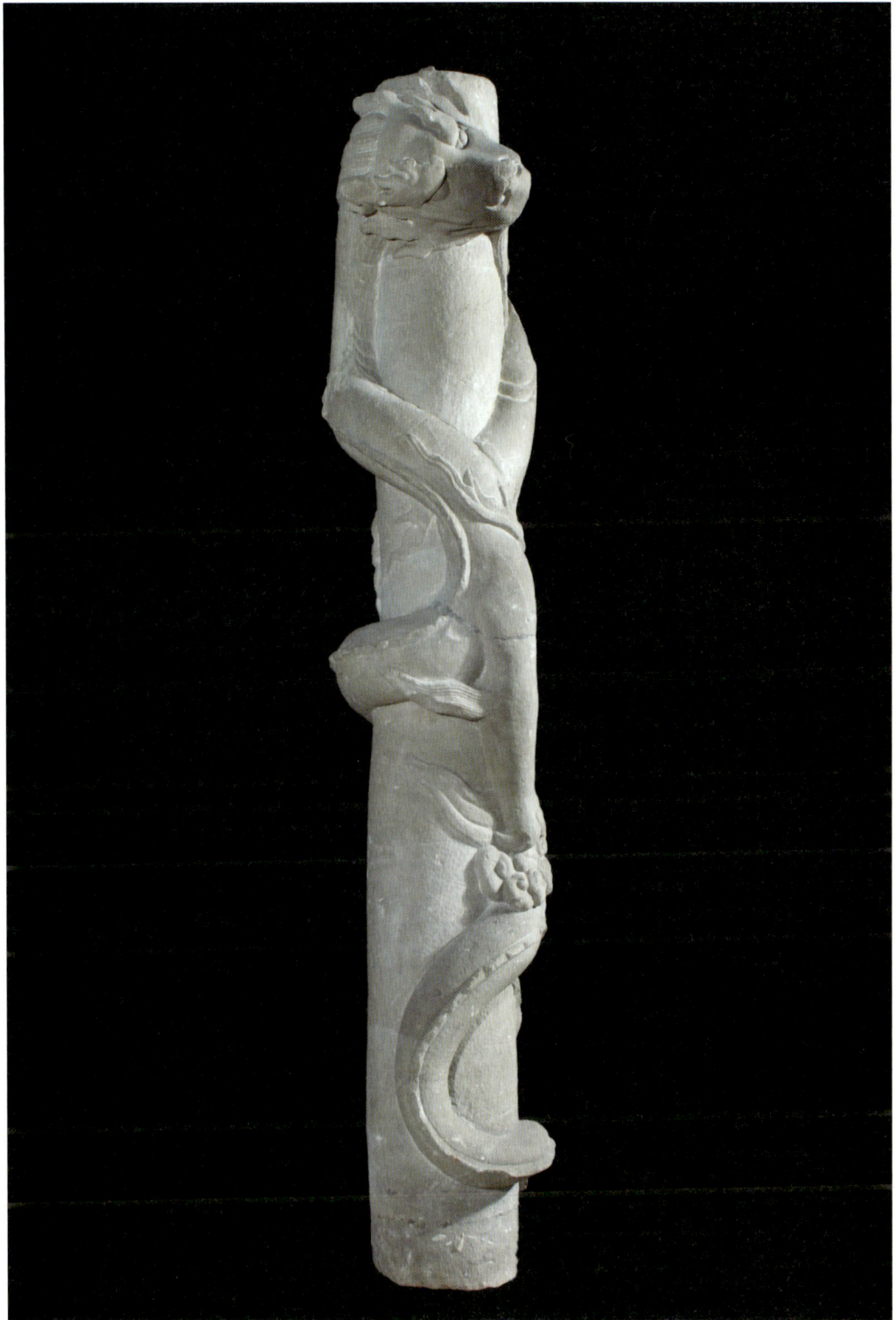

图 5：遵义南宋杨粲墓女室出土的高浮雕虎柱

遍、深刻、细腻地反映出社会芸芸众生。在表现手法上，清晰可见深受宋代流风时尚的影响。由于大足石刻和杨粲墓石刻的地域位置与制作时间比较接近，自然可将两者纳入比照研究的范畴当中。大足石刻已经不完全囿于纯粹的佛教内容，而是把现实社会中的人和事纳入题材范畴。黔北杨粲墓雕刻与大足石刻相比，在表现内容上虽然各自的取舍有所不同，但是都趋于世俗化。

墓中出土文物还有杨粲墓志铭残石和两块残碑。墓志铭已裂成八块，上面的文字缺佚不少，其文意已经不可能衔接。这块墓志刻于淳佑（祐）七年（1247），是南宋理宗赵昀在位的时期。刻字中有"管机密文字何大观书丹"十个楷书字，这个叫何大观的人是这块墓志的文字书写者，关于他未见有更多的记载，不过有一点是可以猜测到的，既然能为播州最高统治者、安抚使杨粲书写墓志铭，那么他必定是当时在书法方面得到大家认可的人物。两块残碑，其中一块出自男室，可以看见上面有三行刻字，中间一行有篆书"赠武节"三个字，右行有楷书"太岁丁未淳佑"六个字，左行是楷书"嗣孙武功……"等字，"赠武节"三个篆字是小篆，用阴刻的双线勾成。笔画粗细均匀，圆转流畅，可惜这块碑残损太过，其他字已经无法得见，所以看不到这块碑整体的篆书风貌了。左右两侧的楷书，其风格颇似杨粲墓志铭上的楷书。另一块残碑发现于女室，两端残缺，仍然是三行刻字，左右两侧楷书分别为"嗣孙武功""太岁辛亥"，中间是三个小篆"有宋赠"，这三个篆字和"赠武节"三字一样，也是以阴刻的双线勾成。无论篆书或楷书，书法风格均与男室发现的那块残碑颇为相似，笔者以为可能出于同一人之手。

除了杨粲墓石刻以外，还有在黔北发现的宋代其他墓葬，如遵义赵家坝宋墓出土的"演乐图""备宴图"石刻，也是可圈可点之作。这两块浅浮雕与其他地区出土的类似佳品相比毫不逊色。它们分别置于一座双室墓右室后间的左右壁上，浮雕浅到趋近线刻，前者表现台楼中的八位乐伎，挽高髻，穿宽袖衣和长褶裙，衣袖飘洒，她们或执幡，或怀抱琵琶，或横吹竹笛，好一幅演乐场景。后者刻划在堂前备宴的人们，有拿酒壶的，有捧杯盘的，有端着菜肴的，亦有在一旁恭立待命的。由这两块浮雕，引发我们联想到原在龙门石窟、后流落至美国的"帝后礼佛图"石刻。两块分别以刻划北魏孝文帝与文昭皇后为中心的礼佛行进队伍浅浮雕，构图严谨，人物着宽袍大袖，衣纹线条疏密有致，流畅自如。他们所处位置的设计及仪态刻划上，主次分明，突破了某些雕刻或绘画以夸大形象来凸显主角的手法，把前后簇拥、和谐有序的行进队列和肃穆的气氛，以及人对佛的虔诚都表现得十分到位。两处石雕有不少相似之处，都着重表现图面中的人物关系，将雕塑艺术中被称为"薄肉雕"的浅浮雕语言充分运用，以厚度相差极小的雕凿技巧把繁复的场景制作得丝毫不乱，足见制作者的高超技艺。虽然内容有差别，但都从侧面反映了古代上层社会的生活。

馆藏的明代石上刻字，有如"明封孺人詹母越氏墓志铭"十一个篆字的志盖。墓志铭于1955年在贵阳城西出土，它的镌刻时间是在正德年间。这块志盖上的篆字是徐节写的。徐节，字时中，贵阳人。他于成化八年（1472）考中进士，任过知县、御史、云南左参政、右副都御史和山西巡抚，因为为人刚正得罪权宦刘瑾，被免职，刘瑾被铲除后，他恢复原职，直至告老还乡。徐节的这十余个篆字比较多地用了方折之笔，字的结构造型上具有笔画向左右伸展的特点。在当时他是一位在书法上颇有影响的人物，有记载称他"通篆、隶、行、草诸体，……为乡邦楷范"。

《杨母胡太孺人墓志铭》志盖上的篆字，书写者是李时华。李时华，字芳麓，贵阳人。他在万历十年（1582）成为举人，后任过御史，为人耿介，不畏权贵，敢于上书直言。[1]在《杨母胡太孺人墓志铭》的志盖上，李时华书写了13个篆字——"明故敕赠杨母胡太孺人墓志铭"。这个"胡太孺人"就是明末贵州最有名的大书画家杨龙友的祖母。13个篆字写得颇具特点，字的造型，不是端正凝练，而是优美娴熟，那书写笔画的线条畅美流动，倾斜弯曲则有一种柔美的姿态。

三、特点及价值

馆藏石刻文物，源于考古出土，反映的是贵州本土的情况，它们具有多重价值。碑刻、墓志这样的文字刻石，从内容来看，反映了贵州的历史，不少可作为研究贵州历史的原始材料，同时有些又具有书法艺术学习及欣赏的意义，反映了古代贵州的书法成就，有利于我们的相关研究。饰墓石刻既有研究墓葬建筑的价值，又展示了古代贵州的雕刻艺术成就，为我们认识古代贵州的美术成就提供了实物材料。在对这些文

1　冯楠总编，贵州省文史研究馆据民国版校点：《贵州通志·人物志》，贵州人民出版社，2001年。

物进行研究的基础上，我们可利用它们举办各种展览，向大众诠释我馆的文化遗产。

　　未来无疑会有更多的石刻文物不断入藏贵州省博物馆，如同其他文物一样，对它们的保护、研究、展示需我们不懈努力。如何对这部分石刻文物在保护前提下更大程度地利用，需要我们多角度、多层次、多方式地进行思考，蓄势待发，努力进取。

馆藏书画

馆藏书画

朱良津

  文物是博物馆的根本。贵州省博物馆自1958年开馆至今，数代人努力不懈蓄积文物，探究文物，展示文物，惠及民众，贡献社会，历六十载岁月光阴。六十年一甲子，六十年一循环，我们站在这个终结与起始的交迭点上，对既往进行回顾与总结，对未来进行憧憬和描绘。

  迄今，我们的馆藏文物蔚为大观，分门别类，可圈可点者不胜枚举。在诸类文物中，书画文物无论其量其质，以及社会大众的关注度，都毋庸置疑地成为一个亮丽的部分。

一、馆藏书画的组构

  贵博的书画文物由器物铭文、石上刻字、摩崖碑刻墓志拓片以及传世的纸绢卷轴作品组成。其中，出土的以金属或陶质器物为载体的铭文，如"武阳传舍"铭文铁炉、同劳铜澡盘、"蜀郡"铭文铁锸、永元陶罐等，都反映了在纸绢书法难以流传下来的久远时代，这门艺术在贵州呈现的状况，是我们探究或在展览中诠释古代贵州书法不可或缺的材料。馆藏的所有石上刻字及拓片，除其书法意义上的欣赏、学习、借鉴价值以外，文字内容涉及宽泛，具有多方面研究价值。我国历史上著名的碑刻拓片，无论汉碑、魏碑或唐碑，其中的不少典范作品我们都有存藏，如汉碑《张迁碑》

《史晨碑》《石门颂》等，魏碑《郑文公碑》《张猛龙碑》等，唐碑《云麾将军碑》《麓山寺碑》拓片等。这些碑石拓片又因捶拓时期不同，具有不同的价值。除了这些传统经典名碑拓片以外，对反映贵州古代书法艺术并兼具史料价值的碑石及拓片进行存藏，是我们责无旁贷的工作。其中，重点有三国时期"章武三年"姚立买地石、南宋《杨粲墓志铭》《田氏圹志》拓片等。传世的卷轴书画作品是馆藏书画文物的重头，数量可观，有 5000 件左右，时代从唐、宋、元、明、清至现当代。其中，珍藏的绘画文物，从表现技法上看，工笔、写意、水墨、赋彩、白描各类皆有，从题材上论，中国画中所类分的三大科——山水、花鸟、人物俱全。存藏的书法墨迹，从书体上看，篆、隶、草、行、楷皆有。

二、馆藏书画来源

贵州省博物馆的馆藏书画文物，于今有近 7000 件之规模，回溯 60 年来的集藏历程，其来源渠道，大致可分为四类：一、长期考古发掘，以及在无数次的田野调查中，对出土的碑铭刻字及山野摩崖字迹进行捶拓收集；二、进行社会调查，有方向、有目的地征集，或受热心文博事业人士的捐赠；三、行政调拨，主要是在建馆之初，在上级的安排下，对非文博单位的文物进行汇集，及接受其他藏品丰富省区的博物馆支援；四、在 20 世纪 60 年代，曾有计划地向国有书画店进行价购，馆藏许多现当代名家的作品都是通过这种方式得以入藏的，在这个过程中，体现了我馆前辈专家在当时收藏书画文物时的前瞻性意识。

三、馆藏书画特点

从内容上看，在贵州省博物馆近 7000 件馆藏书画文物中，反映贵州历史上书画艺术状况的藏品所占比重较大，是馆藏书画文物的主要部分，其中又以清代以来的卷轴书画作品为主，清代之前的书画文物主要是出土碑刻墓志、器物铭文以及摩崖碑刻拓片。除前述拓片、墓志铭外，还有金沙后山汉墓买地券、鲵鱼形铭文铜带钩、蜀郡铭文铁锸以及收集到的唐宋元明清各代镌刻字迹的拓片。

清代以来的贵州书画家作品能够反映从清初至现代贵州书画艺术的发展过程，及各个不同时期贵州书画艺术的特点。在这个过程中产生了周起渭、陈法、花杰、黄辅辰、傅衡、郑珍、莫友芝、黎庶昌、丁宝桢、李端棻、何威凤、袁思韠、姚华等，或在政治上，或在文化上有所作为又兼具书画才能的人物。笔者仅就一些具有代表性的书画作品，作简单点评：其中，诗歌创作享誉京城并参与编纂《康熙字典》等重要著作的学者——周起渭的行楷七言联"名传冀北三千里，地近蓬莱尺五天"，是其唯一传世的墨迹。行书八言联"春秋谨严取以为法，洞庭漫汗大放厥词"，作者丁宝桢是清代在政治上颇有作为、带有传奇色彩且知名度较高的贵州籍官员。李端棻也是黔籍人物中在外颇具有影响力，是"戊戌变法"中的风云人物，力倡兴办近代的新式教育，有"掬水月在手，弄花香满衣"等多件墨迹藏于贵州省博物馆，他的流传墨迹在清代贵州士人书法中具有代表性。郑珍是贵州文化史上著作等身、影响深远的一代学人，馆藏其画作有《携琴载酒图》《爪雪山樊图》以及隶书对联"天生我才必有用，神纵欲福难为功"等多幅作品，印证其学艺双修，成就不凡，在贵州文化史上产生过多方面的影响。莫友芝与郑珍齐名，史称"郑莫"，他不仅在金石、版本目录学等学术领域有广泛的研究，在书法艺术上也取得了很高的成就。馆藏的数十件藏品，向我们展示了这位有清一代在贵州以外最具影响力的黔籍书法家。姚华是清末民国交迭之际，贵州出现的一位学识渊博的学者和书画大家，他的书法墨迹众体皆擅，绘画作品题材丰富，两者皆形式多类，在贵州省博物馆均有存藏。他的出现喻示着清代贵州书画艺术圆满的结束，和现代贵州书画人才辈出时代的开启。关于从清代至现代贵州书画家中颇具影响及成就不凡的人物，限于篇幅我们不能一一提及。他们藏于贵州省博物馆的作品，汇集展示了清代以来贵州书画艺术的整体面貌。

在反映贵州自清以来的书画作品中，有一部分是外来画家（即非贵州籍的入黔人士）描绘贵州风物的作品，我们应该投入极大关注，它们是贵州古代传世书画的奇葩，历史上外来画家以艺术的方式展示了他们眼中的贵州，虽然为数不多，但是已然成为贵州地方文化遗产的重要组成部分。这类绘画的代表作有《寻亲图》册（图1、2）和《山水观我》册（图3-5），前者的作者黄向坚于清顺治年间入滇寻找双亲途经贵州，后者的作者邹一桂在清乾隆年间来黔出任提学使，两位画家面对贵州的山川风物都产生了抑制不住的创作激情，在各自的作品中，都在"指名道姓"地描绘黔贵的绮丽风光、人文景观。这种在美术史上具有一定影响力的画家表现贵州风物的传世之作，是我们贵州文化遗产中的至宝。

除这部分清代贵州书画艺术文物之外，其他馆藏书画文物，从其内容看，几乎涉及自明代以来我国书画史上所有重要流派，如我们珍藏了明吴门画派之一唐寅的《长松泉石图立轴》，这是唐寅为老师祝寿与人合作的画作，画中青松挺劲，山石峻峭，人物端庄，为其精品。仇英的《雪夜访戴图立轴》，是作者据东晋王徽之夜访画家戴逵的典故而作，画风工细，人物生动。沈周的《山水册页》，画作尺幅虽小，但构图丰富，让观者有小中见大的视觉感受。祝枝山的《草书寄施湖州诗横幅》，是作者写赠湖州籍朋友的诗作，这件作品将这位草书大家笔墨飞扬、一气呵成的才情展示得淋漓尽致。文彭不仅是留名绘画史的名家，亦是对篆刻艺术发展起重要作用的人物，其作品《拳石立轴》构图简洁，笔墨精炼。还有浙派画家群体在明代末期的代表人物蓝瑛的绢本设色《山水秋壑清音图》等。我馆还藏有金陵画派重要代表画家樊圻的《山水立轴》，意境朦胧，画风工丽；王概的《长松泉石条屏》，由十二幅单条组成，颇具视觉震撼；四僧画派中亦有石涛的《松竹石立轴》，水墨画成；八大山人的《双鸟册页》及《行书册页》；弘仁的墨笔人物画《长松羽士图》。至于清代中期扬州画派的作品，可圈可点者就更多了，黄慎的人物画、郑燮的《墨竹中堂》、金农的《梅花折扇面》、李方膺的《墨竹册页》、华喦的《兰石立轴》、边寿民的《芦雁图》、陈撰的《九秋图册》、闵贞的《人物图》、高凤翰的《山水册页》等，重要代表人物的画作应有尽有。晚清活跃于上海的海上画派，人数众多，影响深远，吴昌硕、赵之谦、虚谷、蒲华、任颐、任薰、任熊、张熊、胡公寿以及后海上画派人物冯超然、吴湖帆、江寒汀、吴待秋等名家的作品藏量可观，可在展厅中做全面的展示。民国时期，活动于京津地区的京津画派以及广东地区的岭南画派，知名度较高的如王梦白、萧谦中、金城、齐白石、陈半丁、刘子久、陈师曾、居廉、高剑父、高奇峰、陈树人、赵少昂、关山月等人的作品，亦可集合起来，面向社会举办多个专题性展览。新中国成立以来产生于黄土高原的长安画派，其代表人物石鲁、赵望云、方济众、黄胄等人的作品，我馆前辈专家在20世纪60年代都有收集。

将贵州省博物馆的书画藏品与国内其他省级博物馆进行比较，我们有一些引以为傲的特点：

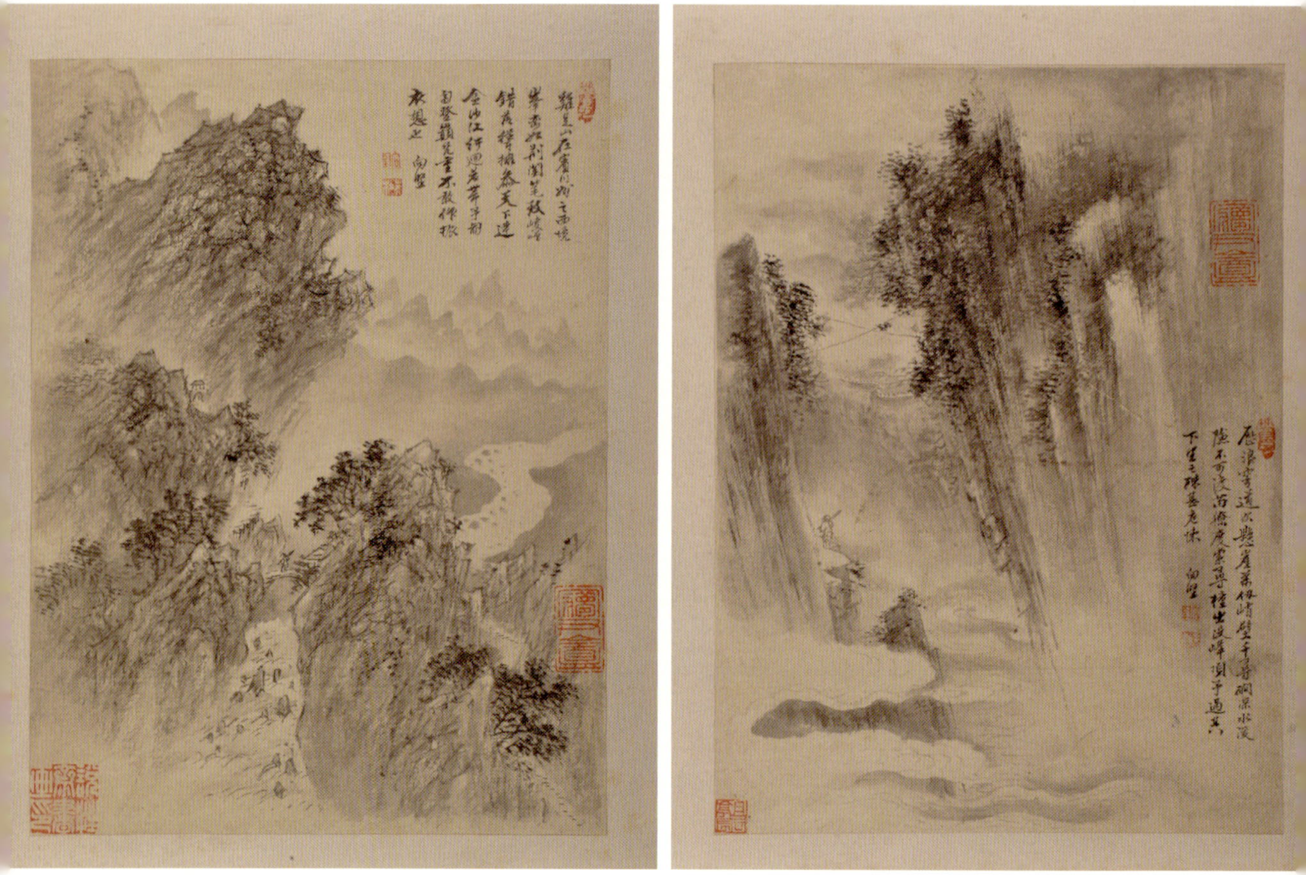

图 1：黄向坚墨笔《寻亲图》册之一

图 2：黄向坚墨笔《寻亲图》册之二

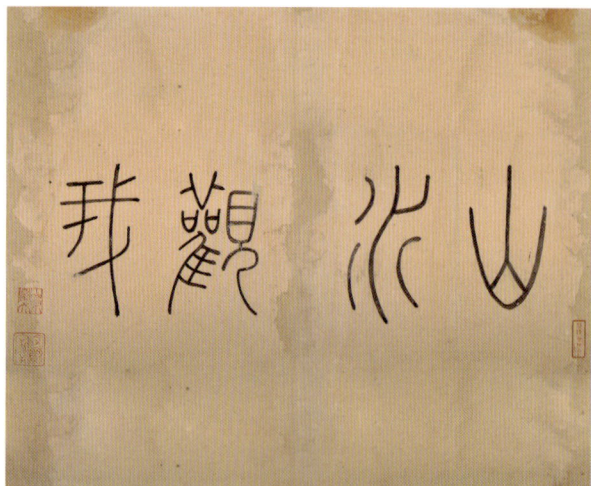

山水观我

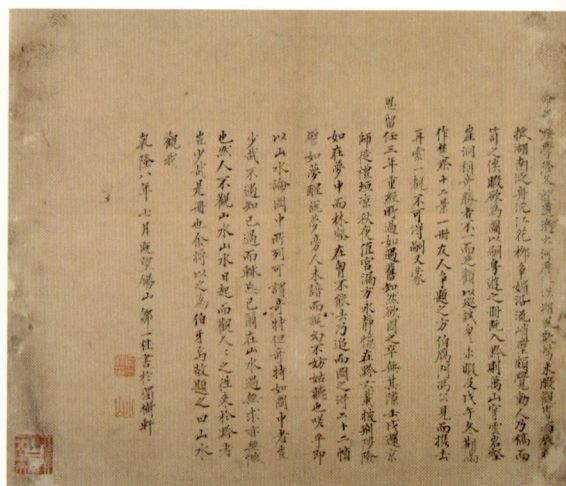

序言

辰溪

穿洞

图3：邹一桂设色《山水观我》之一

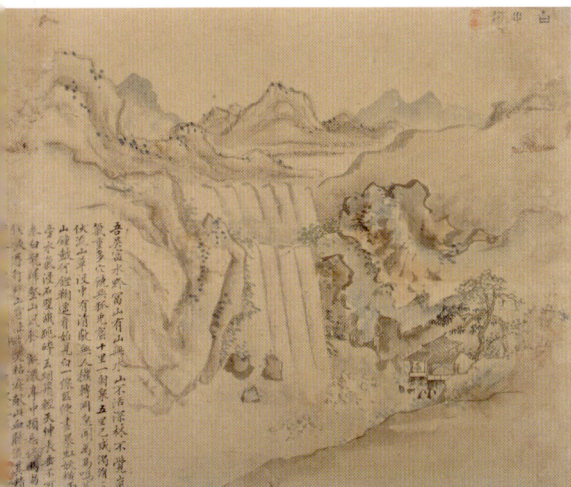

白水河

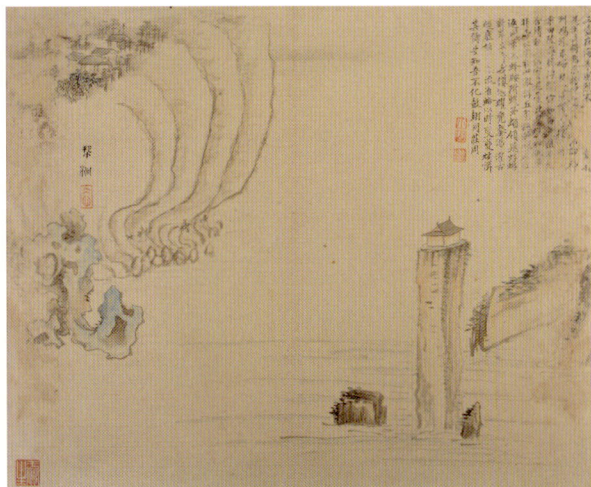

帮洞

东山

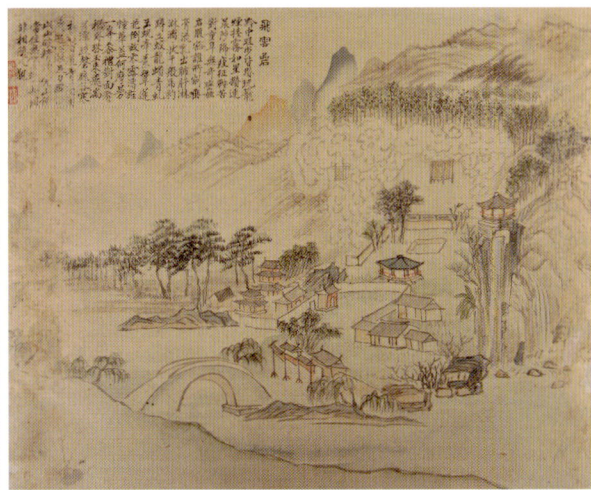

飞云岩

馆藏书画

葛镜桥

关索岭

鸡公岭

九里箐

图 4：邹一桂设色《山水观我》之二

涵碧潭

黄绕山

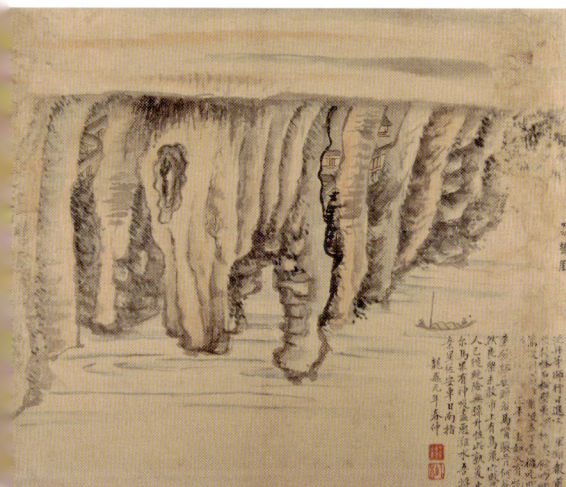

马嘴崖

黔灵山

清浪滩

石阡

相见坡

雪崖洞

图 5：邹一桂设色《山水观我》之三

天柱县

铁索桥

玉屏山

照壁山

其一，对某些著名书画家的作品有成系列的收藏。徐悲鸿是 20 世纪中国美术界极具影响的人物，他在抗战期间数次来到贵州，举办展览，出售书画，其作品在贵州社会具有一定的流传量，使后来贵州省博物馆征集其书画时具有一定的社会基础，加之热爱文博事业的有识之士的成批捐赠，以至于其各个时期、各种题材的国画作品，以及反映其代表作品创作历程的画稿，我们均有保存。齐白石是家喻户晓的画坛人物，馆藏齐氏作品能展示其艺术历程。这些齐氏作品除社会征集外，还有赖于前辈专家在 20 世纪 60 年代为丰富馆藏不断地购入。莫友芝是清代著名书法家，亦是贵州本土人物，馆藏中有他各时期、各种书体的墨迹。姚华是现代画坛上活跃于北京的黔籍著名画家，馆藏有其数以百件的书画作品。对于这两位黔籍书画大家的作品收藏，通过展示他们的作品，旨在保护、宣传地方文化，亦让大家增强传承本土艺术遗产的责任感。

其二，对知名度很高的画家罕见题材作品的存藏。这类文物的重要代表，即清初弘仁的《长松羽士图》。弘仁是美术史上影响卓著的山水画家，《长松羽士图》是其至今仅有的传世人物画。

其三，对著名历史人物唯一传世墨迹的收藏。这里所指的是，被视为贵州省博物馆镇馆之宝的"北宋韩琦楷书信札"（图 6~9）。在近 300 年前的清乾隆时期，这件流传近千年的墨迹作为古代一等珍贵书法墨宝，收入了著名的书法丛帖《石渠宝笈》中。

其四，对声名鹊起但作品流传范围有限的画家画作的收藏，如蜀中画家陈子庄的花鸟作品。

图 6：贵州省博物馆镇馆之宝——北宋韩琦楷书信札

宋韓琦書札卷

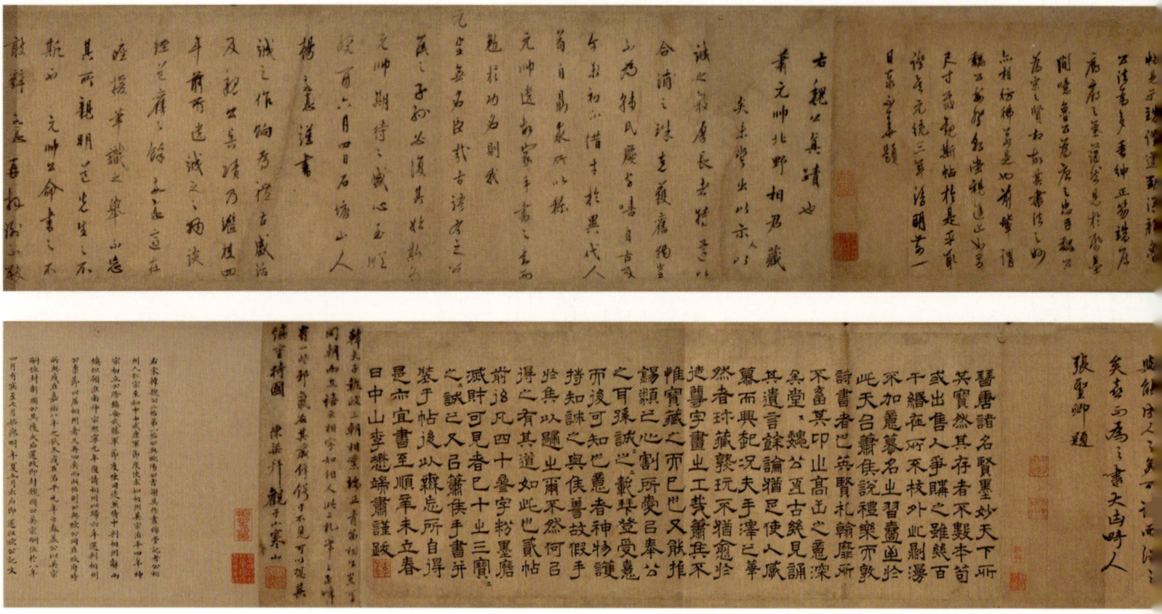

图 7：北宋韩琦楷书信札长轴（从右至左）

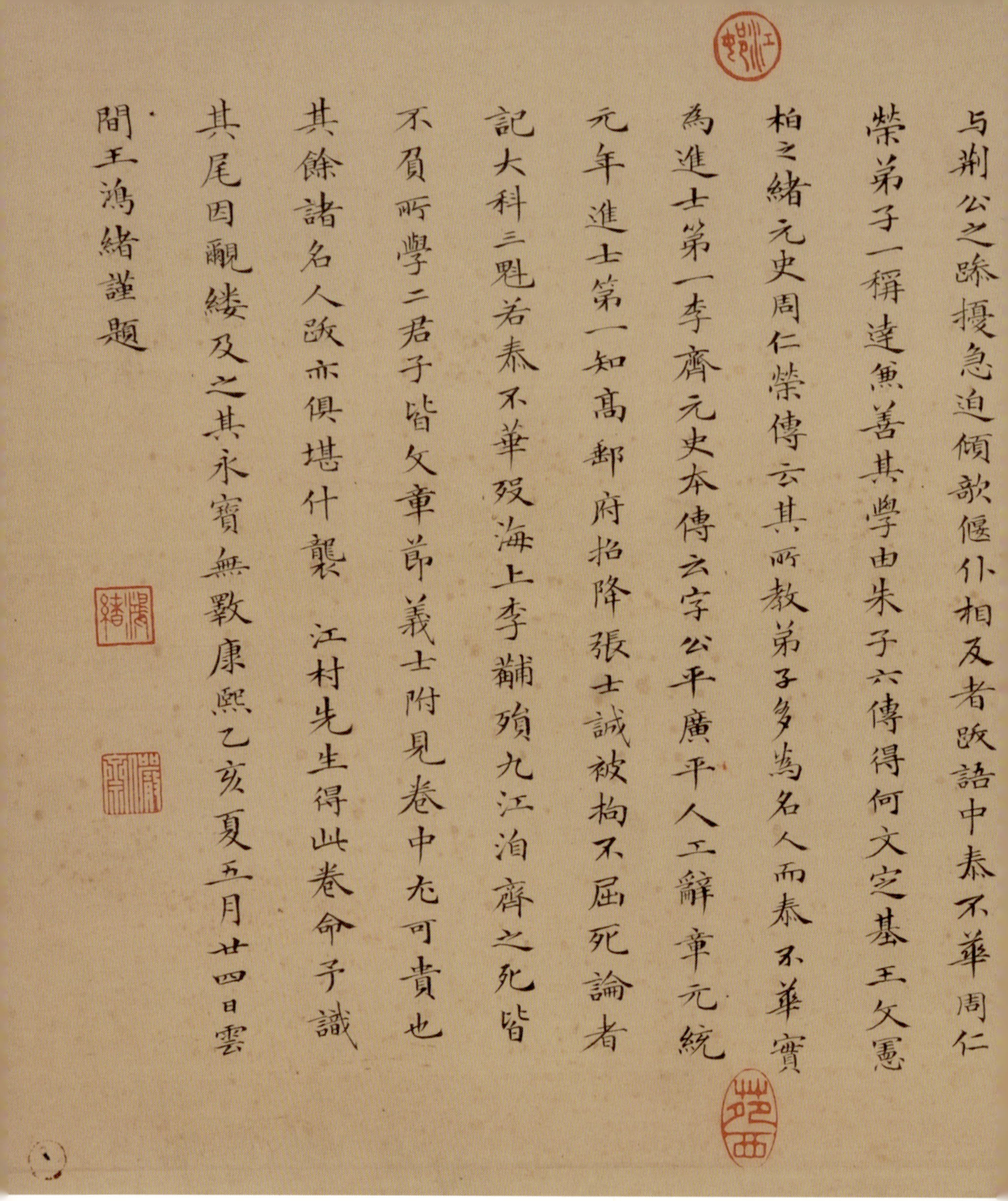

与荆公之際擾急迫傾欹偃仆相反者跋語中泰不華周仁

荣弟子一稱達魯善其學由朱子六傳得何文定基王欠憲

柏之緒元史周仁榮傳云其所教弟子多為名人而泰不華實

為進士第一李齊元史本傳云字公平廣平人工辭章元統

元年進士第一知高郵府招降張士誠被拘不屈死論者

記大科三魁若泰不華殁海上李黼殉九江洎齊之死皆

不負所學二君子皆父章節義士附見卷中尤可貴也

其餘諸名人跋亦俱堪什襲　江村先生得此卷命予識

其尾因覩縷及之其永寶無斁康熙乙亥夏五月廿四日雲

間王鴻緒謹題

图 8：北宋韩琦楷书信札长轴局部之一

休沐時耶記文不動聲色而措天下于泰山之安指定策英
宗調和兩宮事帖中之褒假太過非愚不肖之所膝捧讀憟懼
而不能自安者謂此即答門人親客臣子何與之意也第二帖
某公旬日前得手書雖云近苦多病勉強親筆而草隸道
勁雖少年所不能及未知某公何人而與書何人其某字磨滅右
半微可辨蓋土字以意度之則杜公也盧陵云杜公筆法為世
楷模考亭云杜公以草書名家祁公本傳云真書行艸皆有法
蓋祁公書最為當時所重故公云少年不及也年月皆不可考
中有前帖云二叉跋中兩云流已撫字一段今已失按公拜武康
軍節度使知幵州在慶曆皇祐間後求知相州未幾召入此帖

琦再拜啟信宿不奉
儀色共惟
興寢百順琦前者輒以書錦堂記
易上干退而自謂眇末之事不當仰煩
太筆方風使愧悔若無所處而
心遠以記文為示雄辭濬發璧夫
河之決茶騰放肆勢不可禦從而
衛駿奪睨烏能測其淺深
公文之玷此又捧讀悚懼而不能自
已其在感著未易言悲謹奉手
敘謝不宣
琦再拜啟

晉唐諸名賢墨妙天下所
其寶然其存者不數本苟
或出售人爭購之雖幾百
千緡在所不較外此剔蕩
不加意慕名業習畫幽於
此天台蕭焦說禮樂而敦
詩書者已英賢札翰靡所
不畜其卬山高直之意深
吳印堂乂魏公頁古篋見誦
其遺言餘論猶足使人咸
慕而興起況夫手澤之華
然者珎藏翫玩不猶愈於
德尊字畫業工弆蕭其不
惟寶藏之而已又能推
錫類之心割所愛呂奉公
之耳孫誠心載拜登受嘉

魏公相業煌々在簡
冊間固不待翰墨而後
傳二帖筆意渾厚
雖粉墨漫滅猶夾
有生氣流乂指字新
克終々乂名空矢萬戶
沽藹世仁義之心其
蕭君以禠廣文為公
裔孫而歸之且紀其見
手澤而裝孝旦蓋期必
紹祖武也廣文氣岸
舉掭神采煥發光爭
所學詎可量弎官曰富

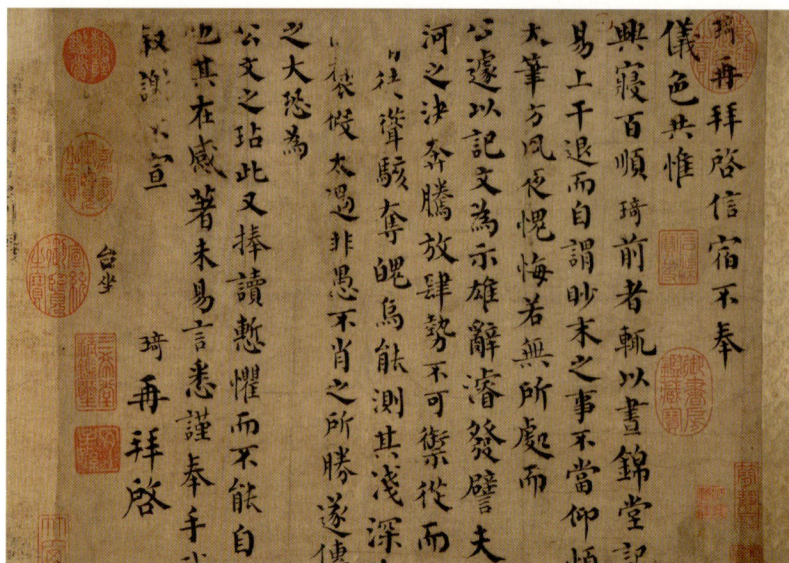

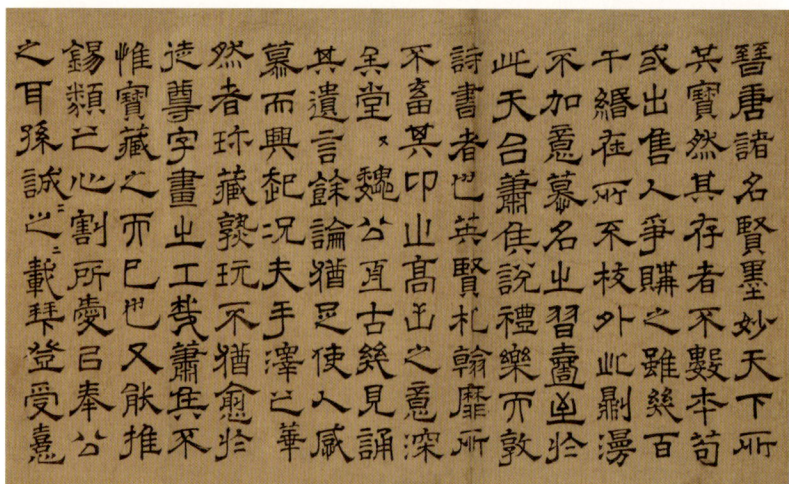

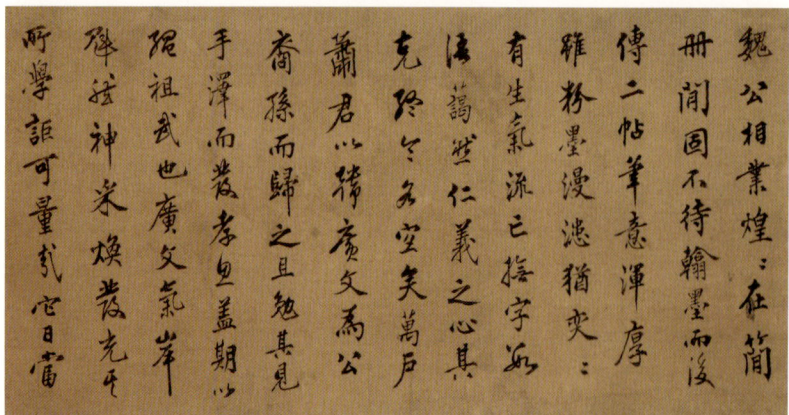

图9：北宋韩琦楷书信札长轴局部之二

四、馆藏书画的价值

我馆馆藏近 7000 件书画文物，文物资源丰富，在对它们进行保护的前提下，我馆多方面、多角度地发挥其最大作用，以惠及广大的社会观众。

站在博物馆的立场上，馆藏文物利用首先考虑的是举办展览，我们面对如此丰富的馆藏书画资源，可以分期推出各类专题展览。我们在这方面已经做了不少工作，曾先后举办了"海上画派""明清以来画家笔下的贵州山水""邱石冥画展""徐悲鸿画展""馆藏现代名家书画展""姚华书画展"等展览，既丰富了人们的文化生活，也为从事书画研习的人士提供了观摩学习的机会，收到了良好的社会效益，同时也展示了我们馆藏书画丰富多样的特点。现在我们又建成了新的馆舍，展陈硬件设施水平的提升，无疑为我们推出更多包括书画在内的各类展览，提供了更好的条件。从社会角度来看，随着人们物质生活的不断提高，精神层面的需求越来越多、越来越丰富，博物馆越来越受到大家的关注，书画艺术也有不少社会喜好者。作为博物馆从业人员，必须深入研究书画文物，才能更好地从各方面向社会诠释我国传统的书画艺术。

我馆如此丰富的书画藏品，除用于办展之外，还可以充分发挥博物馆文物研究的功能，充分挖掘书画文物对书画史研究所具有的资料价值。我馆所藏书画以近代以来的作品居多，约 1000 件。由于各种原因，一直以来面向国内外的宣传工作做得不够，以至于我们的藏品很少进入现代美术史论家及文物鉴定家的视野。国内发达地区书画藏品丰富的博物馆，都在吸引着学者们的注意力，一方面，充分利用博物馆的文物资料进行研究出版，另一方面，继续寻觅视野以外的名家传世之作，也成为现代书画研究者比较关注的事情。对于我国书画史，特别是近代以来的书画艺术发展的探究，我们正好有不少可资利用的文物。

我馆的馆藏书画，在贵州文化、教育、艺术等方面具有多重研究价值。尤其是对自明清以来的书画研究而言不可或缺。明代，贵州建省，封建王朝政治统治力度强化，与外部世界的联系日益加强，经济文化教育加强发展，书画艺术逐渐出现繁荣景象，我们有不少印证这一过程的书画藏品。另外，明代以来外来书画艺术对贵州产生影响，贵州建省后，实行"移民实边"政策和改土归流政策，外来人口大量迁入，在推行过程中，因各种缘由进入贵州的书画人才源源不断。还有在现代史上，因抗战出现文化西迁现象，不少书画家纷纷入黔。他们有的作或长或短的停留，有的定居下来，在促进各种绘画风格流派兼容并蓄，促使贵州书画艺术整体水平提升，培养人才及艺术传承方面，都有许多问题值得研究。

馆藏纺织品

馆藏纺织品

吴一方　张华

在贵州这片古老神奇的土地上，纺织文明的光辉，穿越数千年岁月的叠嶂，以古老的话语诉说着不朽的时尚。如平坝飞虎山新石器遗址出土的纺织工具陶纺轮、赫章可乐汉墓出土的青铜器上附着的纺织品残片等，都可以据以推知：贵州的纺织文化真的是源远流长。

现馆藏纺织品数量共9238件。若以来源为第一级标准划分，可分为发掘出土和传世征集两大类。在此基础上，还可根据不同的子级标准进行下一级再分类。因出土藏品和汉族传世藏品数量不多，故各类仅选取1件代表性实物予以陈述。在所有征集藏品中，数量最大，品类最丰富，也最具独特性的，是少数民族藏品。因此，其下又详细分列出藏品与工艺、服饰与民族文化、服饰与型款三大类，分别详述。

一、出土纺织文物

鹭鸟纹蜡染裙套装（图1），1987年平坝棺材洞出土。蜡染上衣，斜襟短款，右衽。裙腰为麻质，长31厘米；裙身为棉质，长62.5厘米；通宽512厘米。纹样以铜鼓上的翔鹭纹为主，尾羽长，昂首展翅，体态生动，线条流畅。敷彩以黄色为基调，且有深浅。填白处用几何纹样，效果饱满协调。浸染的蓝色也有浓淡，显然是经过了两次

图1：鹭鸟纹蜡染裙套装

封蜡所为。冰纹均为纵向，细腻自然。刺绣、挑花为席纹和俗称的"万"字纹。该裙的工艺特点以蜡染为主，且将挑花、刺绣、蜡染三种技艺协调整合，是目前省内出土的蜡染佳作。关于其断代，学术界出现过宋代和明代之争，但不论宋或明，对于研究地方蜡染史和彩色蜡染源流均具有非常重要的价值。

目前馆藏出土的纺织品共94件，质料以麻布、缎面、棉布为主，时代以明代为主。除鹭鸟纹蜡染裙外，其他分别来自贵州岑巩桐柏悬棺葬、贵州思南城关万胜山、贵州惠水城关明墓等地。馆藏出土纺织品，是研究贵州纺织文明可靠的实物资料。

二、传世纺织文物

清代红缎绣梅朵小脚鞋（图2），完整稍旧。底长10.8厘米，通高7.3厘米。鞋帮由红缎制成，用蓝、黄色布滚边。单梁用羊皮金做成，形状微翘，两边有金线盘云钩及半边梅朵、散菊瓣。小鞋前端镶淡青绸，后跟镶浅蓝绸。小脚鞋白布作里，底部为淡青绸，后跟较高，为"桥底式"。小脚鞋为封建社会缠足妇女所穿，为古代缠足陋俗的实物见证。

在馆藏纺织品中，汉族传世文物仅7件。其中有汉族新娘绣花裙、清代五品诰命女霞帔、清代五品官夏季便衣、清代五品诰命女花衣、蓝纱团花背心、谷黄沙套裤等，其质料有丝、麻、丝麻、棉等。其时代均为清代，其来源为收购、捐赠、调拨等。它们虽然为数不多，但仍有一定的收藏、研究价值。

图2：清代红缎绣梅朵小脚鞋

三、少数民族纺织文物

少数民族纺织品是馆藏同类中数量最多、内容最丰富、工艺最繁复的种别，共计9099件，约占馆藏纺织文物的90%以上，大部分来自征集，也有少量接受捐赠调拨。该类藏品主要指以手工"纺"和"织"传统工艺制作的成品和在此基础上经过绣、染等工艺进一步完善而来的藏品。用途以服饰为主，仅少量作他用，如家居布艺、床单、帐沿、桌布等，宗教用品如鼓藏幡、盖棺帕等。其质料多为棉、麻和丝。另外，与纺织品相关藏品尚有：棉花脱籽机、纺纱车、倒纱车、纱蕊、梭子、棉花弹弓、织花凳、染缸、锤布石、擀毡工具等多种工具及纺织品的染色植物标本等，它们与丰富的纺织品文物一起，足以构成一个较完整的古代传统手工纺织的实物资料体系。

以下将按类分述馆藏主要纺织品。

（一）藏品与工艺

1. 刺绣藏品

轴绣，是用穿好丝线的绣花针，将丝线一端缠绕于绣花针上形成线圈，绣者指尖轻按缠线圈并将针从缠线圈中穿过拉出，形成一段缠线轴，根据纹样走势需要，使刺绣缠线轴不断延伸完成所需图案，故称"轴绣"。此背扇是侗族刺绣工艺的代表作。（图3）

马尾绣，是以马尾为线芯，用其外缠绞满丝线进行刺绣的古老绣法，还广泛运用于鞋帽衣物等。该刺绣法在贵州各民族中皆有运用。（图4）

平绣，技法一般以剪纸或绘画为底样进行刺绣，再顺应底样以绣线覆盖其上，成品效果光滑平整，此绣法在贵州各民族中广为使用。（图5）

双针锁绣，即两根绣花针同时进行的刺绣方法。双针双线、绕圈和固定分工合作同时进行，是一项技艺难度较大的刺绣方法。（图6）

辫绣，是先将丝线编成细带子，再将其按照纹样平铺固定的技法。（图7）

皱绣，通俗而言，是辫绣的升级版，绣者将编好的丝带用指甲尖推挤形成褶皱，再将褶皱用针线固定于底纹托布上。一个又一个皱褶明显高低错落，形如波状延伸，使绣品富有强烈的立体感。（图8）

图 3（上左）：侗族轴绣背扇，背扇为红底，银白色丝线轴绣，中心吊荷包垂饰彩色流苏。

图 4（上右）：水族马尾绣背扇，主题纹样为蝴蝶纹。

图 5（下）：苗族平绣凤鸟牡丹花背扇，中心绣牡丹花，配色艳丽多彩。

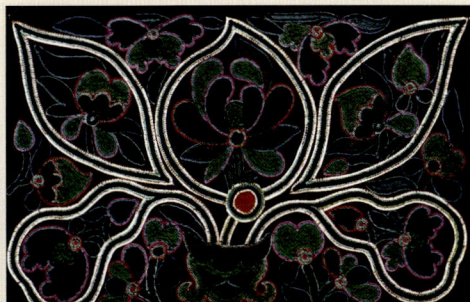

图 6（上左）：苗族双针锁绣鸟栖榴枝衣袖花片。三只小鸟栖息于石榴树枝，居中者尾羽高扬，舒展双翅立于花朵之上，左右两只相对而立，冠羽处分别伸出一枝石榴果实。

图 7（上右）：苗族辫绣龙纹衣袖花片，黑底绿花，主图盆花用白色丝线刺绣勾勒。仙桃居于中心，左右有对称尖叶和葫芦。仙桃、叶片和葫芦中填满花朵、桃和石榴等纹样。

图 8（下）：苗族皱绣龙纹衣袖花片，红底绿绣，主体纹样为龙纹，花果辅纹环绕龙身。衣袖花片呈现明显的浮雕感。

图 9（左）：苗族锡绣前围腰，用金属锡刺绣。银光闪闪的金属锡绣纹样之下，可见绛红、藏蓝和黑三色交错的底纹。这条小围腰（长 55 厘米、宽 21 厘米）却绣入了约 15000 块锡片。

图 10（右）：苗族堆绣人面纹衣领花片。蓝色基调，三个菱形排列构图，每个菱形中心以刺绣线条勾勒人物五官和刘海，其余部分均由堆绣工艺完成，人面为白色。

　　锡绣，是贵州剑河县苗族特有的绣法，因工艺中利用金属锡来完成而得名。先用丝线在布料上刺绣打底稿，再用锡箔剪成的条丝沿着该底样的走势，经过独特的方法穿行覆绣其上，但并不完全覆盖原有底花，而使锡绣图案微微凸起。银白色的锡片在藏蓝泛紫光的底纹布料上熠熠生辉，酷似银饰。因锡片仅覆盖部分彩线绣底花，又能使色彩轻重感层层推移，表现出较为强烈的立体感和层次感。（图 9）

　　堆绣，古称"堆绫叠绢"，是将绢布剪成几何形小片，再折叠成三角形并将其堆叠成纹饰的刺绣技艺。（图 10）

图 11（上）：苗族打籽绣衣边花片，由三层绣花构图，各层中花朵绞绣勾边。其中可见密密麻麻的小结有序排列，酷似植物籽实。

图 12（中）：苗族破线绣"久保杀龙"图衣袖片。每张袖片由五条长方形小绣片拼合，以红色为主色调，兼施绿、白、黄、紫等点缀和勾边。图案为刺绣人物和巨龙的组合。

图 13（下）：苗族贴茧绣泡桐花衣袖花片，由蓝色和红色两组底纹构成，图案为贴茧锁绣花泡桐花和圆形芒纹。

　　打籽绣，是将丝线反向绕两次拧成一个环状小结，每一个小结为一颗"籽"，由无数的"籽"排列组合成所需纹样。（图11）

　　破线绣，苗族破线绣与常规平绣的根本区别在于"破线"和"浆线"。"破线"，即将一根丝线劈破成几根乃至多根更纤细的绣线。"浆线"，是把破开的绣线从皂夹籽实中提取的胶状膏脂中划过，使绣线变得稍稍坚挺并富光泽。（图12）

　　贴茧绣，是将桑蚕所吐的板丝染色后，裁剪成所需花样，再将花样刺绣固定于底纹布料上的技艺。（图13）

图14：苗族绞绣背扇绣片，以红色布料为底，绞黄、白色丝线绞绣纹样铺满托底绣布。

    绞绣，是以棉、麻线或马尾为线芯，其外绞缠丝线，再将绞缠好的线用针线固定，盘曲成所需纹样钉在底纹料子上的绣法。此法在其他民族绣品中常不作主题纹样而仅用于勾边。以此绣法为主体装饰的，见于贵州的织金、大方、纳雍、黔西等地的苗族。(图14)

以上所列文物，基本上代表了馆藏民间刺绣工艺藏品类别。在纺织布面上以穿针引线，但不以"数纱"方式安排纹饰完成的工艺藏品，本文定义为刺绣藏品，是馆藏纺织文物的重要组成部分。

除了"穿针引线"之外，还必须以数清布纹的经纬纱线为构图根本，称为"挑花"，如下面的藏品。

2. 挑花藏品

"十字"挑花，是挑花工艺中的一种，以布纹经纬交错的4个点入针出针交叉构成"×"形，形如"十"字而得名。(图15)

平挑，也是挑花工艺中的一种，入针、出针均顺着布纹的经线、纬线或对角斜走直线，线纹不互相交错，通过挑线呈现托底布的长短分布组合成花纹。(图16)

图15：苗族"十字"挑花背扇，红色基调，由上下两部分拼接缝合，上部为长方形，其内又由三个正方形排列构图，每个正方形内对称挑花。包布下部为一块完整的正方形，其内"十字"挑花。系带满挑朵花，红布包边。

图16（上）：苗族彩线平挑朵花衣袖花片。该衣袖花片由三组直线挑花构成，每组间以连齿纹分隔。花朵由黄、蓝、紫彩色直线挑，白色花朵间行其中，产生良好的透气效果。

图17（下）：布依族凤蝶花枫香树脂画，以枫香树脂为防染材料，画大朵花纹，此画为尚未浸染的枫香树脂画半成品，倘若将它入蓝靛缸浸染去掉树脂之后，现今所见之底纹白色和枫香树脂黄色部分，将分别呈现为蓝色和白色的画面。

　　挑花，亦称"数纱绣"。因其无需底样，而是数着底纹布的经纬线的交错点来出针引线、安排纹饰而得名。其行针走线方式以"数纱"来安排纹样。除上列"十字"挑和平挑外，馆藏还有"半十字挑"藏品。挑花藏品，是上述刺绣藏品的孪生姐妹，也是贵州少数民族纺织品中不可缺席的代表工艺。

　　3.印染藏品

　　树脂染，是以树脂为防染材料的印染技法。法如蜡缬，与蜡缬有异曲同工之妙。

（图17）

蜡染，是我国古老的印染方法，即古代的"蜡缬"。其法将蜂蜡加热融化，用蜡刀蘸蜡液在白布上描绘出花纹，放入靛缸浸染后，再煮沸脱蜡。如此，封蜡处未被染色，未封蜡处即被染成蓝色，最后用清水漂洗后即为蓝底白花的素色成品。(图18)

馆藏染织品，均为传统古法印染。除了上述蜡染和树脂染外，还有以扎线来防染的"扎缬"扎染、以雕刻花板夹布防染的"夹缬"刻花染等，都是在染色程序中介入防染工艺。另外，还有全面染制的藏品，如侗族亮布、苗族牛皮浆布等，也是少数民族印染工艺藏品的重要成员。

4.织锦藏品

织锦，是指以彩线布置经纬，或穿梭或提花的编织技艺，织锦藏品的纹饰与色彩常常能够紧密结合。一般情况下，幅宽者用织布机完成。有些花带，如腰带、服装系带等，又细又长，既可用织布机，也可用腰机乃至织花凳来完成。(图19、20)

图18（左）：布依族蜡染刺梨花衣袖花片，蓝底白花，画四朵刺梨花，用蜡染工艺完成。

图19（右上）：苗族织锦条纹头帕，质料均为纯桑蚕丝。经线以黑色为主调，等距离间入一丝暗红线。纬线为蓝、绿、红等多种彩线，使之按色彩的推移或交错织成条纹。

图20（右下）：布依族织锦螃蟹纹背扇心，菱形纹样，实则代表了写意"螃蟹"纹。菱形白边伸出的白色钩齿纹，形象生动地刻画了螃蟹的"跪"与"螯"。

琳琅满目的馆藏纺织品，不论服装或是其他用途者，大多经由工艺修饰。常见修饰技艺分为上述绣花、挑花、印染和织锦四大类别，同一件藏品常含数种工艺，以一种工艺为主，兼施多种，塑造出或对比、或呼应等艺术效果，各显所长，相得益彰。上述藏品也仅为点睛拾粹，难以尽展风华。

（二）服饰与民族文化

馆藏苗族女套装（图21）堪称苗族服饰"穿在身上的历史"的典型。上衣的红色纹样，代表苗族先民居住地阡陌纵横的田园风光。百褶裙上的装饰以三条红色为一组，错综组合装饰。三条红线自上而下分别代表我国的黄河、平原和长江。苗族是历史悠久的民族，有一种学术观点认为，苗族是我国古代北方蚩尤部落的后裔。距今五六千年前，蚩尤部落与华夏族远祖炎帝、黄帝部落同时代，其活动区域在黄河下游与长江中下游的济水、淮水流域之间。后因与炎、黄二帝部落战争失败，蚩尤部落开始南迁，经历过多次迁徙，路线大致由北向南，再由东向西，经由黄河流域、江汉平原、长江，至今定居分布于贵州、湖南、四川、云南、海南等地。这套苗族套装的装饰纹样，记载的就是苗族先民跨越数千年漫长而艰苦的迁徙历程。

着这种服装的瑶族，习惯上被称为"白裤瑶"，主要分布于荔波县瑶麓。据史料记载，这支瑶族曾经历过较长时间的游耕农业经济，与此同时，狩猎也是其重要的生计。裤装相对于裙装而言，方便简洁。宽大的裤裆，更利于狩猎者在野外猎场行走奔跑追捕猎物。其上五道橙红色条纹，沿着小腿外侧上行，顶端尖锐形如动物利爪，代表祖先与猛兽搏斗时，猛兽锋利的爪子在人身体上抓出的血淋淋的伤痕，这是一个英雄民族的悲壮记忆。瑶族服饰上简简单单的五道装饰线条，正是一个民族百折不挠的精神的载体。（图22）

少数民族纺织品，是研究贵州民族文化绕不开的一座高峰，是贵州少数民族文化的重要载体。服饰或其他纺织品，采用了刺绣、挑花、织锦或印染等多种技艺美化生活，这不单单要实现形式美的视觉冲击效果，更重要的是要依赖多种工艺，有效地寄托和弘扬本民族历史文化。

馆藏尚有大量未列举的藏品，诸如苗族破线绣"蝴蝶妈妈"衣袖花、苗族平绣"姜央兄妹开亲"图围腰、苗族蓝染鼓藏幡、侗族刺绣"鼓纹"背扇心、布依族蜡染刺梨花衣袖片、土家族织锦"喜相逢"壁挂等，无不彰显各个民族千百年来在生产生活

　　　　　　　　　　　　　征途——贵州省博物馆建成六十周年纪念专集

图21：苗族女套装，3件套，含上衣、腰带和裙，棉质。以白色为底，红色为饰。对襟上衣，百褶长裙。征集于威宁大街。

图22：瑶族男子套装，6件套，上衣下裤型款。上衣为黑色对襟衣，配白色宽裆短裤，裤脚边绣橙红色花纹。另有配件：头帕1条、绣花腰带1条、绑腿1对、绣花绑腿带1对。

中积淀下来的独具魅力的民族文化。它们都是各民族的文化根脉烙在纺织品上的印记。

（三）服装的型与款

对襟短裙装分布于雷山县、丹寨县。此款代表有雷山县的苗族对襟衣超短裙装。（图23）

本文所指馆藏纺织品套装的"型"，是以上衣的缝制方法作第一级分类标准，据此划分出上述"贯首衣"和"开襟衣"两大型。再在"型"范围之内，根据衣服独特的细节特征和与之相匹配的下装、附件等作下一级分类标准，进一步划分出型属之下的"款"。如在"贯首衣"型之下，根据服装领子细节特征进一步划分出无领无袖贯首衣裙装款，如荔波瑶山瑶族女子夏装（图24）、清镇麦格乡女子裙装款（图25）。另外，馆藏尚有"双翻领贯首衣裙装"款（俗称"旗帜服"，以贵州省贞丰县盘龙乡为代表）、"领口镶饰带贯首衣裙装"款（以贵阳乌当下坝苗族服装为代表）等贯首衣套装。

"贯首衣"是一种古老的服装型制，因其缝制方法不挖领洞、不裁袖孔而得名。"横布两幅，穿中而贯其首。"贵州少数民族至今保存这一型制，堪称服装史上的"活化石"。

相对于"贯首衣"的"穿中而贯其首"的制作方法，又划分出"开襟衣"型，其下又含有对襟、斜襟和大襟三大款别。

图23：苗族对襟衣超短裙套装，10件套。含上衣1件、超短裙5条、绑腿1对、前围腰1条、后围腰1条、飘带围腰1条。上衣对襟，无领无扣，多色满绣梨花，有规律地排列组合。下裙配素色超短裙5条，裙外分别配前、后围腰各1条，后围腰外再配织锦飘带裙，垂及脚踵，形若锦鸡的尾羽。下肢缠绑腿。

图 24：瑶族贯首服女子夏装，2 件套，上衣下裙。上衣为无袖贯首衣、无领，前后衣摆由布条连接，互相牵拉固定。衣背刺绣橘黄色纹饰。下装为蜡染百褶裙，裙边镶贴黄色茧片。

图 25：苗族贯首服蜡染挑花女套装，2 件套，上衣为贯首衣，单翻领，长袖，前摆长，后摆短。前胸和后背挑花装饰，衣袖饰蜡染。下装为蜡染织锦百褶裙。

对襟，指上装的两片前襟面积相等、形状相同且中分对称。馆藏对襟衣款，尚有无扣左交襟、无扣右交襟、对襟盘扣、无扣对襟披肩、无扣对襟背牌、对襟背褡等诸多款式及与其相对应的下装和附件。在此不便一一配图罗列。苗族对襟胸兜衣两片裙装款（图26），代表了从江谷坪苗族对襟衣胸兜两片裙装款。此型款也见于从江县山岗、高吊等地苗族。

斜襟，是指上衣的两片前襟大小不对称裁剪，大的一片从领部逐渐下斜，衣摆宽度约占三分之二料面，馆藏斜襟衣亦有左衽和右衽及与之相匹配的下装及附件，如关岭苗族的斜襟右衽长裙装（图27）。斜襟衣裙装分布于六枝、关岭、晴隆、贞丰、兴仁、普定、织金、大方、平塘、六枝、水城、紫云、镇宁、兴义、盘县、普安、册亨、瓮安、遵义、桐梓、三都、都匀和丹寨等地。

大襟，是指上衣左开的衣襟从领部下行至腋下，顺势而下，使左衣衣襟全面覆盖右开衣襟，右衽穿着。如代表松桃苗族的大襟右衽衣裤装（图28），此款在重庆、湖南也有分布。还有代表剑河方武苗族的大襟右衽衣裙装（图29）。大襟右衽裤装分布于贵州省的从江、黎平、榕江、三穗、锦平、剑河、天柱、印江、晴隆、松桃、都匀、紫云、镇宁、普安、盘县、六枝、水城、金沙、黔西、大方等地。

自古代传说中"黄帝垂衣裳而天下治"以来，确定了服装的礼制。我国古代礼服分贵贱，别等级，穿戴必须遵循礼制规则。服饰的政治礼制功能远远大于形式审美功能。然而，历史上被称为"蛮荒之地"的贵州，纺织文化却拥有如此自由开放的创作与传承空间。苗、布依、侗、土家、彝、仡佬、水等18个世居民族服饰型款丰富，工艺繁复，是中华传统服饰文化中又一道可圈可点的人文风景。

贵州纺织文物博大精深又独具魅力，蕴含了丰富而独特的文化。贵州省博物馆作为地方性综合博物馆，恰恰担当起对贵州纺织文物的收藏、研究和文化传播的使命，对贵州纺织文物的各项工作均做出了成绩斐然的贡献。值此建馆60周年之际，笔者受命撰写纺织文物，尽管行文短短，却心怀敬仰，对辛勤工作、默默奉献的前辈致以崇高的敬意，同时也为文博事业生机勃勃、后继有人而欣喜祝福。

图 26：苗族对襟胸兜衣两片裙装，6 件套，含上衣 1 件、胸兜 1 条、前围裙 1 片、后围裙 1 片、脚笼 1 双、脚笼带 1 双，上衣对襟，无领无扣，肩部、袖口、衣下摆处均饰织锦和刺绣纹饰。菱形绣花胸兜穿于上衣之内，两片衣襟无扣自然覆盖胸兜，菱形胸兜的尖角下垂至小肚。穿着百褶裙，由蓝、灰蓝间色前、后裙片围拢成裙。下肢穿绣花脚笼。

图 27：苗族斜襟右衽衣长裙装，5 件套。上衣斜襟右衽，无领，系带固定开襟。袖筒、衣襟、衣摆等处刺绣花纹装饰。下着蜡染长裙，裙外系桃花围腰，纹饰为 3 道竖条纹。

图 28：苗族大襟右衽衣裤装，5 件套，含上衣 1 件、裤子 1 件、头帕 1 张、围腰 1 条、鞋 1 双。上衣无领，大襟，右衽，托肩。领口、袖口及开襟处刺绣装饰。衣外配绣花围腰，戴条纹头帕，下装配搭裤装，裤脚处饰刺绣花边。

图 29：苗族大襟右衽衣裙装，6 件套。包括头帕、上衣、裙、围腰、绑腿和鞋。上衣大襟右衽，圆领，大袖。开襟处、衣袖边和领口刺绣装饰。下装搭配贴花百褶裙，裙外搭配刺绣围腰。

参考文献

1. 黄能馥、陈娟娟编著：《中国服装史》，中国旅游出版社，1995 年。

2. ［日］鸟丸知子著，蒋玉秋译：《一针一线——贵州苗族服饰手工艺》，中国纺织出版社，2018 年。

3. 吴仕忠等编著：《中国苗族服饰图志》，贵州人民出版社，2000 年。

4. 席克定：《苗族妇女服装研究》，贵州民族出版社，2005 年。

5.《贵州省博物馆藏品志》编辑委员会编：《贵州省博物馆藏品志》，贵州人民出版社，1990 年。

6. 杨正文：《鸟纹羽衣——苗族服饰及制作技艺考察》，四川人民出版社，2003 年。

7. 张民主编：《贵州少数民族》，民族出版社，1991 年。

馆藏金银器

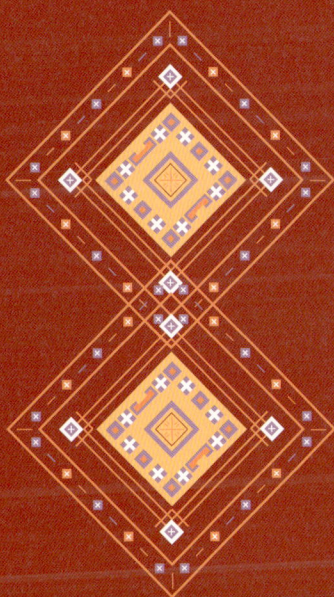

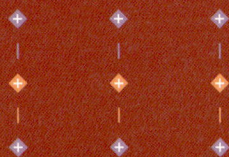

馆藏金银器

刘秀丹

　　贵州地处西南，是中国少数民族大省。历史上，贵州为夜郎故地，自春秋战国时期中原地区的华夏民族移民贵州，特别是西汉时期汉王朝开发西南夷，古代贵州即与中原地区保持着紧密的联系。根据目前的考古材料，贵州境内的银器至迟出现于战国时代。威宁中水银子坛墓地[1]战国中期墓葬出土银耳环6件，银条弯曲成环状，银条的质地柔软、颜色灰白；到了汉代，鎏金、嵌金银的青铜器和金器开始出现。综合统计，贵州省博物馆（以下简称"贵博"）金银器藏品近千件（套），其中金器约290件（套），银器约750件（套）。金器基本以出土为主，少传世品和少数民族文物。银饰有考古出土、传世品、少数民族文物三类，其中民族文物占一半以上，传世品100余件套，占银器总量的七分之一，其余皆为少数民族银饰。

一、金器

　　贵博馆藏金器290余件套，基本上以考古出土为主，最早的当属赫章可乐甲类墓[2]

1　李飞：《贵州威宁银子坛墓地分析》，四川大学硕士学位论文，2006年。
2　贵州省博物馆考古组、贵州省赫章县文化馆：《赫章可乐发掘报告》，载《考古学报》，1986年第2期。

金钏，东汉、南朝、宋、明、清、民国等多个时代的金器亦不在少数。六朝金器集中出土于平坝、清镇的六朝墓中，总量达 200 余件，超过馆藏金器总量的三分之二。明代金器主要出土于遵义市，是原播州杨氏土司的旧物，制作工艺精细，代表了当时贵州本土金器制作的最高水平。清代至民国年间的馆藏金器来源较为广泛，除了出土金器外，也有部分传世品。现依时代顺序，将各时期金器简述于下：

（一）汉代金器

在贵博所藏金器中，年代最早的是赫章可乐甲类墓出土的金器，带钩中有三件错金银，其中一件完整，正面错金，背面错银，钩用细线镂刻成鹅头形，嘴、眼、头羽均有，嵌桃形绿松石为冠，钩身刻流云纹和羽状纹饰，错以金，并镶圆形或桃形绿松石七粒，身背为卷云纹，钮面刻鸥鹐图案，以银错之（图1）。另有一件勺形器，器身为实心细圆柱，通体鎏金，镂刻流云纹。根据这件勺形器的形制，推测其为簪类饰品。金钏（图2）出土于 M8，直径 6.7 厘米。同一墓葬中出土的"澡槃"口沿上刻有"元始四年十月造"铭文，元始是西汉汉平帝刘衍年号，元始四年为公元 4 年，可见这件金钏的年代当不早于西汉晚期。出土于清镇余家龙潭的金珠，金珠为赤金制成，色泽橙黄如新，出土于余家龙潭 M85，直径 1.1 厘米，圆球状，中空，中部有楞，应为两半球拼合而成。底部有两小孔，可钉缀于衣服、帽子上。安顺宁谷出土金珠一件，金戒指七件，其中一件戒指为两只一套。这批金器为 1971 年安顺宁谷农民整地

图 1（左）：西汉错金镶绿松石铜带钩

图 2（右）：金钏

挖出，移交贵博保存。金珠金质不纯，色泽浅黄，中腹有一圈突棱。戒指为赤金制成，素面，色泽橙黄，环体浑圆，不开口（图3）。以上九件金器，金珠应为焊接拼合，而戒指则采用了铸造、锤揲、打磨工艺。

图 3：赤金戒指

（二）南朝金器

南朝时期的金器是贵博馆藏的大宗，数量达 200 余件，超过馆藏金器总量的三分之二，主要出土于平坝、清镇，其中以平坝马场万人坟、平坝马场熊家坡、平坝夏云尹关三个墓地出土最多，其他尚有平坝马场大松山、清镇大冈牧马场、清镇中厚、清镇中后土门寨等。这批金器主要以金片为主，数量达 170 余件，占南朝金器的 77% 以上，形状有圆形、长方形、半圆形、半椭圆形、梯形、叶形等，圆形中有部分如斗笠状。其他尚有金珠、金戒指、金发钗、方金坠等，总数仅占南朝金器的 23%。

与东汉时期简单的焊接、锤揲、打磨工艺相比，南朝金器的制作工艺更为丰富和多样。金片是采用锤揲工艺制作而成，然后压模制成同心圆、八瓣花、八角花（图4）、四瓣花或者汉字"钺上"等纹饰，或者施以戳刺工艺，形成穿孔或未穿孔的规则的八瓣花、四瓣花、星徽纹、同心圆等图案，又或者将金片剪刻、镂空，形成三角形、鸟纹、八瓣花等。一般是锤揲、戳刺、压模、镂空等多种工艺组合使用，达到装饰效果。菊纹、同心圆纹、蛙纹、字纹"钺上"（图5）、八瓣花、四瓣花、星徽纹、镂鸟纹、几何纹、八角花内套菊纹等多种纹样的组合装饰，是东汉金器装饰所未见的。

在这些金片中，尺寸较大的金片中心均有穿孔，有的出土时孔中带有银插针或木质插针。可以推断，这批金片多数为发簪的簪首装饰，完整的发簪呈伞状，可称之为伞状发簪。而叶形金片或为簪首金片上下缀的装饰，即为汉代的步摇。除圆形金片外，部分半椭圆形、半圆形、方形金片的边缘有穿孔，可能即为拴缀叶形金片等其他装饰构件之用。也许金片多以竹木为簪身，年岁既久，多数均已腐烂，仅少数留存有痕迹。部分中心为双孔的，也许是双插针的钗身。另外有部分尺寸较小的圆形金片，孔多在边缘，也许是钉缀在衣帽上的装饰。另有二屈金钗、三屈金钗（图6），将细长

图 4（上）：伞状发簪

图 5（下左）："钺上"金片

图 6（下右）：三屈金钗

金条中间锤成扁平，然后弯曲折叠而成，造型简洁。

（三）明代金器

贵博馆藏明代金器，主要以 1954 年遵义高坪地瓜堡杨文墓和杨纲墓出土的金银器最具代表性。馆藏明代金器 42 件，其中遵义高坪出土金器 30 件，代表了贵州明代出土金器的最高工艺水平。该批金器有七翟三凤嵌宝石金凤冠、金环、刻花龙头金手镯、嵌珠龙头金手镯、镂花嵌宝石金插针、莲花金簪、金挂饰、镂花嵌宝石金耳环、圆珠金纽、嵌宝石金纽扣、二龙抢宝金手镯等。

七翟三凤嵌宝石金冠（图 7），高 29 厘米，宽 38 厘米。用金片斫花、金丝镂花，

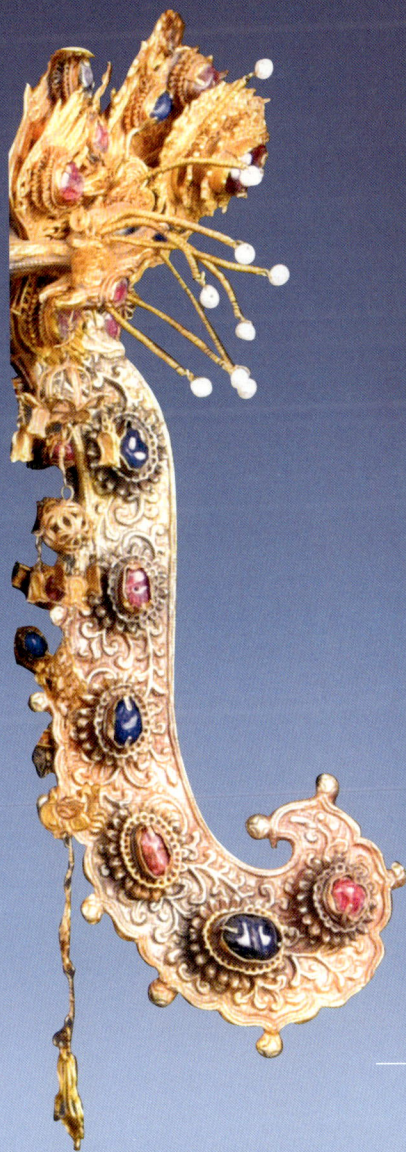

图 7：七翟三凤嵌宝石金冠（正面）及局部

嵌红、蓝宝石，银制发胎。正面居中为大牡丹花一朵，花层重叠，带有小枝叶。花上立五凤，作弧形排列，花下有一条形边饰。顶上饰云片小龙三条，左右两侧饰横栏纹花耳。后面居中饰六瓣大花一朵，左右偏上方有小凤四只，花下饰大蝴蝶一只，下方正中悬半弧形大花块。左右垂卷云头花翅。通体镶嵌众多红、蓝、绿宝石，璀璨夺目。

掐丝金冠，用金丝镂花，嵌红、蓝宝石，加银插针、银发胎等组合而成。正面居中为八瓣重台花一朵；左右为扇形重台花两朵；花上有五只大凤，作弧形排列；花下有条形边饰一道。左右为扇，两侧有叶形花耳两朵（仅存一个残缺件）。后面上端有蝶形花块一个；居中有大牡丹一朵；左右偏上有长茎带叶小花两朵；偏下有蝴蝶两只；左右伸出卷云头花翅两个；下方中间垂有弧形花边一条，弧形菱纹花边两条。

另一金冠用金线细镂花镶红蓝宝石、银插针、银胎组合而成，正面当中为八瓣重台花一朵，左右为扇形重台花两朵，花上立五只金凤，作弧形排列，花下有条形边饰一道，左右有叶形花两朵，正后上方有一螺形花块，居中为大牡丹花，左右偏上为两朵长茎带叶小花，偏下为两只蝴蝶，左右伸出卷云纹花翅六个，正下垂弧形花边一条，菱形花边两条。以上各饰件，均穿缀在银胎上；银胎呈锅盔状，正面为寿字纹。播州杨氏世掌播州达 700 年，这批精美的金银器，为播州杨氏土司夫人的随葬品。

据研究，按形制这两件金冠为五翟冠，为明代一品命妇礼服翟冠。[1] 有明一代，播州杨氏从未官至一品，佩戴五翟冠有僭越的嫌疑。

德江县银行调拨的金器四件，来自 1978 年 9 月德江县城关公社光辉大队老院子生产队（现为德江县青龙街道办事处光辉社区老院子组）修仓库取石头时掘得的一石室墓，墓为双室，可能为夫妇合葬墓。出土下颌托两件，金钗一件，一件可能为项圈，均为赤金制成。下颌托由覆面和下颌托组成，男室墓出土覆面上圆下方（图8），长 23.1 厘米，宽 22 厘米，下底有二孔，作捆缚下颌托之用，托通长 38.5 厘米，宽 3.5 厘米。女室墓覆面近圆形（图9），直径 19.6~20.4 厘米，托长 41.8 厘米，宽 4.2 厘米。

（四）清代金器

贵博馆藏清代金器近 17 件，均为新中国成立后基础建设出土，主要集中在贵阳

1　李飞：《认知高坪土司墓出土的金凤冠》，载《当代贵州》，2018 年第 23 期，第 80 页。

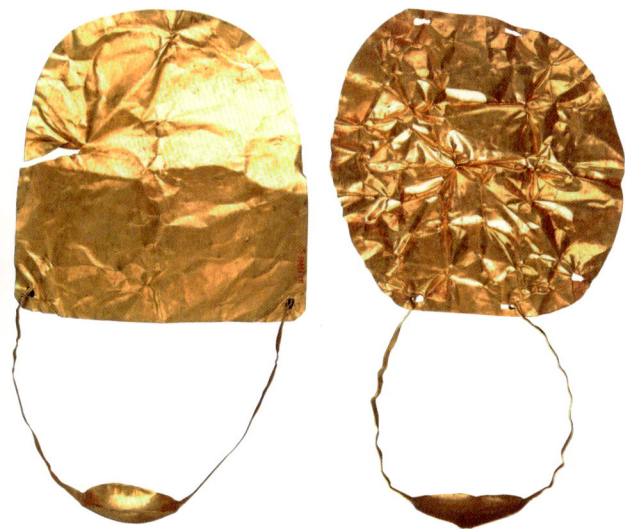

图 8（左）：明金覆面

图 9（中）：明金覆面

图 10（右）：清人物故事金戒指

市，有戒指、耳环、发簪、帽花、簪首金片、用于丧葬的钱币等不同种类，所有文物色泽橙黄，为赤金制成。出土于贵阳建筑工程局一公司工地的八件金器，种类较多，有金钱、戒指、耳环、发簪等。其中金簪两件，其一形如筷子，中空，顶部装饰圆形寿字纹图案；一为瓜形簪首，簪首顶端饰泉纹。戒指两枚，压模牡丹纹。耳环两件，一件为宽边环，环上焊接镂岁寒三友长方形牌饰；金钱两枚，圆形方孔，为专门用于丧葬的明器，一枚正面刻"福寿全归"四字，背面满文；另一枚正面刻"光绪通宝"，背面满文。贵阳六中实验小学工地出土戒指一枚（图10），用长方形金片弯曲而成，活口，扁圆戒梗，色泽橙黄光亮，图案为房前大树下两人对话的场景，古意盎然。背面有"赤金""足金"字样。

（五）民国金器

贵博馆藏民国金器 19 件，其中贵阳环城北路黔东办事处出土 9 件，观水路出土 2 件，相宝村出土 1 件，重庆市博物馆拨回 1 件，中国人民银行贵州分行拨回 4 件，织金县化处管理区出土 2 件。其中，观水路化工机械厂出土的金簪背面有"赤金"和"万裕"商号字。

二、银器

贵博馆藏银器 750 余件，主要分为出土类、民族类、传世品三个大类。出土类银器近 170 件，主要以汉代、六朝、明清银饰为主。

（一）汉代银器

贵博馆藏银器 750 余件，最早的当属赫章可乐甲类墓[1]出土银戒指、银手镯，时代当为西汉。东汉银器出土于安顺宁谷、平坝白云、平坝羊昌、黔西甘棠、黔西幸福、黔西林泉、清镇芦荻、清镇中八、兴义万屯、兴仁交乐等地，基本为墓地出土。器物类型基本为戒指、手镯，另有少量银珠，未见其他器型。东汉银手镯和银戒指承袭了西汉的工艺，造型简单，素面而无纹饰。贵州发现的东汉时期墓葬，具有典型的汉文化特征，其墓葬形制及随葬文物呈同质化现象，与中原文化一脉相承，少地方特色。在这一文化同质化背景下的贵州银器，也与中原地区的银器风格统一。

（二）六朝银器

晋代银器以平坝马场万人坟 M34、M35、M38 出土为主，其他尚有清镇芦荻 M74，数量较少，仅有 10 余件，器型有手镯、戒指，东汉时期没有的银簪、银钗开始出现。其中，清镇芦荻 M74 出土的银钗，顶部圆泡形。该银钗的造型样式和南朝墓出土的二屈银发钗、三屈银发钗有造型上的延续性，二屈银发钗、三屈银发钗可能为该发钗的演变。

南朝银器主要出土于平坝马场的大松山、万人坟、熊家坡及平坝夏云的尹关。器物总数近 50 件，器型有戒指、手镯、簪、钗、银扣、银铃、银抵针、镂空首饰等，其中以簪、钗为多，数量与戒指、手镯平分秋色。银簪有用银丝缠绕簪首为装饰的；也有于簪首装饰金花两瓣，分列银簪两侧的；还有银片与簪组成伞状发簪的。与金器一样，银抵针也为戒指，并非缝制衣服的工具，而是在戒指戳刺有规律的纹样，形成类似今天抵针的纹样。

1　贵州省博物馆考古组、贵州省赫章县文化馆：《赫章可乐发掘报告》，载《考古学报》，1986 年第 2 期。

（三）唐宋银器

唐代银器较少，仅有 3 件，均出土于平坝马场熊家坡唐墓 M43、M47、M56，器物有戒指、发钗、扣饰。扣饰形如爪钉，两端足上有孔，应为头部装饰。其他发钗的形制与同一地区南朝墓出土的发钗相同。根据出土文物的形制和工艺，可将唐代金银首饰看作南朝首饰的延续。

宋代银器有手镯、项圈、抓钉、花梳、发簪等少数几种，数量不足 10 件。出土于清镇琊珑坝宋墓[1]的宽边银手镯用薄银片制成，上錾花纹，然后卷成筒状，也有刻划弦纹的。清镇干河坝石棺葬[2]北宋墓出土的 2 件包银花梳，宋以前未有。花梳为弓形背，用两片薄银片包成，银片上压印浅浮雕牡丹及桃叶纹。出土于桐梓夜郎坝随光宋墓的银簪，残损严重，无法反映下葬时的原貌。

（四）明清银器

明代银器有 30 余件，数量虽少，但种类丰富。有银发兜、发簪、灵芝形银饰、酒杯、花梳、耳环、耳坠、银盆、银碗、手镯、脚镯等。银发兜（图11）出土于岑巩县水尾公社，呈龟背形，高 3.5 厘米，背面刻绘花鸟，周边饰祥云纹四朵，明以前历

图 11（左）：明花鸟纹银发兜

---

1 贵州省博物馆：《贵州清镇宋墓清理简报》，载《文物》，1960 年第 6 期。
2 何凤桐、李衍垣：《贵州清镇干河坝石棺葬》，载《考古与文物》，1982 年第 3 期。

图 12（右）：明菠萝状簪首

代均无发现。发簪虽为历代所有，然簪首变化丰富，有菠萝状簪首（图 12）、梅花簪首、菊花簪首、葫芦簪首、桃形簪首、飞凤簪首等。在装饰品中，脚镯为明以前历代未见。而银酒杯、银盆、银碗等生活用具，明以前也未见。酒杯两件，出土于岑巩水尾。一高 3.5 厘米，口径 5.2 厘米，折沿，鼓腹，圈足。酒杯腹部刻绘梅花一枝，一丛兰草傍石，刻工精细。另一侈口，小鼓腹，假圈足，腹部刻绘一对展翅欲飞的凤凰，周围衬以祥云。银盆两件，遵义高坪农民挖出，为播州杨氏旧物。一高 7 厘米，口径 37 厘米，底径 23.5 厘米，大折沿、鼓腹、平底，内底刻鱼纹、水草纹、荷叶等，四条鱼形状各不相同，似为鲤、鳜、鲇、鳗，沿上刻八卦、朵云，最边上刻款识一行，"辛卯年拾一月吉日壬巳至造寿盆一口，重叁拾叁两正，提调雁天朋，匠人匡何藩"。则此盆制作的年代可能为成化七年（1471）（图 13）。另一盆稍大，高 9.5 厘米，口径 43.8 厘米，形制与前相同。

盘县长房子[1]出土的发簪、戒指、梅花形金纽等，其中簪以牡丹花形金饰片作簪首，银质簪杆。梅花形金纽的蕊心有四个大小不一的凹瓣，镶嵌宝石，银质梅花底座。思南张守宗夫妇合葬墓[2]也出土金戒指和银发簪，发簪簪首扁平，呈蝲首状，簪

1　王燕子：《盘县出土明代文物》，载《六盘水群众文化》，1989 年第 1、2 合期。
2　刘恩元：《贵州思南明代张守宗夫妇墓清理简报》，载《文物》，1982 年第 8 期。

图 13（左）：明鱼藻纹铜盆

图 14（右）：金刚藤刻花银手镯

杆为四棱形。出土于贵阳医学院工地的人物牡丹花银发簪，一套两件，一支横簪，一支直簪。横簪长 7.9 厘米，两端正面刻人物故事图案，直簪长 5.9 厘米，簪首刻牡丹花纹。该墓另出土折枝花银手镯一对，内径 6.7 厘米，圆环开口，圆梗内平，镯面分段刻花，有菊花、牡丹花、万字纹、菱形等图案，活口内侧有商号"茂昌"二字。

清代银器仅有寥寥数件，有手镯、发簪、印泥盒等。银手镯四件，其中一件鱼蟹纹藤手镯较有特色，手镯外径 8 厘米，半圆金刚藤与半圆银圈结合而成，银圈内空，压模形成外凸的鱼、蟹、螺及草叶等纹饰，金刚藤两端有节，一节刻花鸟纹（图 14）。另有一减地雕花银手镯，活口，镯面稍凹，饰减地蝴蝶牡丹连枝花纹，活口两端饰"福""寿"二字，刻工颇为精细。

（五）民国银器

民国银饰主要为传世品，一部分为新中国成立后中国人民银行贵州分行拨交，一部分为重庆市博物馆拨回。中国人民银行贵州分行拨交的主要为装饰品，另有一件酒壶和两只酒杯。重庆市博物馆拨回的主要以生活用具为主，少量装饰品。另有一件红一方面军送给盘县李姓的银戒指，一件红二军团送给江口吴满妹的银针筒，具有特殊的意义。

就工艺而言，贵博馆藏银器中，以民国银器最为精美。中国人民银行贵州分行

拨交的银器做工极为精细，有发簪、发钗、手镯、戒指、帽花、酒壶、酒杯、耳坠、胸花等。重庆市博物馆拨回的银器主要是反封建斗争中没收的地主财物，器型有花瓶、酒杯、碗、胸牌、簪、手镯、吊饰、寿星像、腰链等。其中，松鹤延年银花瓶高21厘米，口径9.8厘米，敞口，束颈，溜肩有折，鼓腹，圈足外撇，颈部装饰对称银质花朵卷须耳，腹部模制松鹤、双鹿、菊花和孔雀等动植物图案（图15）。椰壳套银福字碗，一套八件，碗高4.5厘米，口径8.5厘米，足径4.6厘米，碗内层银质，外层为椰壳，并于椰壳上雕十字花和梅花，圆形开光雕一"福"字，字内填金（图16）。另有椰壳套银八宝寿字碗，工艺与前相同，于椰壳外壁雕八宝、"寿"字纹图案（图17）。福寿双全银牌（图18），一套两件，一件"寿"字，一件为蝙蝠，表面均施五彩珐琅，寿字上制寿桃两枚，背面有"北京洪顺店铺字记"，表明是北京工匠所制。

图 15（左）：松鹤延年银花瓶

图 16（右上）：椰壳套银福字碗

图 17（右中）：椰壳套银八宝寿字碗

图 18（右下）：福寿双全银牌

馆藏金银器

图 19 : "汽车钱"

（六）银币银锭

贵博馆藏银币和银锭有 50 余枚，仅 4 件银锭，其余均为银币。银锭重量分旧制三钱、五钱、一两三种的，另有用于奖励秀才"月课"的课字银锭，正面一"课"字图案。银币来源较为广泛，国内有贵州、广东、广西、四川、福建、云南、香港等自行铸造的一元、五角、二角、一角、五分等不同币值；国外有美国、英国、墨西哥、澳大利亚、日本、缅甸、印度、法属越南铸造的银币，面值一元、五角等。

这些银币具有特殊的价值，是特定历史时期的产物。如贵州汽车纹壹元银币，是周西成主政贵州后，为纪念其购入贵州第一辆汽车而特别铸造，民间称之为"汽车钱"（图 19）。铸造于中华民国元年（1912）的四川壹元银币，则是为纪念四川辛亥革命后四川军政府的建立。此币背面中心篆书"汉"字，周围十八个小圈代表当时的十八行省，因此民间又称"十八川钱"。中山开国纪念壹元银币，是为辛亥革命后纪念孙中山在广东就任中华民国临时大总统而铸造的。

（七）民族银饰

贵州是民族文化大省，省内居住着 18 个世居民族。其中，苗族、布依族、侗族、水族、仡佬族、彝族、土家族、瑶族等民族的文化遗存保存较好，文化资源丰富。其中因苗族支系繁多，分布广泛，形成了贵州民族银饰"多族共享，苗族独盛"的特点。贵博馆藏民族银饰数百件，其中就以苗族银饰最多，布依族、侗族、水族银饰占有一定比例。

少数民族银饰，男女都有，妇女最多，但以姑娘的盛装最为突出。就器型而言，女性银饰大致分为头饰银帽饰、银角、银扇、银帽、银抹额、银飘头排、银发簪、银发钗、银顶花、银网链、银花梳、银耳环等。男性银饰有头花、项圈、项链、手镯、烟盒等。

三、价值及意义

贵博馆藏金银器数量较多，但因贵州特殊的历史，这些金银器并不能完整反映贵州金银器的历史。历史上，周边各地对贵州进行的移民，自新石器时代以来从未中断。在春秋时期，因战乱频繁，中原地区的移民也大规模进入云南、贵州等西南地区。今天定居于贵州的蔡家苗、宋家苗，历史上曾被当作春秋时期蔡国人、宋国人的后裔。这虽无法考证，然春秋时期中原地区迁往贵州的大规模移民，确是不争的事实。自秦通五尺道，汉武帝时期汉王朝大规模开发西南夷，中原地区迁往贵州的移民达到了第一次高峰。随着中原移民进入的还有中原地区的文化，金银器及其制作工艺也随之进入贵州，故其反映出中原地区的工艺和文化审美，不足为奇。

至三国时，中原地区进入长久的动荡，中原地区政权对西南的控制急剧减弱。而事实上，在很长一段时间内，西南地区特别是贵州，政治统治基本处于一种真空状态。即使如强大的唐朝，也因北方和西北游牧民族对边境强大而持久的压力，对西南地区无暇兼顾而放任自流。从春秋至两汉进入贵州的中原移民后裔，在文化上仍保持过去移民时的状态，但与同时代的中原文化联系松散，又受居住地原住民文化的强大影响，其金银器在延续两汉的基础上发生变异，南朝金器中大量伞状金簪，即是这种变异的直观反映。

两宋是贵州各少数民族基本形成的时期，民族文化占据主流地位，其时贵州金银器表现出明显的地域性特色再正常不过了。明永乐十一年（1413），贵州建省，中央王朝对贵州的控制逐渐加强，自明初对贵州又一次大规模移民，宋明金银器制作工艺也再次传入贵州，贵州金银器制作工艺得到了快速发展，特别是当时隶属四川管辖的遵义地区，金银器制作工艺和川南及至成都平原的金银器技术一脉相承。直到今天，除黔东南、黔南的部分地区外，贵州各地的金银器制作一直保持着与历史的联系。

　　黔东南、黔南的部分地区是一个特例。这一区域历史上很少出土金银器，其金银器的兴起是清雍正年间"改土归流"后的事。然而，今天这一区域的民族银饰应用的深度和广度，都超过了历史上任何时期。在现代文化和现代首饰工艺的冲击下，贵州其他地区的金银器不可避免地走向衰落，唯有这一区域的银饰文化及技艺，逆势爆发出恒久的生命力，甚至成为贵州银饰的代名词，一般所谓的贵州银饰，仅仅指代这一区域的民族银饰。

馆
藏
陶
瓷
器

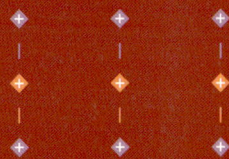

馆藏陶瓷器

唐艳

中国陶瓷历史悠久，内涵深厚，是我国古代灿烂文化的重要组成部分，是不同时期历史、社会及文化信息的载体，是当时社会风尚最为具象的物质反映。它具有长达近两万年的历史，从早期陶器的产生、新石器时代晚期印纹硬陶的出现和商周时期原始瓷的发明，汉晋时期南方青釉瓷的烧制成功，隋唐时期北方白釉瓷的突破，到宋代至清代在颜色釉瓷、彩绘瓷和雕塑瓷等方面取得的辉煌成就，可以说，陶瓷的整个发展过程蕴涵着无数次的技术创新和艺术升华。从陶瓷诞生伊始，它就既是实用器，又是艺术品。千姿百态的造型，瑰丽多变的釉色，绚丽丰富的装饰，缤纷的彩绘和不断改进的工艺，充分展现了土与火的完美结合。

作为一个重要的艺术门类，科学技术王国中的一员，陶瓷器从古至今备受世人的推崇和喜爱。古代文人雅士个人收藏、由宫廷设专库收藏、古董商行家的加入、新中国成立以后由国家专门机构收藏……可以说，无论哪种形式，都反映了人们对陶瓷器的珍视和价值认可。特别是新中国成立以后由国家各级博物馆收藏的陶瓷数量巨大，并在前人研究的基础上，通过文献资料、窑址调查、考古发掘等，更为科学、系统地提高了研究水平，获得丰硕成果。贵州省博物馆亦是全国众多博物馆中收藏、研究古陶瓷器的专门机构之一。目前馆藏陶瓷类文物近3000件，其中年代较早的为新石器时代平坝飞虎山洞穴遗址群出土的陶片。马家窑文化彩陶及其后商周、两汉、六朝、隋唐、宋元、明清至民国及近现代各时期皆有，一定程度地展现了我国古老而又辉煌的陶瓷发展过程。

一、出土陶瓷

我馆收藏的陶瓷器主要分为出土和传世两大类。出土部分大多为省内历年考古发掘所获，少量是 20 世纪 50~70 年代由上海博物馆、陕西省博物馆等调拨。这些陶瓷器的品类、器型、釉色、纹饰等较为丰富，它们有的质地粗松，豪放粗犷；有的坚硬精良，细致周到。可贵的是，当中一些器物呈现出特有的、典型的、具有地域特色的历史文化信息，极大地让我们感受到古代陶瓷文化、陶瓷艺术的丰厚内涵，具有较高研究价值。

笔者将遴选出具有代表性的器物并略加述评，旨在向读者介绍馆藏陶瓷整体面貌及特色的同时，尽可能地呈现出馆藏陶瓷的精粹与多姿风采。

（一）陶器

贵州威宁中水西汉墓出土一批刻划符号陶容器（图1），有瓯、瓶、豆、罐、杯等，均以手捏制而成。陶质夹砂，松脆、火候低，陶色灰、红或灰红兼杂。器壁厚重、粗糙，器形小。刻划符号多施于器物的内口沿、腹部、颈部、把手等显眼的部位，是古代制陶工匠在湿陶坯上，用尖硬锐利的工具刻划而成，也有个别是烧后才刻划的。一

图1：西汉刻划符号陶器

器一个符号，笔画多以竖横交叉等简单线条为主，偶尔也有弧线与弯曲。且均能数出笔画，由二画至十二画不等，但未发现连文成篇的情况。从符号的造型和结构看，与纯属装饰性的刻划纹饰迥然相异，可能是一种赋予某种含义的符号，有待进一步探索。

赫章可乐出土的西汉殉葬明器干栏陶屋模型（图2），是西南山区极具特色的一种建筑的写照。干栏式是中国古代木构建筑的一种结构形式，主要用于潮湿阴雨、野兽出没地区。其主要特征是将房屋的底层用较短的柱子架空，柱端上铺木板，形成室内的地面，地板之上架设类似穿斗式结构的木构架，再在木构架上铺设椽子，盖瓦。此陶屋模型为夹砂泥质陶，房屋分上下两层，置于长方形基座之上。上层为住房，有前廊后室之分，开单扉门。廊中立一方形柱，廊沿正面两边有护栏，前壁墙上有线刻"窗户"。房顶盖印板瓦，前坡中部近檐处刻一隶体"前"字。下层四柱无壁，正中安

图2：西汉干栏陶屋模型

图 3：东汉水塘稻田模型

放加工谷物的双碓一架。四角立柱，上端分叉，支撑上层的横枋，下端固定于基座。贵州境内的苗族、侗族、水族、布依族等少数民族地区，至今仍保留着干栏式建筑。此模型的发现，为我们研究汉代干栏式建筑提供了形象的实物资料。

贵州兴义出土的东汉水塘稻田模型（图3），可谓是东汉时期农业发展水平的一个缩影，其设计之巧，令人赞叹不绝。椭圆盆形一分为二，一半为水塘，一半为稻田。水塘中塑有伴水而生的鱼、荷、菱角、莲蓬。堤外稻田以埂分割成块，各自有水口连接，是一种理想的灌溉模式。田中禾苗整齐排列，显出一派丰收景象。水塘与稻田之间，筑有堰堤一道，中段有通水涵洞，上有展翅欲飞的小鸟。盘内四壁植有一行行间隔均等的绿柳，既美化了田园环境，又起到保持水土的作用。该模型展现出田园中生气蓬勃、自然协调的繁茂景象，生动地反映了当时的农耕形态及古人强烈的生态意识，亦说明先进的中原耕作技术、农田水利措施早在1800多年前已传入贵州。这种灌溉方式简单易行，以至于今天许多地区仍然沿用。它的出土为研究当时的社会经济生活、农田水利建设、生产养殖技术等，提供了十分珍贵的实物资料。

1988年在贵州遵义出土了一批彩釉陶俑，可谓气派非同（图4）。俑群由佩剑骑马俑、捧印骑马俑、吹号骑马俑、持物骑马俑、背物骑马俑、牵马步俑、持物步俑、鼓乐步俑等组成，共70件。其阵容大、造型丰富，生动地模拟着仪仗队伍中各种人物的姿态，反映了墓主人生前出行的盛况。而陶俑的出土地遵义在古代历史上属播州之

图4：明彩釉陶俑

地。唐乾符三年（876）到明万历二十八年（1600），前后700余年里，这个地区始终在封建地方势力"杨氏家族"的世袭管治下。陶俑的墓主人杨辉为播州第二十五世土司，于明正统十四年（1449）袭播州宣慰使之职，为播州当时最高统治者，卒于明成化十九年（1483）。此批陶俑的出土，不仅见证了墓主人荣华显赫的地位，而且对于研究明代播州的人物形象、服饰、兵器、雕塑艺术等，均是重要的实物例证。

（二）瓷器

贵州省出土瓷器主要集中在六朝青瓷、宋代龙泉青瓷、青白釉瓷及明清景德镇瓷器上。当中不乏质地精美、品种名贵之物，有的更为我们探索当地历史文化提供了线索和研究方向。

1965年平坝马场万人坟出土的南朝青瓷莲花罐（图5），造型优美，纹饰灵巧生动，釉色青黄如玉，为贵州出土六朝青瓷器中的精品。莲花罐胎质细腻，系耳下凸弦纹二道，弦纹下紧接为双层倒垂莲花瓣，每层十一瓣。第一层以工具刻划出极具立体效果的莲瓣纹理、经络，并覆盖第二层莲瓣，使其只露出尖角，有着"隐而不见"的艺术效果。莲瓣直垂腹下，边缘凸起，莲瓣尖端略微上卷，瓣下青釉垂流似泪痕。此罐远观抑或近看，都仿佛盛开的莲花，生机益然，令人喜爱。而纹饰取形于"莲"正是因为南北朝时期佛教盛行，莲被视为佛门圣花，故而成为瓷器上流行的装饰纹样。虽说六朝青瓷莲花罐在全国博物馆中多有存藏，但如此件造型、釉色、纹饰俱佳者，实属难得。

鸡首壶（图6）是六朝时期极为盛行的一种壶式，因壶肩部塑鸡首而得名。鸡首有实心、空心之分，前者为明器，后者可实用，皆具有禳灾除凶的寓意。此种壶型在国内出土较多，但贵州尚属稀少，我馆藏有6件，系1965年贵州平坝出土。这些鸡首壶胎质较为紧致，胎体略厚。釉层较薄且施釉不均，多有流釉现象，个别剥釉比较严重，釉色呈或深或浅的青黄色。鸡首壶的造型因时代不同也有差异，西晋时期壶身、壶颈比较矮，鸡首多无颈，鸡尾甚小。东晋时期壶身略高，鸡首有了颈部，鸡尾消失，取而代之的是略高于壶口的圆股形曲柄。南北朝时期，鸡首颈部细长，盘口增

图5（左）：南朝青瓷莲花罐

图6（右）：六朝青瓷鸡首壶

高，壶体更为修长优美。据此来看，我馆所藏的这批鸡首壶时代应该都在东晋、南朝时期。它们的出土为我省研究六朝瓷器奠定了一定的基础。

青白釉也叫"影青"或"隐青"，釉色介于青、白二色之间，色泽如玉，品貌素雅，为北宋时期创烧的一种高温色釉。我馆收藏青白瓷中的典型代表器物系1957年在遵义桑木垭皇坟嘴播州杨粲墓中出土（图7）。诚然，作为宋代播州尊贵和权力象征的地方首领，自然享用当时品质最好、最受喜爱、社会最为推崇的瓷器。他们死后将心爱之物埋葬墓中，常年相伴。青白釉碗的出土让我们感受到宋代精品瓷器胎骨的洁白，釉质的润泽、晶莹。若仔细凝看这件青白釉碗，可见碗内花纹如丝如缕，刻划细致入微，恰到好处地体现了宋人精细、含蓄、自然高雅的艺术品位。正如南宋词家李清照在《醉花阴》中赞道："佳节又重阳，玉枕纱橱，半夜凉初透。"这里的"玉枕"即指"青白釉枕"。把瓷比作玉，可见这种瓷器的温润佳美。

龙泉青瓷是青瓷工艺的历史高峰，尤以南宋时期的产品青翠娇艳，媲美翡翠。1991年，贵州省沿河县洪渡镇窖藏出土了一批宋代龙泉青瓷，堪称上乘之作（图8）。主要为盘、碗类器物，造型规整、做工精细、釉色极佳，不少被定为国家一、二级文物。此批青瓷除了瓷器本身珍稀贵重、精雅别致之外，更值得思考的是，当时什么人何以从浙江龙泉县千里迢迢将这些青绿浓郁、精美绝伦的瓷器运到贵州沿河？又是什么时候、什么原因将其埋藏于地下？留下的层层谜团，有待进一步寻找答案。这800年前的珍宝于今天露出尘土，让我们得以窥见龙泉青瓷极盛之美时的面貌。

图7（左）：宋青白釉划花碗

图8（右）：南宋龙泉窑菊瓣纹大碗

清康熙青花狮子牡丹纹盖罐（图9），系 1977 年思南县合朋瓦窑邓家堡出土，亦称为"将军罐"。此器形初见于明代嘉靖、万历年间，至清代顺治时基本定型，康熙时广为流行。此罐造型丰满，罐身为直口、丰肩、敛腹、平底。有盖，盖顶有宝珠形钮，形似将军的盔帽。青花呈色鲜明浓艳，蓝中泛紫。青花所绘狮子、牡丹寓意富贵、吉祥。纹饰清晰，用笔奔放，构图繁密严谨，层次分明。据当时交来盖罐的人叙述："当地原为和尚坟，此罐出土时装有骨灰和木炭。"而此罐的出土地点思南县，在民间素来有着"庙城"之称，相传历代曾有四十八座僧寺庙宇。该罐的功用应该与之有联系，可能是佛教僧侣盛敛骨灰的器物。它的出土为我们思考思南地区历史文化、庙宇分布及佛教习俗等提供了线索。

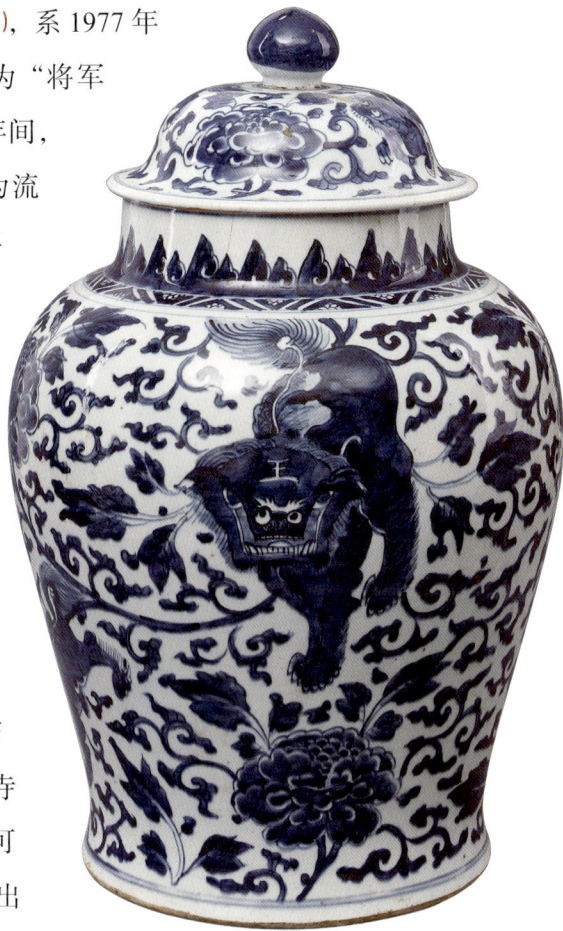

图 9：清康熙青花狮子牡丹纹盖罐

二、传世瓷器

传世部分主要通过国家调拨、民间征集以及交换、受捐等形式获得。不断增加藏品数量，填补藏品空缺，体现了馆藏陶瓷的多样性及丰富性：青翠欲滴、幽静素雅的青花瓷，斑斓多姿、缤纷绚丽的颜色釉瓷，自然生动、倍添情趣的彩绘瓷，加上丰富优美的造型、精良的做工、浑然天成的纹饰图案，令人爱不释手。其中，更有陶瓷界中的珍品，具有较高的文物、历史价值及艺术品位。

为了便于概括和理解，传世瓷器在此以"青花""颜色釉"及"彩瓷"作为分类，并以典型器物加以阐述。

（一）青花瓷

青花瓷可以说是人们日常生活中最为常见、最为熟悉也最为喜爱的瓷器品种之一。由于它的原料丰富，制作简便，便于清洗，加之蓝白搭配色调清丽雅致，从古至今备受关注，经久不衰。

我馆收藏的明清、民国及近现代青花瓷200余件（套）。当中极为珍贵的是我馆藏瓷中的"镇馆之宝"——明宣德青花什锦团花深腹碗（图10）。该碗白地青花，碗内底心绘缠枝牡丹一朵、弦纹两圈，内壁绘折枝菊花、牡丹、莲花六朵折枝花纹样。口沿内外绘青花弦纹两圈，外壁绘番菊、石榴、牡丹、荔枝等团花纹样六簇。外壁近底处绘十二朵莲瓣纹样。圈足上绘两道弦纹，圈足积釉处呈淡湖绿色，底足内青花双圈楷书"大明宣德年制"六字双行款。

《陶说》中如此叙述"宣瓷"："此明窑极盛时也，选料、制样、画器、题款，无一不精，青花用苏泥渤青。至成化，其青已尽，只用平等青料，故论青花，宣窑为最。"这件青花瓷胎质白细，地釉白中泛青，有橘皮纹。青花色泽凝重、深沉，略有晕散，有铁锈斑，当是以进口料苏麻离青用之。造型优美，构思精巧，胎体上薄下厚，持于手中，上轻下重，极为稳妥。纹饰系小笔点画而成，有明显的深淡不一的笔触痕迹，画工精湛，构图疏朗。款识笔法遒劲有力，浑厚朴拙。完全符合"宣窑为最"的特点，可谓明代青花瓷烧制黄金时期的佳品。

"万历丁亥年造，黔府应用"款青花盖罐，乃是馆藏青花瓷中

图10：明宣德青花什锦团花深腹碗

的重器和至宝（图11）。此罐体型硕大，胎体厚重，整个盖罐以幽蓝明快的青花料绘制，纹饰繁缛。罐身花纹分三层，每层分为八面，每面之间均有栏格。肩上八面栏格作变形覆莲瓣，内青花地，突出白花，绘折枝牡丹、番莲、番菊。腹部纹面较大，栏格为六角形，似龟背，白地，青花绘缠枝番莲、番菊及芙蓉等，以开光的技法突出主题纹饰。下层每面为竖圭半截形格栏，内青花海潮地，白花为珊瑚、象牙等杂宝纹饰。盖上纹饰亦分三层，共有八面，网格纹地，青花绘缠枝番莲、番菊等。底款为青花楷书"万历丁亥年造，黔府应用"十字，后四字居中，前六字分两列排在"黔府应用"两侧。

图11：明万历青花"黔府"盖罐

从底款"黔府应用"来看，此罐与贵州相关。这里的"黔府"，即指明代西南封疆大吏沐英及其后人的府第。沐英，先后征战于川、藏、陕、甘、滇等地，明王朝近300年的西南边防均有沐家镇守。沐英死后，朱元璋追封他为"黔宁王"，其子沐晟封"黔国公"世袭爵位，所在府第称为"黔府"。从沐氏的辖地范围来看，不仅包括云南，而且贵州整个西部如毕节、威宁、水城、晴隆等广袤土地都属沐氏的管辖范围。沐氏家族曾在这一带进行军事、政治活动。沐氏之所以获得"黔国"的封号，正是因为在藩臣镇守的制度上与贵州有着密不可分的关系。器款"万历丁亥"正是沐英后世"黔国公"沐昌祚袭位的时间，此罐是这一时期王府在景德镇定烧的高档瓷器，具有典型的"官搭民烧"工艺特征。它对研究明代后期瓷器工艺、烧造形式以及贵州历史都有着重要的意义。

（二）颜色釉瓷

釉是形成瓷器的必要条件，也是美化瓷器的重要手段。古代颜色釉瓷器品种繁多，绚丽斑斓。其中，青釉、黑釉、红釉、蓝釉、白釉、黄釉、绿釉、结晶釉等品种，我馆均有不同数量的存藏。在前文中已经提到的六朝青瓷、龙泉青瓷、青白釉瓷等釉色品种，这里不再赘述，仅以黑、白二色典型品种加以介绍。

随着斗茶风尚的盛行，最适宜斗茶观色的黑釉茶盏在宋代风靡一时，备受欢迎。江西吉州窑产品在黑釉瓷中别具一格，赋有浓郁的地方特色。馆藏"木叶纹天目盏"（图12），新颖、淳朴、自然雅致，内外饰黑红釉，内底贴木叶纹，叶片蛋黄色微带淡紫红和苹果绿色，显得柔和美丽，自然生动。而把传统的民间剪纸艺术成功地移植到黑釉瓷器上，从而赋予黑瓷以艺术美，则是吉州窑的又一大创造，可谓独具匠心。我馆于建馆之初接收了一批由上海博物馆交拨的精品黑釉瓷，其中宋代吉州窑产品丰富多样，除上述木叶贴花、剪纸贴花外，还有玳瑁釉、光素无纹黑釉盏等，皆为馆藏瓷器精品。

白釉瓷中福建德化白瓷在全国制瓷业里独树一帜，是国内外藏家竞相收藏的艺术珍品。我馆所藏明清时期德化白瓷20余件（套），多为日用杯具，式样繁多。有梅花杯、乳足杯、八棱杯、花蝶杯、鸟兽花卉杯、爵杯、仿犀角杯等。胎质致密、透光度好。釉色光润、纯净，有玉质感。因胎釉中含钾较高，呈现出特有的温润光亮的象牙白色。装饰技法以刻划、堆贴为主。随着考古资料的不断更新显示，甲杯山窑即这类杯具的生产地，为我们将馆藏传世与窑址出土瓷器做进一步对比研究提供了条件，未来定会获得更多有价值的信息。另外值得提到的是，馆藏德化瓷塑中的上乘之作"白釉接引佛像"（图13），

图12（左）：木叶纹天目盏

图13（右）：明白釉接引佛像

其胎质细腻，釉色莹润如脂。面部雕刻细腻逼真，惟妙惟肖，生动传神。衣纹线条流畅，静中有动，系我馆的珍贵二级文物，具有很高的历史艺术价值。

（三）彩瓷

彩瓷作为瓷器装饰艺术的表现形式，极受人们的崇尚和喜爱。我馆所藏彩瓷占陶瓷藏品的相当一部分，其中尤以明清、民国时期较为突出和多见。本文以彩瓷中的釉下彩、釉上彩及青花加彩几个类别叙述。青花瓷作为釉下彩中的重要品种，在前文中已单独阐述，本段不再赘述。仅以釉上彩及青花加彩两个类别的代表器物加以介绍。

五彩湖石菊花纹盘是康熙时期五彩瓷的代表，亦是馆藏这一品种中能反映五彩瓷高度发展的器物之一。该盘高 2.6 厘米，口径 16.1 厘米，足径 11.5 厘米，造型精巧雅致。胎质缜密，淘炼极为精细。釉质细润，呈现含蓄、深沉的光泽。胎釉结合甚好，触摸有油润之感。盘心以红彩表现菊花和花蕾，以浅绿彩描绘湖石，深绿彩描绘花叶、草穗，绿彩凸起并带有柔和的光晕。这种深浅不同的绿色表达自如，既可作陪衬又起到了突出主题的重要作用。以赭彩、黄彩描绘菊花和空中飞舞的蜂蝶。值得提到的是纹饰中间一朵以蓝彩表现的花卉，彩层较厚，呈蓝灰色，在整个画面中起到很重要的陪衬作用。而在此之前，五彩中的蓝色都用釉下青花代替，蓝彩的创造性使用是彩瓷中的重要突破，意义非同一般。盘沿以红绿彩作锦地，在锦地上对称开光装饰，以红、绿、黄三色描绘杂宝纹样，构成盘的边饰。整个画面以平涂的手法施彩，各种彩交错应用，彩料浓艳、华贵、微微凸起，格调高雅，艺术造诣极高。

清代黔籍名宦石赞清家藏御瓷——"尘定轩"斗彩山水人物纹盖杯（图14），是馆藏斗彩瓷器中的珍贵文物，系 1976 年石赞清的侄孙女石朴捐予我馆。据介绍，这是同治皇帝的御用品，因其对石赞清的重用和赞赏，逐赏赐于他。盖碗小巧轻盈，以釉下青花、釉上填彩相结合的形式，勾绘出山路、人家、云雾、红叶、老人、童子，构成一幅和谐统一的画面，表现了唐杜牧"停车坐爱枫林晚"的诗词意境。此盖碗精美雅致，堪称道光瓷中的精品，可谓当时制瓷工艺水平的代表作品，亦是传世极为稀少的器物。尤其对贵州这个在历史上文化相对滞后的地区而言，若不是因为石赞清的关系，恐怕实难能有收藏。它作为我馆藏品中传承清晰的珍贵文物，具有重要历史意义，也为我们了解道光年间景德镇御窑厂瓷器生产的状况提供了实物资料。

图14（左）：清道光"尘定轩"斗彩山水
人物纹盖杯

图15（右）：清光绪"大雅斋"寿桃纹瓶

被誉为慈禧御用瓷的清光绪粉彩"大雅斋"寿桃瓶（图15），可以说代表了光绪
粉彩瓷的最高水平。此瓶器形硕大，胎体厚重、致密。纹饰以釉上各色低温彩进行描
绘，由于使用了含有砷元素的"玻璃白"，并且吸收了中国绘画的表现手法，渲染出
多层次、呈现淡雅柔和的写实效果，图案立体丰富。瓶颈左右各有一只螭形耳，口外

沿绘红色回纹，口沿下通体饰浅绿色釉，腹部一面绘花树一株，一面绘寿桃一株，并绘有各式花草衬托。颈部椭圆框内有"大雅斋"款，底足有"永庆长春"款。在嘉庆以后瓷业逐渐衰退的晚清时期，"大雅斋"瓷器可谓是粉彩瓷的又一次辉煌体现，让世人再一次感受到清代粉彩瓷的高超技艺和独特魅力。

三、民间工艺品

除上述古陶瓷之外，我馆还藏有一批地方民间陶瓷工艺品，其作为地方民族文化的载体，展现了贵州当地人民生产生活的状况和非凡的智慧与创造力，亦见证了贵州民间陶瓷工艺品的发展。这些藏品种类多样，大多为百姓日常生活所用的罐、壶、缸、锅、灶等；也有专门作陈设装饰之用的各种瓶、灯等；供小孩玩耍嬉戏的各式动物陶玩具；还有既美观又可把玩的泥哨等。这些民间工艺品从不同的视角展现了贵州本土陶瓷文化的悠久、陶瓷技艺的精湛，有的项目还被列为国家级非物质文化遗产，可谓贵州的骄傲。

其中，比较典型的如省级非物质文化遗产织金砂陶、国家级非物质文化遗产黄平泥哨和平塘牙舟陶。

馆藏织金砂陶系 20 世纪八九十年代在贵州织金征集所得，除日常生活用具外，还有一些独具特色的砂陶傩面。每一件都质感特别，呈色漆黑，可见细小砂孔。这是源于其特有的制作工艺。当地盛产无烟煤，在选材上因地制宜，就地取材，以优质无烟煤和白胶泥配制而成，手工制作，采用急冷急热的烧制方法，制作的成品经济实惠，经久耐用。

黄平泥哨是黄平县旧州镇寨勇村苗族老艺人吴国清在苗族传统陶哨的基础上，根据苗族传统艺术创新发展起来的一种泥捏儿童玩具。20 世纪 20 年代颇受欢迎，30 年代形成规模，80 年代得到丰富和发展。我馆于 1984 年征集了一套泥哨，由 185 个组成。造型丰富，取材于各种动物而又进行艺术夸张表现。其制作多以黑色为底，再施以红、黄、蓝、白、绿、紫等各种彩绘，低温烘烧而成，最后再罩一层清漆。色彩丰富、对比强烈，有着浓郁的地方民族特色，极具当地苗族妇女服饰上的挑花刺绣效果。哨体下部均留有回气孔，能吹奏出清脆悦耳的哨声。近年来，黄平泥哨多次出国展出，品种已发展到 100 种，具有较高收藏价值。

牙舟陶出产于贵州黔南布依族苗族自治州平塘县境内。据载，牙舟陶始于明洪武年间，距今已有600多年的历史。明末初具规模，清初已发展到40多座陶窑，民国时期最为鼎盛，有100多家制陶作坊。其产品有很高的实用价值，贮存食物不易变质，伏天泡茶经久不馊。信手拈来的玩具更是小巧可爱、自然生动，受人喜爱。

我馆于1960年收藏了一批20世纪50年代生产的牙舟陶器，这批陶器品类丰富，有实用的壶、罐、瓶、钵，陈设用的瓜碟、小瓶、小壶，以及马、狗、虎、猪、鱼、牛、蛙等各式动物泥塑（图16）。它们造型古朴、生动，线条粗犷，给人一种古老而又朴拙的美感。釉色以黄、白、绿、绛红、棕、褐色等为基本色调，各色互相配合，协调美观。釉的玻璃质感强，几乎都有细小而又自然的开片，釉层较厚，并且施釉不及底。特别是各种动物的足部和腹部都不施釉，露出或深或浅的灰白色胎，胎质细腻。牙舟陶以其淳朴的造型和艳而不俗、雅而明丽的釉色为特点，夸张而不烦琐，极富装饰性。再赋以贴塑、刻划等表现手法，将陶瓷技艺和地方特色完美地融合在一起。近年来，我馆陆续又征集了一些牙舟陶器，旨在尽可能地将这贵州的艺术瑰宝加以保护与传承。

图16：牙舟陶三彩釉龟形印泥盒

本文对贵州省博物馆所藏的陶瓷器的叙述到此。它们历经了岁月沉淀，承载着历史的信息，以洗净铅华的姿态，完美地诠释了"土与火的艺术"的真谛。这些珍宝展现了一道道中华陶瓷文化的光芒和风采，亦为学术交流、研究提供了珍贵的实物参考资料。

参考文献

1. 李家治主编：《中国科学技术史·陶瓷卷》，科学出版社，1998 年。

2. 耿宝昌：《明清瓷器鉴定》，紫禁城出版社，1993 年。

3. 冯先铭主编：《中国陶瓷》，上海古籍出版社，1994 年。

4. 冯先铭主编：《中国古陶瓷图典》，文物出版社，1998 年。

5. 吕成龙：《中国古代颜色釉瓷器》，紫禁城出版社，2004 年。

6. 刘恩元：《贵州威宁中水汉墓出土陶器刻划符号初探》，载《贵州社会科学》，1984 年第 5 期。

7. 李黔滨主编：《贵州省博物馆藏品集》，贵州人民出版社，2013 年。

馆藏古人类及洞穴遗址类标本

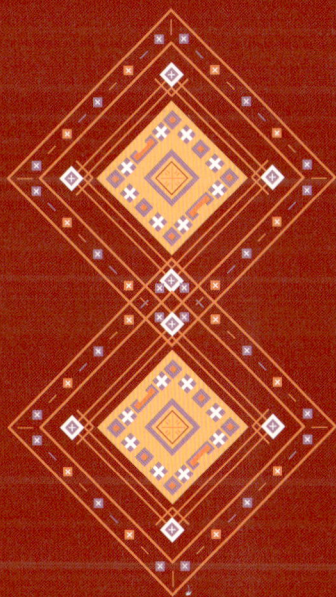

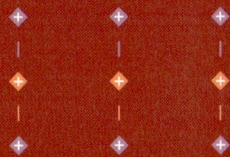

馆藏古人类及洞穴遗址类标本

蔡思夫

贵州拥有丰富的喀斯特地貌，岩溶洞穴广泛分布，气候温和，四季分明，动植物种类繁多，这为古人类的生存繁衍提供了有利条件。

自 1964 年冬，黔西观音洞发现及试掘以来，贵州史前文化遗址的发现就层出不穷。贵州省博物馆的专家、学者为贵州史前考古，尤其是旧石器文化考古的主要力量，经过他们数十年来的努力，贵州已发现的旧石器时代早、中、晚期及新石器时代遗址有 100 余处，已发掘的近 20 处。由此贵州拥有较为连续的史前文明发展框架，灿烂的史前文明又以旧石器文化最为突出，曾经贵州的旧石器考古成果在全国名列前茅，这使得贵州成为我国南方地区古人类及史前文化最丰富的地区之一。

一、综述

贵州省博物馆作为贵州最大的综合性博物馆，石器时代出土遗物是馆藏文物中数量最多的一类。现已登记在册的古人类遗址相关遗物共计 10544 件。其中，古人类化石 16 件，分别为桐梓人牙化石 1 枚、兴义猫猫洞人牙化石 12 枚、穿洞人头骨化石 2 件、穿洞人上颌骨残段 1 件；石制品（含打制技术、磨制技术）共 6471 件；骨角器 1457 件；陶片 21 件；用火遗物（烧骨、烧石、灰烬等）64 件；青铜碎片 1 件；伴随文化遗物出土的动物化石 2514 件。另外，还存放着数量庞大、等待清理、未登记入帐的遗址出土遗物。这些遗址早已在国内业界中颇有名气，例如普定白岩脚洞遗址、普定穿洞遗址（大部分未清理）、毕节海子街大洞遗址、毕节扁扁洞遗址、兴义敞口洞遗址以及安龙福洞、安龙观音洞等遗址。

二、科学发掘所获藏品的分类介绍

根据藏品所属文化时代，按照旧石器时代早、中、晚期及新石器时代进行分类介绍。

（一）旧石器时代早期

黔西观音洞遗址藏品　目前，黔西观音洞遗址出土遗物绝大多数保存于中国科学院古脊椎动物与古人类研究所，只有959件存放于贵州省博物馆，其中石制品816件，动物化石143件。石制品中有8件被定为一级文物，分别是多台面石核、石片、双边刃砍砸器、单直刃刮削器、多边刃刮削器、正尖尖状器、宽端端刮器、凹缺刮器。（图1）

黔西观音洞石制品主要文化特征为：大片以锤击法为主，偶尔使用砸击法，且

图1：黔西观音洞出土石制品

打片时多不修理台面。石器多由石片加工而成，其大小多在 3~5 厘米之间。加工方向有 6 种，以正向加工为主，加工痕迹深凹的多，刃陡而不平齐，复刃石器多于单刃石器。石器类型以刮削器为主，其次是端刮器、砍砸器和尖状器，其他类型少。突出特点在于：充分利用材料；加工和类型的多样性；加工角度和加工方向及器物外形不稳；刃陡不平齐。观音洞石器工业与欧洲已知的旧石器文化和中国猿人文化比较，很少有相同之处，具有明显区域性特征，因此被命名为"观音洞文化"。

动物化石中哺乳动物化石有猩猩、柯氏熊、大熊猫、最后斑鬣狗、嵌齿象、贵州剑齿象、似东方剑齿象、马、巨貘、中国犀等 23 种，属于广义的大熊猫—剑齿象动物群，绝灭种 8 种。嵌齿象和似东方剑齿象的存在，显示遗址时代较为古老。(图2)

黔西观音洞遗址位于黔西县城南面的观音洞镇观音洞村，洞穴发育于三叠纪厚层灰岩，高出周围洼地约 15 米。主洞口向南，长约 90 米，宽 2~4 米，分别发育有南北两个支洞。1964 年冬，中国科学院古脊椎动物与古人类研究所和贵州省博物馆联合调查发现，并进行首次发掘。1965 年冬、1972 年冬和 1973 年秋，分别再次进行发掘。该遗址的地质时代为更新世中晚期，文化时代为旧石器时代早期。"观音洞文化"代表中国旧石器时代早期的一种文化，在研究中国旧石器时代文化的起源和发展问题上，观音洞的材料具有和北京人遗址的材料同等重要的价值。

（二）旧石器时代中期

桐梓岩灰洞遗址藏品　该遗址出土遗物中仅有 1 枚人牙化石 (图3) 和 4 件复制

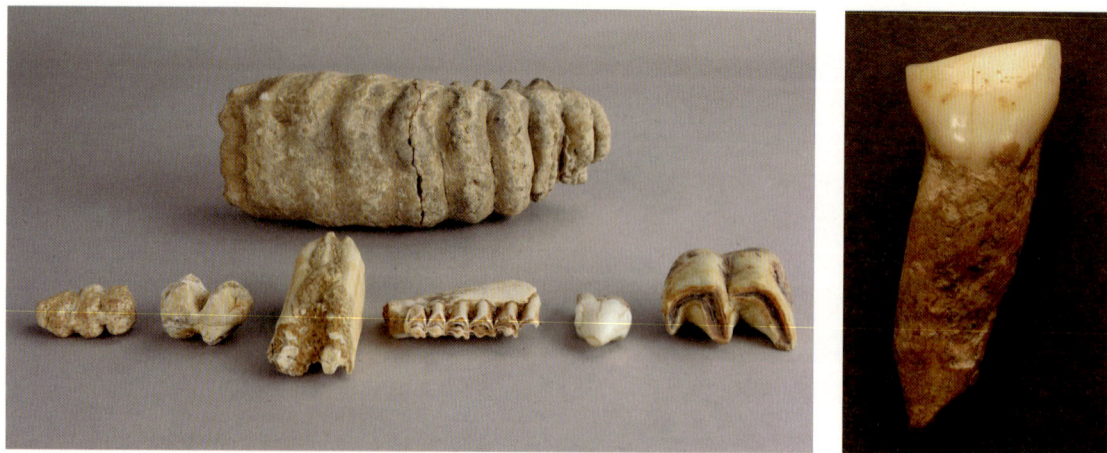

的石制品保存于我馆，虽数量不多但其意义重大。

存放于我馆的这枚人牙化石为一老年个体的左上内侧门齿，牙齿粗壮，保存基本完整，现存高 24.5 毫米，齿冠近中远中径 9.5 毫米，唇舌径 8.4 毫米。齿冠切缘磨耗成平面，齿质暴露。齿冠唇面在纵向和横向上都较隆起，两侧缘向舌面增厚呈铲形结构，有发育的舌结节和指状突结构，齿冠的纵轴与齿根的纵轴几乎在同一方向上等形态特征，门齿与直立人相似，唯唇舌径明显大于直立人，具有北京猿人和尼安德特人同样的门齿特征。因而可归属早期智人，习惯上称其为"桐梓人"。

桐梓岩灰洞遗址位于桐梓县九坝镇白盐井村，洞穴发育于二叠纪厚层灰岩中，前临九坝河。其地质年代为中更新世晚期，文化时代为旧石器时代中期。岩灰洞遗址是贵州第一个出土人类化石的古人类遗址，对研究云贵高原人类进化和环境演变有着特殊意义和重要价值。

水城硝灰洞遗址藏品　馆藏该遗址遗物有动物化石 22 件，石制品 47 件，烧石、灰烬各 1 件，烧骨、烧角共 7 件。

出土石制品的石料主要是玄武岩砾石和少量燧石。石片主要用"锐棱砸击法"打制，小部分为锤击法打制。所谓"锐棱砸击法"，是指一种获得石片的方法，即用扁平砾石，一端稍斜地与石砧接触，然后用手握牢被打的砾石，另一手执石锤，用石锤扁锐的边猛砸砾石一端，然后石片可从砾石上脱落下来。与传统砸击法所获石片相比，其特点为打击台面缺失或呈点状台面，冲击波纹明显，石片远端边缘较薄。该遗址的哺乳动物化石有东方剑齿象、牛、鹿等。（图 4）

图 2（左）：黔西观音洞出土动物化石

图 3（中）：桐梓人牙化石

图 4（右）：水城硝灰洞出土石制品

水城硝灰洞遗址位于六盘水市钟山区汪家寨镇，洞穴发育于二叠纪茅口灰岩中，洞的前半部于 1973 年修筑公路时炸毁，现存洞口高约 3 米，宽约 10 米，纵深不足 2 米，洞口向南。1973 年夏修公路时发现，同年冬贵州省博物馆发掘。该遗址地质年代为晚更新世早期，文化石时代为旧石器时代的中晚期。目前，该遗址最大的意义在于，锐棱砸击法是硝灰洞遗址石器工业的主要特点，可能代表一种新型的区域性文化。丰富的用火遗迹，在 20 世纪 70 年代时，是考证我国华南地区古人类用火最为可靠的证据。

（三）旧石器时代晚期

兴义猫猫洞遗址藏品 馆藏的该遗址遗物有人牙化石 12 件，石制品 1125 件，动物化石 1231 件，烧骨 45 件，烧石 2 件，烧泥 1 件，骨角器 21 件，黏土胶结物 1 件。

人类化石目前缺乏研究，尚未得出结论。石制品原料以泥质粉砂岩和硅质岩砾石为主，类型分别是石核、石片、石锤、石砧、打击砾石、石器等（图 5）。其中，石器

图 5：具有典型猫猫洞文化特征的石制品

约占 40%，又可细分为刮削器、尖状器、砍砸器和雕刻器。反映的文化特征是，打片技术有多种，以锐棱砸击法最为突出。石片石器约占工具总数的 82%，其中绝大多数用锐棱砸击石片制成，在国内较为少见。石器加工以反向加工为主，占比约为 85%，并且加工精细，类型稳定。骨角器有骨锥、骨刀和角铲（图6、7），其中，骨刀为国内首次发现，目前被中国国家博物馆收藏，馆内仅藏有骨锥和角铲两种类型。

动物化石以哺乳动物为主，有中国犀和窄齿熊化石，它们是华南更新世地层中曾经发现过的，表明猫猫洞遗址的地质年代不会超出更新世，属更新世晚期至全新世初期，铀系法测年为距今 14600 年左右。

兴义猫猫洞遗址位于兴义市顶效开发区内的猫猫山东侧，地处开阔的高原丘陵之中。洞穴发育于三叠纪白云岩质灰岩中，洞口向东，高出河面约 45 米。洞为岩厦型，岩檐已风化殆尽，大部分堆积暴露于洞口和流散于山坡。1974 年冬，贵州省博物馆调查发现，次年清理发掘。洞口堆积物厚约 2.5 米，以灰褐色为主，自上而下可辨识出 4 层，各层都含有文化遗物。此外，在山坡下采集到磨制石器。该遗址的文

图 6（左）：兴义猫猫洞出土角铲

图 7（右）：兴义猫猫洞出土骨锥

化时代为旧石器晚期，根据遗址出土的石制品及骨角器，可以看出其文化特征具有鲜明的区域性，故将其命名为"猫猫洞文化"。它与国内其他地区文化及省内的观音洞文化有明显的不同，这对于研究我国旧石器时代晚期文化的多样性和区域性有着十分重要的意义。

（四）旧石器时代晚期至新石器时代早期

普定穿洞遗址藏品　该遗址最为引人瞩目的是1982年第三次发掘时，在洞口西侧1.4米深的第四层浅黄色黏土堆积中发现的古人类头骨化石。出土时已被岩石压碎成百余片，在野外拼接成四大块，后经科学复原，可以看出保留了较为完整的顶骨和枕骨以及两侧颞骨的大部分，额骨的一部分和左侧眶骨上部呈深灰黄色，夹杂有黑色斑块。额骨较直，眉脊很弱，脑颅小，骨质表面细腻光滑，由此判断其为一女性。再者，冠状缝、矢状缝、人字缝均未愈合，有一条较宽的裂缝，可推测为一青年个体，依据现代人骨缝愈合情况，估计该死者的年龄在17~18岁。头骨形态特征保留有一定的原始性，但更多显示出现代人的特征，其应归属于晚期智人阶段。(图8、9)

石制品可分为石核、石片、石器等几大类，其原料以燧石和粗晶体变质灰岩为主。石核分为锐棱砸击石核、锤击石核和砸击石核，石片则有锐棱砸击石片、锤击石片及砸击石片。石器有石砧、石锤、刮削器 (图10、11)、尖状器和砍砸器等类型，以刮削器为主。其中，平端刃刮削器有的呈锛形，很可能是石斧或石锛的雏形。

骨器是穿洞遗址最具特色的工具，不仅数量多，类型丰富，形制也十分精美，在国内同期遗址中较为少见。骨器类型有骨锥、骨铲、骨针、骨叉等多种类型，以骨锥为主，骨铲次之。除此之外，还有角铲和带人工痕迹的鹿角。角铲数量不多，但制作十分精细，带人工痕迹的鹿角估计为制作角铲的胚料。

骨锥的形制多样，其端部有单尖和双尖的区别。锥尖的形式又有多种，如锐尖、扁尖、钝尖、三棱尖等，以单尖圆锥形的锐尖为主要形制。大多数骨锥通体磨制精细，器身光洁，锥尖锐利，少数则锥尖精磨而锥身粗磨，磨痕仅见于锥尖的更少。(图12)

骨铲也有多种，端部也有单端刃和双端刃的区别，刃部又有凸刃、凹刃和斜刃等形式，骨铲的磨制与骨锥相似。由此可见，穿洞遗址的骨器制作已经形成一定的加工程序，大致为选材、制胚、刮削成型和磨制定型等过程。(图13)

普定穿洞遗址以文化遗物的差异分为早、晚两期，第6层以下为早期文化，第5

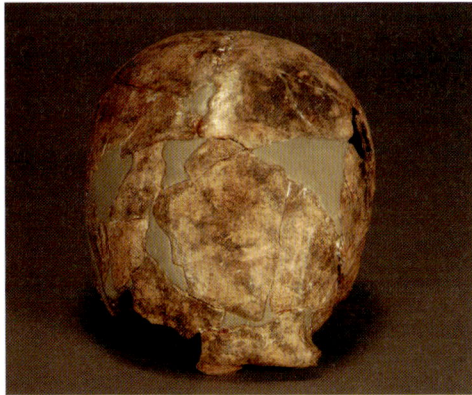

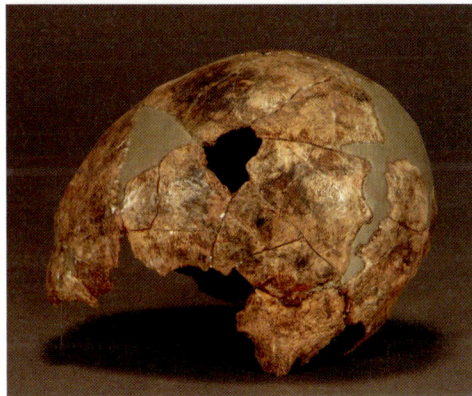

图 8（左上）：普定穿洞女性头骨正面

图 9（左下）：普定穿洞女性头骨侧面

图 10（右上）：出土于普定穿洞第 3 层的刮削器

图 11（右下）：出土于普定穿洞第 8 层的刮削器

层以上为晚期文化。早、晚之间的差别主要在于：早期文化的石制品原料几乎全是燧石，形体小，打片技术以锤击法为主，石器以正向加工为主，骨器极少而只有骨锥。晚期文化的石制品原料以粗晶体变质灰岩的砾石为主，形体大，打片以锐棱砸击法为主，石器以反向加工为主，骨器数量多，类型较复杂。因此称其为"穿洞文化综合体"。

　　动物化石可定种的约 20 种，石化程度有差异，且大多出自第 5 层以上。其中哺乳动物有长臂猿、西藏黑熊、狗獾等 15 种。除中国犀相似种外，均为现生属种。（图 14、15）

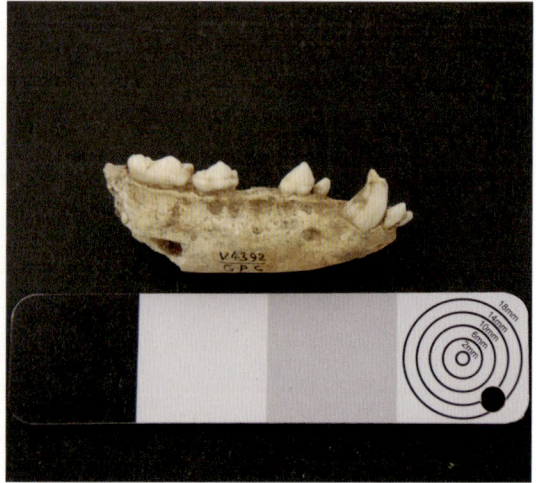

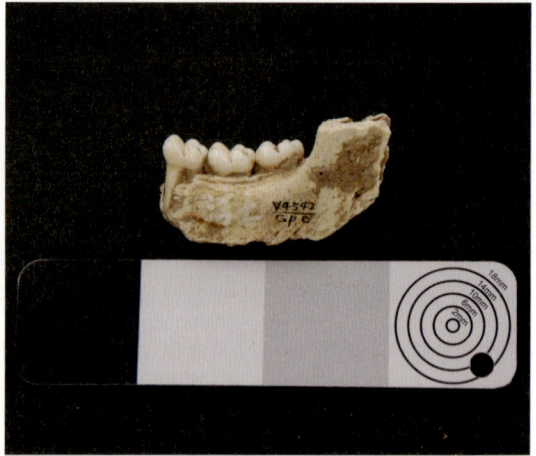

图 12（左上）：普定穿洞出土的骨锥

图 13（左下）：普定穿洞出土的骨铲

图 14（右上）：普定穿洞出土的獾下颌残段

图 15（右下）：普定穿洞出土的长臂猿下颌残段

普定穿洞遗址位于普定县城西南约 5 公里的新寨村穿洞寨，其外环境为开阔的峰林谷地。洞穴发育于三叠纪中统的白云质灰岩，洞南北对穿，故名为"穿洞"。洞内保存较好的堆积主要分布在南洞口岩檐下，面积约 100 平方米。

1978 年 8 月，由贵州省博物馆工作人员进行野外调查时发现，并在 1979 年 4~5 月开展试掘，同年 9~10 月，南京大学地理系派遣工作人员对其进行发掘；11 月，古人类及旧石器考古学家裴文中教授专程对穿洞遗址进行考察；1981 年夏和 1982 年冬，中国科学院古脊椎动物与古人类研究所同贵州省博物馆工作人员联合组队，进行发掘。堆积物约 5 米厚，自上而下分为 12 层。除第 12 层仅含化石外，其余 11 层均含有文化遗存。普定穿洞遗址早期文化（第 6 层以下地层）的地质时代为晚更新世末期，文化时代为旧石器时代晚期，C_{14} 测年为距今 16000~9610 年。晚期文化（第 5 层以上地层）的地质时代属全新世早期，文化时代属新石器时代早期，C_{14} 测年为距今 8540~8080 年。其可贵之处在于，两种不同性质的文化类型的重叠和骨器的突出程度，在史前考古研究中有着相当重要的意义，对于研究古人类在贵州境内迁徙活动的时间和区域性也是不可缺少的重要资料。

三、零星地点藏品（田野调查采集所获藏品）

登记在册的零星古人类遗址藏品分别来自毕节市关口大岩洞遗址（旧石器时代晚期）、贵阳市乌当区百花镇大河湾敞口洞（旧石器时代晚期）、修文县扎佐镇四明洞遗址（旧石器时代晚期）、修文县八角岩（白岩）岩厦遗址（旧石器时代晚期）、绥阳县郑场镇底坝洞岩山营盘洞（旧石器时代晚期）、绥阳县洋川镇王家土寨叉口洞遗址（新石器时代）、铜仁市漾头乡马岩对面岩壜自然村寨河床一级阶地（新石器时代）。这些遗址藏品主要来源于工作人员在进行野外调查过程中，多为地表捡拾或在洞穴内调查所得，有石片、刮削器、尖状器、磨制石器、陶片、动物化石等。这些遗址尚未进行科学发掘，仅做登记，记录其位置，估计时代以及所获遗物等信息。

四、未来工作的展望

贵州省博物馆目前仍有大量待清理、登记入帐的古人类遗址出土遗物。博物馆的青年一代，任务艰巨，机遇与挑战并存。站在前辈们辛勤劳动的成果之上，我们应该走得更高、走得更远。随着科学技术的发展，我们将对已有藏品进行新技术的分析，如运用DNA分析技术讲述古人类进化和饮食生活的故事，运用微痕分析技术探寻古人类对工具的加工和使用，运用元素分析技术探讨石器原料来源地究竟在何处。新技术运用使得古人类研究从起初的推测向真实还原不断靠近，从而获得更科学、完整的古人类进化和生活过程，将来必向观众呈现出更加丰富多彩的古人类世界。

馆
藏
化
石

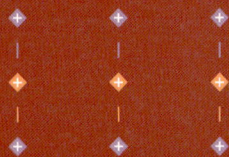

馆藏化石

罗绣春

　　地史（地壳的发展史）时期的贵州经历了海陆变迁，地理环境变化较大，沉积地层发育，化石极为丰富，省内分布着众多化石点，素有"古生物王国"之称。那些古老的岩层告诉我们，贵州长期被海洋覆盖，直到三叠纪末期才因地质运动抬升为陆地，这一特殊历程使贵州各时代地层的化石种类丰富，从低等的藻类化石到复杂的哺乳动物化石均有代表。为了更好地保护这些记录地球生命演化进程的化石，贵州省博物馆收藏了省内主要化石生物群及各时代地层的重要化石，包括无脊椎动物化石、脊椎动物化石及植物化石，登记在册共计1413件套。

一、地质背景

　　贵州省地处我国西南腹地，属云贵高原的一部分，地势西部较高，自中部往北、东、南三面下降，坡度陡峻。省内岩石地层发育齐全，自埃迪卡拉系至第四系均有岩层出露；海相地层的层序连续，蕴存有丰富的煤、磷、铝和锰等矿产资源；沉积类型多，是我国沉积地层发育主要地区之一。中、晚元古宙以海相碎屑沉积为主，古生代至晚三叠世中期则是海相碳酸盐沉积占优势，晚三叠世晚期以后则全为陆相碎屑沉积。

二、馆藏化石的主要特点

（一）馆藏化石时空分布广泛

贵州沉积地层发育，几乎所有的沉积地层均有化石分布，时空分布也较广泛，从埃迪卡拉系地层到第四系地层均有化石。这些各时代地层富含的化石，如埃迪卡拉纪的藻类、寒武纪的三叶虫、三叠纪的海生爬行动物、侏罗纪的恐龙及第四纪的哺乳动物等，贵州省博物馆均有收藏。

（二）化石保存较好

馆藏化石均品相较好，具有较高的展览及研究价值。化石保存好表现在多方面，主要是化石个体完整，绝大部分都没有破碎变形，生物结构清晰可见。馆藏化石的部分化石硬体细微构造完整，如奥陶纪的笔石，不仅笔石体完整可见，其附生的刺、瘤也保存较好；馆藏化石生物群还可见许多门类化石和同一属种不同发育阶段的个体完好保存在一起的情况，如关岭生物群有海生爬行动物、海百合、菊石、腕足类、双壳类、鱼类等几大门类的化石，充分反映出保存条件好及生态的多样性；此外，馆藏化石可见特异埋藏现象，如凯里生物群中出现的水母状等软躯体化石上可见清晰的黑色消化腔，充分反映出当时海水中泥质物快速沉积掩埋了生物，且这些生物当时生活在较宁静的浅海。

（三）馆藏化石组成

贵州的动物化石数量可观，馆藏化石也以动物化石为主，属种丰富，早期的无脊椎动物在数量上占有绝对优势，登记在册约有880件套（图1），脊椎动物化石数量相对较少，以三叠纪海生爬行动物为主。此外，我馆同时还收藏部分省内重要的植物化石。馆藏化石包含了省内重要的化石群，由老至新有埃迪卡拉纪的江口庙河型生物群、寒武纪的牛蹄塘生物群、杷榔动物群及凯里生物群，三叠纪的盘县动物群、兴义动物群及关岭动物群。这些化石群亦是贵州古生物王国的重要组成部分，其中，凯里生物群及关岭动物群尤为重要，为国际古生物学的研究提供了重要的地层及生物演化资料。

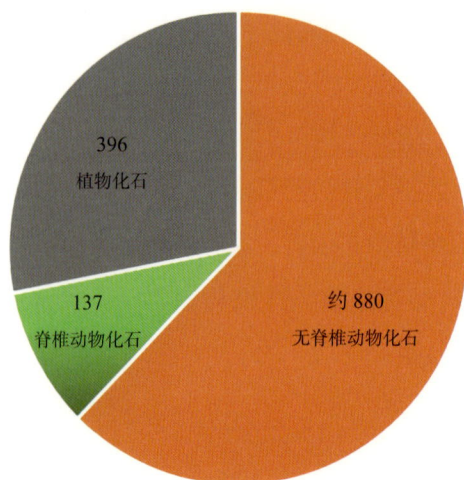

图 1：馆藏化石组成饼状图

三、馆藏化石介绍

贵州省博物馆目前主要按照省内生物群对化石藏品进行分类收藏，其次，对零散出处的化石按照门类与产地结合的方式进行收藏。我馆收藏有多个生物群的化石标本，主要有以下：

（一）凯里生物群

凯里生物群由贵州工学院地质系赵元龙、黄友庄及龚显英于 1982 年发现，因产于贵州省剑河县革东镇八郎村寒武系凯里组而得名，此后由赵元龙教授研究团队主持研究。化石保存于寒武系第 2 统和第 3 统凯里组中、上部灰绿色页岩、粉砂质页岩中，主要由藻类、多孔动物、腔肠动物、蠕形动物、叶足动物、软体动物、水母状化石、腕足动物、节肢动物、棘皮动物、遗迹化石等 11 大门类化石以及一些分类位置未定的化石组成。凯里生物群是全球三大布尔吉斯页岩型生物群之一，在生物组成上与布尔吉斯页岩生物群相似，地质时代介于澄江生物群及布尔吉斯页岩生物群之间，在澄江生物群与布尔吉斯页岩生物群间起承前启后的作用。该生物群展现了寒武纪第 3 世海洋及海洋生物的多样化，也是寒武纪生物大爆发的重要证据。

（1）馆藏凯里生物群的动物化石

腕足动物 Brachiopods　腕足动物是凯里生物群中属种仅次于节肢动物的一个门类，属种达 12 属，主要由舌形贝亚门、小嘴贝亚门组成。以舌形贝亚门为主，相当于过去的无铰纲。主要化石代表有舌形贝亚门圆货科小舌形贝 *Lingulella*、磷正形贝 *Lingulepis*、古圆货贝属 *Palaeoboulus*、乳房贝科乳房贝 *Acrothele*、乳房贝科林纳逊贝 *Linnarssonia*、神父贝科神父贝 *Paterina*、网形贝 *Dictyonina*、小帽贝 *Microtra*；小嘴贝亚门相当于过去的有铰纲，包括顾脱贝科顾脱贝属 *Kutorgina*、艾苏贝科的艾苏贝 *Nisusia* 及古贝壳 *Eoconcha*。贵州省博物馆收藏了丰富的腕足类化石，主要为乳房贝科林纳逊贝及艾苏贝（图 2-A）。

水母状化石 Medusiform animals　凯里生物群的水母状化石属种较少，但数量较多，最常见的化石是拟轮盘水母 *Pararotadiscus*（图 2-B）。许多拟轮盘水母标本上保存有节肢动物高肌虫、佩奇虫，腕足动物及遗迹化石等，表明凯里生物群具有复杂的生态现象。

棘皮动物 Echinodermats　棘皮动物为凯里生物群的特征门类，化石数量及类群均较多，包括海蕾亚门 Blastozoa 的始海百合纲 Eocrinozoa；海胆亚门的 Echionzoa 的海座星纲 Edrioasteroidea 及海扁果亚门 Homalozoa 的海箭纲 Homoiostenea，共 6 属，分别为中国始海百合 *Sinoeocrinus*，球形始海百合 *Globueocrinus*，短始海百合 *Curtoeocrinus*、几乎无茎的帽形海林擒 *Turbanicystis*、八榔海林擒 *Balangicystis*、凯里盘 *Kailidiscus*。以始海百合纲的化石居多，其中，中国始海百合及球状始海百合属化石极为丰富，我馆保存有较多的卢氏中国始海百合（图 2-C）和球形球状始海百合（图 2-D）。此外，也收藏有少量凯里盘化石。这些棘皮动物化石保存较好，许多标本保存有完整的茎、萼、腕枝。

软体动物 Molluscas　凯里生物群的软体动物由单板类、软舌螺及双壳类化石组成。我馆收藏有部分软舌螺及单板类化石标本。凯里生物群中单板类仅有小厄兰岛螺 *Oelandiella* 及朝鲜螺 *Coreospira* 2 属。其中小厄兰岛螺（图 2-E）数量较多。

节肢动物 Arthropods　凯里生物群的节肢动物非常丰富。由三叶虫、三叶形虫、高肌虫、大型双瓣壳节肢动物及狭义的节肢动物组成。

三叶虫 Trilobites 最为丰富，是凯里生物群中数量最多的一个类群，包括盘虫目、莱得利基虫目、耸棒头虫目、褶颊虫目等，以耸棒头虫目和褶颊虫目三叶虫为主，耸

比例尺均为 3mm。A. 艾苏贝 *Nisusia*；B. 拟轮盘水母 *Pararotadiscus*；C. 卢氏中国始海百合 *Sinoeocrinus lui*；D. 球形球状始海百合 *Globoeocrinus globulus*；E. 手风琴小厄兰岛螺（相似种）*Oelandiella cf. accordinonata*；F. 印度掘头虫 *Oryctocephalus indicus*；G. 兴仁盾壳虫 *Xingrenaspis xingrenensis*；H. 球形高台虫 *Kaotaia globosa*；I. 光滑加拿大虫（相似种）*Canadaspis cf. laevigata*；J. 足状拟藻迹 *Phycodes（Trichophycus）pedum*

图 2：馆藏凯里生物群部分化石

棒头虫目的掘头虫类属种较多，其中印度掘头虫 *Oryctocephalus indicus*（图 2-F）最为重要，是划分寒武系第 2 及 3 统界线的首现化石。我馆保存有大量凯里生物群的三叶虫，除印度掘头虫外，亦收藏有胸针球结子 *Peronopsis*、佩奇虫 *Pagetia*、掘头型虫属 *Orytocephaloides*、刺后节头虫 *Metarthricocephalus*、真节头虫 *Euarthricocephalus*、后杷榔虫 *Metabalangia*、布林氏虫 *Burlingia*、兴仁盾壳虫 *Xingrenaspis*（图 2-G）、高台虫 *Kaotaia*（图 2-H）等。

凯里生物群共有 10 属大型双瓣壳节肢动物（Large bivalve arthropod），主要特征是具有双瓣的甲壳，壳体两侧对称，扁平，体节分节多，部分或全部被包裹在体内，其中吐卓虫 *Tuzoia*、加拿大虫 *Canadaspis*、锐虾 *Persecaris* 等刺虫 *Isoxys* 在我馆均有收藏，以光滑加拿大虫（相似种）*Canadaspis* cf. *laevigata*（图 2-I）数量居多。

此外，我馆还收藏有奇虾 *Anomalocaris* 的附肢标本，奇虾个体较大，由扁平的身体和体前附肢组成，潜藏于海底捕捉食物。奇虾在澄江生物群及布尔吉斯页岩生物群也有保存。

（2）馆藏凯里生物群的植物化石

除动物化石外，我馆亦收藏有凯里生物群的植物化石即藻类化石。凯里生物群中的藻类化石是目前全球早古生代保存完好、属种较多、个体数量丰富的藻群之一，也是布尔吉斯页岩型生物群中最丰富的藻群，包括绿藻、褐藻及红藻等。形态类型多，共计 15 个属。其中，玛波利亚藻 *Marpolia*、裂带藻 *Fractibeltia*、拟丘阿尔藻 *Parachuaria*、玛拉利亚藻 *Marpolia* 及中华细丝藻 *Sinocylindra* 均在贵州省博物馆有收藏。

（3）馆藏凯里生物群的遗迹化石

贵州省博物馆除保存有凯里生物群的实体化石外，亦收藏有遗迹化石——保留在岩层中的生物活动的痕迹和遗物。凯里生物群的遗迹化石以节肢动物和软体动物的爬行迹、游泳迹及觅食迹为主，我馆主要收藏有爬行觅食潜穴的足状拟藻迹 *Phycodes*（Trichophycus）*pedum*（图 2-J）。

（二）盘县动物群

海生爬行动物主要生活在距今约 2.5 亿~6500 万年的中生代，贵州的海生爬行动物都生活在三叠纪。中三叠世的盘县生物群发现于贵州盘县新民乡及云南罗平。该生物群中的海生爬行动物化石非常丰富，目前，已经发现鱼龙类、鳍龙类（包括楯齿龙类与始鳍龙类）、原龙类、主龙类和赑屃龙类等诸多类群，还有丰富的鱼类、无脊椎动物及少量植物化石。贵州省博物馆收藏了部分该动物群的海生爬行动物及鱼类化石。

（1）馆藏盘县动物群海生爬行动物化石

混鱼龙 *Mixosaurus* 混鱼龙是盘县生物群重要的组成部分，其意为"混合蜥蜴"，是已灭绝的海生爬行动物。混鱼龙具有大而圆的眼孔和尖而长的吻部，尾巴较长，尾部有下鳍，同时具有背鳍，中部尾椎有加大的现象，与其他鱼龙一样，颈部极短。混鱼龙的外形介于早期鳗鱼外形的鱼龙类与较晚海豚外形的鱼龙类之间，具有过度性质。我馆目前尚未对新收藏的混鱼龙化石标本进行修理。

乌蒙龙 *Wumengosaurus* 乌蒙龙属于鳍龙类，是该类群最原始的成员之一。其体型不大，外形与肿肋龙相似，头部较小，具细密的牙齿。贵州省博物馆收藏有一件乌蒙龙化石标本 (图 3)，目前尚未对该标本进行修理。

丁氏滇肿龙 *Dianopachysaurus dingi* 丁氏滇肿龙与贵州龙同属贵州龙科，小型肿肋龙类。体型较小，不超过 1 米，头骨眶后部较眶前部长，眼眶直径大于上颞孔，牙齿锋利，捕食小型鱼类和虾类。丁氏滇肿龙的发现验证了肿肋龙起源于中国的生物地理学假说，恢复了中国古脊椎动物学的开创人杨钟健于 1965 年建立的贵州龙科。(图 4)

（2）馆藏盘县动物群鱼类化石

尼尔森翼鳕 *Pteronisculus nielseni* 尼尔森翼鳕 (图 5) 体型中等，具有两块眶后骨，顶骨的中侧凹不存在，上颞骨的后凹亦不存在。尼尔森翼鳕的发现具有重大意义，代表了翼鳕属在亚洲的首次发现，为支持三叠纪时期东、西特提斯洋之间存在生物交流的假说提供了新证据；此外，其发现也表明翼鳕属在早三叠世末期没有灭绝。

格兰德拱鱼 *Kyphosichthys grandei* 格兰德拱鱼 (图 6) 体型异化，外形近圆形，头骨和背鳍之间高高隆起，体高约为体长的 70%，游动速度不快。

图3（上）：馆藏乌蒙龙 *Wumengosaurus*（未修理）

图4（中）：馆藏丁氏滇肿龙 *Dianopachysaurus dingi*

图5（下）：馆藏尼尔森翼鳕 *Pteronisculus nielseni*

图 6（上）：馆藏格兰德拱鱼 *Kyphosichthys grandei*

图 7（下）：馆藏安氏马可波罗鱼 *Marcopoloichthys ani*

安氏马可波罗鱼 *Marcopoloichthys ani* 安氏马可波罗鱼（图7）个体较小，全身裸露，几乎无鳞片覆盖，上颌骨前端呈叶片状，上、下颌骨表面具有纵向的脊纹；脊柱没有骨化或钙化的中心。

除上述鱼类化石外，贵州省博物馆亦收藏有盘县动物群中的苏氏圣乔治鱼等化石，这些精美的鱼类化石标本均在我馆基本陈列"古生物王国"展厅展出。

（三）兴义动物群

兴义动物群分布于贵州兴义、安龙等地，化石产自法郎组竹杆坡段，在云南富源也有较多出现。兴义动物群中已知的爬行动物包括海龙类、楯齿龙类、始鳍龙类、原龙类、主龙类和鱼龙类，并有丰富的鱼类和无脊椎动物。该动物群不仅包括海洋爬行动物，还有个别陆生类群（如巨胫龙）以及海陆两栖类群（如滇东鳄）。贵州省博物馆收藏有该动物群中的部分动物化石。

（1）馆藏兴义动物群海生爬行动物化石

胡氏贵州龙 *Keichousaurus hui* 　1957 年 7 月，中国地质博物馆胡承志在兴义市顶效镇绿荫村发现一些保存精美的化石。这些化石标本经中国科学院古脊椎动物与古人类研究所著名古生物学家杨钟健先生研究并命名，属鳍龙目肿肋龙科，并以产地贵州为属名，以最初采得化石提供研究的胡承志先生的姓氏作为种名，胡氏贵州龙 *Keichousaurus hui* 由此得名。胡氏贵州龙 *K. hui* 是云贵地区三叠纪中期较为常见的动物，也是我国第一种研究并命名的海生爬行动物，也是原始鳍龙类在亚洲的首次发现。我国的贵州龙是最小的鳍龙类之一，它们有着长长的颈部和尾部，头骨很小，眼孔较大。贵州省博物馆收藏有大量胡氏贵州龙化石标本（图 8）。

图 8：馆藏胡氏贵州龙 *Keichousaurus hui*

幻龙 Nothosaurus 幻龙为中等体形的始鳍龙类，形似蜥蜴，可达3米以上，四肢非桨状。研究发现，幻龙常同时用前肢推动前行，而不是交替使用，且幻龙可用前肢在泥质海底移动，搅动海底松软沉积物，借机捕食惊动的鱼类等。贵州省博物馆收藏有品相精美的幻龙化石（图9）。

乌沙安顺龙 Anshunsaurus wushaensis 贵州省博物馆收藏的这件乌沙安顺龙标本（图10）比较特殊，与我们常见的化石标本不同，岩石由于赤铁矿的浸染而呈现粉红色，而化石已经完全硅化，骨骼呈白色。化石通常是骨骼中的磷酸钙被地层中的碳酸钙替代，而这件乌沙安顺龙标本是在很特殊的地质条件下被二氧化硅替代，故标本较罕见。

（2）馆藏兴义动物群的鱼类

龙鱼 Saurichthys 龙鱼（图11）与鱼龙名称相关，外形也颇为相似，如细长的体型及前突的吻部，但龙鱼是鱼，最显著的特征是身体裸露无菱形硬骨，体表一般有四行骨板，背部、腹部及左右两侧各一行。龙鱼类最早的化石发现于二叠纪，繁盛于三叠纪，在我国华南海相三叠纪地层中分布较广。其种类繁多，在食物链中处于捕食者的位置，根据其形态功能分析，推测龙鱼与现生的梭子鱼类似，具有快速捕食的能力。

空棘鱼类 Coelacanthiforms 空棘鱼因脊柱中空而得名，现在仅拉蒂迈鱼还生活在印度洋的深海中，是典型的活化石。一直以来，人们认为空棘鱼类已经灭绝，直到1938年在南非印度洋里捕捞到一条拉蒂迈鱼。空棘鱼的尾鳍一般为圆形，除上、下叶外，还有一中轴叶，鳍条不分叉。在我国华南晚二叠统—晚三叠统地层中产出部分空棘鱼化石，说明这类生物在我国华南古代海洋中生活了近四千万年。目前，空棘鱼类化石标本（图12）正在贵州省博物馆基本陈列"古生物王国"展厅展出。

（3）馆藏兴义动物群的无脊椎动物

兴义生物群中还有大量的无脊椎动物，贵州省博物馆主要收藏了该生物群中较常见的糠虾 Mysids（图13）。

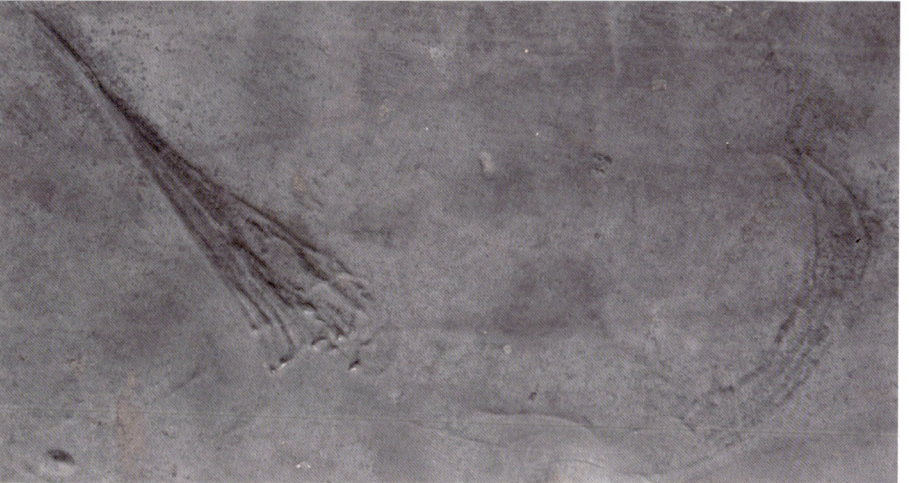

图 9（上）：馆藏幻龙 *Nothosaurus*

图 10（中）：馆藏乌沙安顺龙 *Anshunsaurus wushaensis*

图 11（下）：馆藏龙鱼 *Saurichthys*

图 12（上）：馆藏空棘鱼类 Coelacanthiforms

图 13（下）：馆藏糠虾 *Mysids*

（四）关岭动物群

关岭动物群分布于关岭布依族苗族自治县新铺乡及周边地区，被誉为世界罕见化石库，是继澄江生物群和热河生物群之后，我国古生物调查的又一重大发现。该动物群的化石产自法郎组瓦窑段，富含中到大型的鱼龙类、海龙类以及鳍龙类中的楯齿龙类，偶见龟类、两栖类、鱼类和少量植物化石。关岭动物群中的无脊椎动物化石以菊石和海百合为主，另有大量双壳类。中三叠世末期由于全球大海退，世界上许多地区晚三叠世初期没有化石记录或保存不好。像关岭动物群这样蕴含丰富海生脊椎动物和无脊椎动物的晚三叠世化石库十分难得。

（1）馆藏关岭动物群海生爬行动物化石

萨斯特鱼龙 *Shastasaurus*　鱼龙体型类似鱼与海豚，是一种体型较大的海生爬行动物。萨斯特鱼龙体长可达 3 米以上，已知最大完整个体长达 7 米，吻部长，牙齿尖锐。萨斯特鱼龙的鳍包括前鳍、后鳍和尾鳍，前鳍和后鳍由四肢演化而来。由于其肢骨不发达，其鳍状四肢可能不是游动时用来加速，而是用来稳定和转向的。贵州省博物馆收藏了 1 件萨斯特鱼龙标本（**图 14**），这件标本与其他同种标本稍有不同，化石虽保存较好，但其身体扭曲，尾部向前收缩至腹部，可以推测这条萨斯特鱼龙死前遭受了痛苦，且死后遗体未被较大破坏，可能是海底发生了特殊事件，使其迅速被埋藏，保存至今。

周氏黔鱼龙 *Qianichthyosaurus zhoui*　黔鱼龙体长一般为 1~3 米，周氏黔鱼龙吻部短而尖，只占头部的一半左右，脑颅相对较大，整个头骨看上去与鸟类头骨轮廓相似，眼眶呈圆形，牙齿呈密集排列的锥状，背部脊柱向上弯曲，尾巴中后叶明显向下折弯。为食肉鱼龙类，具有较强的游泳能力。贵州省博物馆收藏有 1 件周氏黔鱼龙化石标本，该标本目前尚未被修理。

（2）馆藏关岭动物群无脊椎动物化石

菊石 *Ammenoids*　菊石最早出现于泥盆纪海洋中，三叠纪时期达到繁盛，广布世界各大海洋。菊石是关岭动物群的重要组成分子，数量丰富，但属种较单调，主要是粗菊石。

创孔海百合 *Traumatocrinus*　海百合因其外形类似百合花而得名，常固着在海底或浮木上，用长长的腕枝搅动海水，从海水中觅食微生物。5 亿年前海百合就出现在地球上，至今在深海中依然可以见到它们的身影，是典型的"活化石"。三叠纪时期

图 14：馆藏萨斯特鱼龙 *Shastasaurus*

海洋中有非常丰富的海百合，这些海百合死亡后钙质茎、萼板多脱落，保存为离散的化石碎片。完整的海百合化石非常珍贵，可以为古生物研究提供资料。在关岭动物群中保存有大量完整的海百合化石，部分化石还保留着完整的冠、茎及固着器，这也证明关岭动物群存在特异埋藏的现象。贵州省博物馆保存有大量关岭动物群中的创孔海百合标本（图15）。

图15：馆藏创孔海百合 *Traumatocrinus*

（五）其他重要化石

（1）恐龙

侏罗纪时期，贵州从海洋转变为陆地，此时恐龙成为这片陆地的统治者。贵州省博物馆在平坝及息烽发掘出土了大量恐龙骨骼化石，目前，我馆登记在册的恐龙骨骼化石约有54件（套）。此外，在习水、赤水、仁怀及毕节等地发现大量恐龙足印化石，我馆收藏的恐龙化石品相较好，具有较高的研究及展览价值（图16）。

（2）哺乳动物化石

贵州省博物馆收藏有大量第四纪时期的哺乳动物化石（图17），这些化石分布范围广，延续时代也较长，从更新世早期至更新世晚期。我馆收藏的哺乳动物化石主要为动物肢骨化石及牙齿。值得一提的是，我馆还收藏有部分动物的头骨化石，如东方剑齿象的头骨、大熊猫头骨及貘的头骨等化石标本，这些化石标本目前均展示于我馆

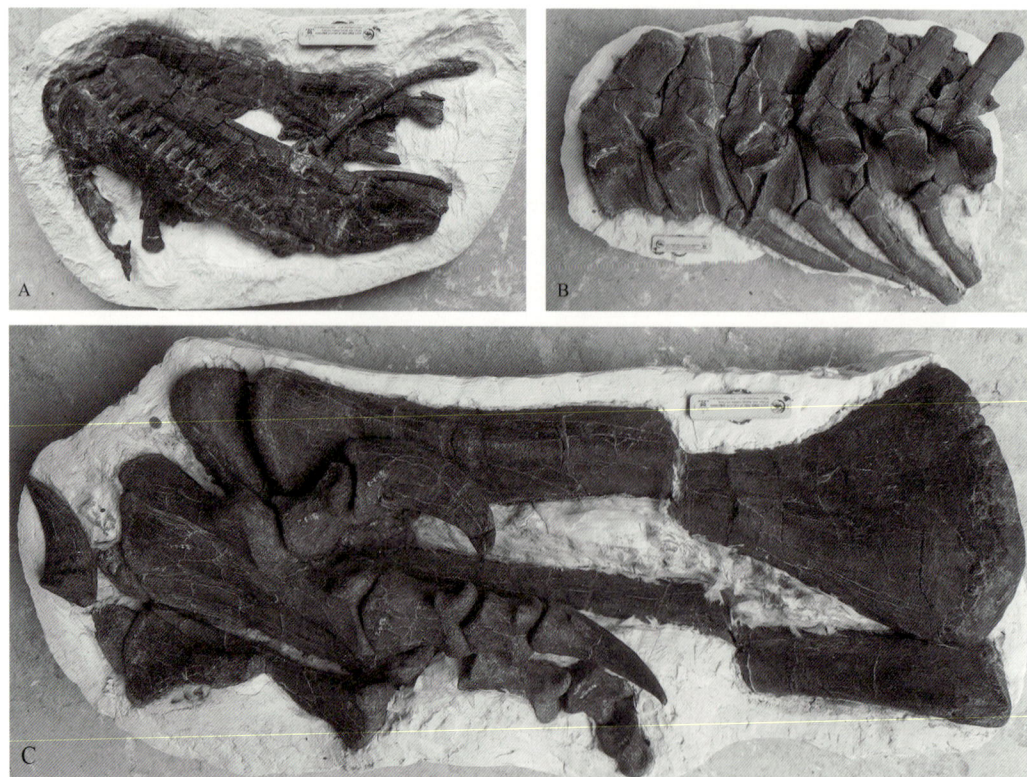

图16：馆藏恐龙骨骼化石：A 恐龙头骨；B 恐龙前部尾椎和脉弧；C 恐龙关联的左胫骨、腓骨及足骨

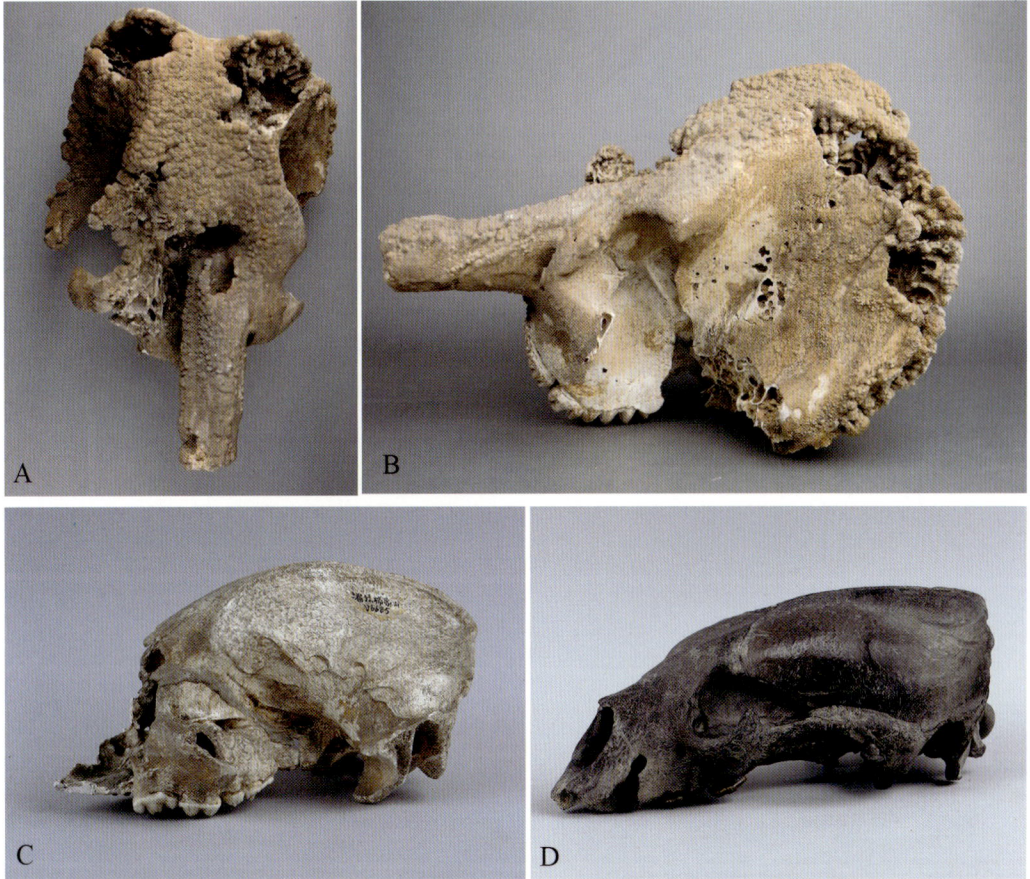

图 17：馆藏哺乳动物化石：A 东方剑齿象头骨顶视；B 东方剑齿象头骨侧视；C 马头骨；
D 大熊猫头骨侧视

基本陈列"古生物王国"展厅。这些哺乳动物化石的收藏具有重要意义，如通过水牛和水鹿的研究，可以了解到当时该地区有大面积的水域或沼泽地。

四、结语

贵州拥有丰富的古生物资源，具有得天独厚的古生物研究优势。贵州省博物馆作为省内最大的综合性博物馆，收藏有省内各时期重要的古生物化石，从肉眼不可见的微体化石到体型庞大的恐龙化石，均有收集，旨在向观众展示地史时期的贵州。我馆收藏的部分古生物化石品相好，修理精细，尤其是三叠纪时期的部分海生爬行动物及侏罗纪恐龙骨骼化石等，经过专业修理后，其细微的生物构造特征均可见，为这些古生物的研究提供重要资料。现在我馆展出的只是部分古生物藏品，今后我馆将通过与其他博物馆合作，让我们的化石藏品走出去，让更多观众认识贵州；也将省外的化石引进来，向观众展示贵州以外的地史时期的地球生命，让化石成为厚重的语言，使观众通过展览，感受自然的魅力与生命的神奇。目前，我馆的化石藏品从数量上看以无脊椎动物化石居多，我馆今后将重点收藏脊椎动物及植物化石，完善化石馆藏类别，更好地向观众展示贵州"古生物王国"的魅力。

馆藏革命文物

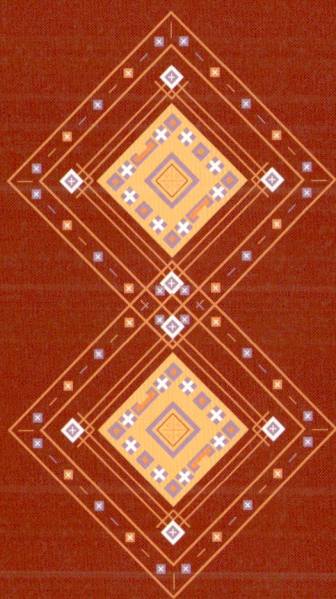

馆藏革命文物

胡永祥

　　革命文物作为近现代文物的重要组成部分，见证了中国革命历史的演变发展。按照 1950 年中央人民政府政务院发布《征集革命文物令》的相关要求，我馆自筹建之初，即着手搜集散落在省内各地反映近现代革命历史的实物和资料，曾多次组织人员分赴全省开展征集工作，老一辈博物馆人克服重重困难，跋山涉水、进村入户，征集成果丰硕。在贵州省博物馆筹建过程中，故宫博物院、贵州省军区、贵州省档案馆、关岭县政府、赫章县委、思南县文化馆等部门和机构先后拨交了一批珍贵的革命文物，极大地丰富了我馆革命文物藏品数量。除此之外，社会各界人士也向我馆捐赠了大量宝贵的实物及资料，进一步填补了革命类藏品征集空白。迄今为止，累计搜集整理各类革命文物 1000 余件。

　　与其他类型藏品相比，我馆革命文物藏品内容丰富，品类庞杂，其中以纸质类文物居多，木质类和金属类其次，丝织品少量，是贵州百年间重大革命历史事件的实物见证。本文从文物属性着手，按其年代分为 1911 年以前、1911 年至 1949 年和中华人民共和国成立初期三个阶段，选取各个时期具有代表意义的文物进行介绍。

一、1911 年以前

　　这一时期的文物藏品主要是从黔东南、黔西南、安顺等地征集得来，部分通过拨交方式获得，藏品包含了白号军朱明月江汉八年"誊黄"布告、水城团练团旗、"果勇侯"杨芳指挥战旗、黄号军"宋朝皇印"、太平天国钱币、各种武器装备和少量碑文地契，是咸、同年间我省苗、水、回、侗等民族反抗清政府封建统治的有力见证。其中，武器装备种类比较丰富，不仅有起义军用来抵抗清军的各类刀、锐叉、弩箭、梭镖、土枪、铁铜、长矛、铁锤和铁甲衣，也有清军镇压农民起义的洋枪和洋炮。为了反抗统治者的血腥镇压，起义农民把部分生产生活物件也充作武器，最终还是敌不过清军的洋枪、洋炮，这批武器多为铜、铁、木等合制而成，由于金属易氧化，已出现不同程度的锈蚀。

（一）白号军朱明月江汉八年"誊黄"布告

朱明月起义"誊黄"布告 1 张，1955 年征集，长 182 厘米，宽 113 厘米，木刻墨印宋体字，共 38 行，四周有宽约 12 厘米的花边，刻海潮、红日、云龙等纹饰，款署"大明江汉八年月日"。（图 1）清末咸、同年间，贵州爆发了大规模的各民族农民起义，其中，朱明月是活动在贵州乌江两岸的白号军主要首领之一，原名张保三，

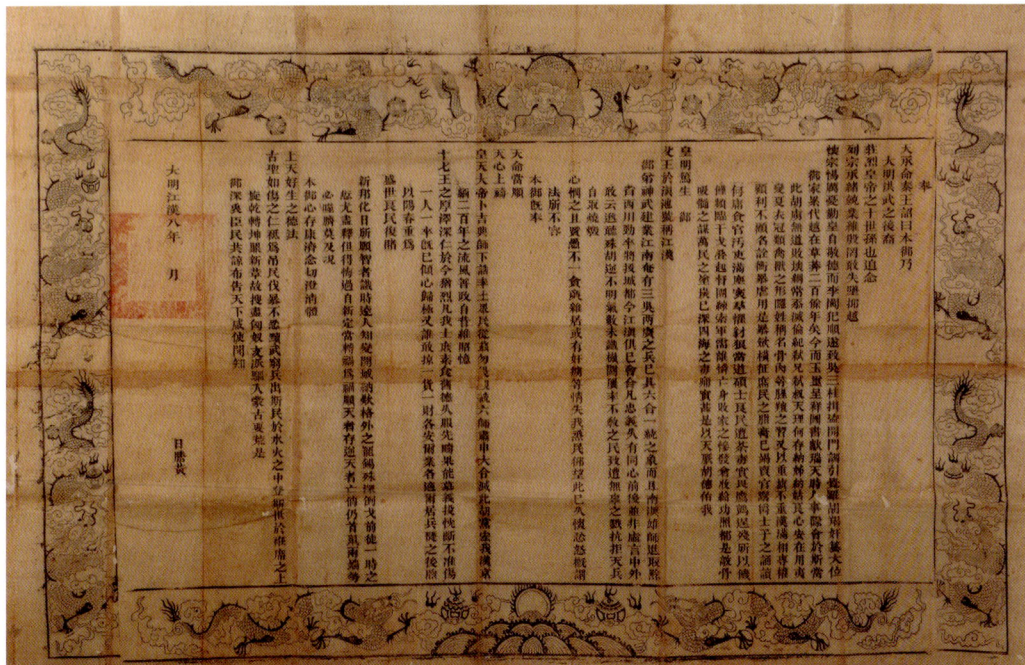

图 1：朱明月起义"誊黄"布告

遵义新舟人，咸丰十年（1860）参加起义，"诈称明裔"，改名为朱明月。咸丰四年（1854），教军杨龙喜在桐梓平坝起义，建号"江汉"，以是年为"江汉元年"。朱明月袭此年号，故"同治元年"（1862）为"江汉八年"。而"誊黄"是封建社会里用黄纸誊写的皇帝诏书副本，朱明月志在恢复"朱家天下"，故将颁发的文告称为"誊黄"。

"誊黄"布告内容可概括为三个方面：第一，以反清复明相号召；第二，分析了全国革命形式，肯定友军的功绩，并以此鼓舞斗志；第三，申明义军纪律和安抚社会秩序。可以说，其内容涉及起义目的、战斗纲领、策略等，具有强烈的民族意识与阶级觉悟，集中反映了清末贵州各民族反压迫、反剥削的意志和要求，控诉清政府的罪恶和统治，是一件非常珍贵的文献资料。

（二）侗族农民起义军铁甲衣

侗族农民起义军的铁甲衣，1959 年征集于黎平，长 77.5 厘米，肩宽 44 厘米，腰围 101 厘米。用长方弧形铁片连缀而成，有领、护肩和前后缀，无头盔。（图 2）连缀铁片的圆形细铁链系手工打制，每块铁片的四角钻有穿栓铁链的小孔，因铁片与铁片之间的链扣都是牢而不死，因此披甲者无硬如铁桶之感。

清咸丰和同治年间，贵州天柱、剑河、三穗、锦屏爆发了以姜映芳为主要领袖的侗族农民起义，历时 14 年之久。其势力遍及黔东南地区及湖南西部之晃州、会同与靖县。铁甲作为防御装备，在对抗清军火器散弹及刀矛锐器的攻击上，有较好的防护作用。

图 2：侗族农民起义军铁甲

图 3（上）：清军镇压农民起义用的短洋枪

图 4（下）：回民起义单刀

（三）清军镇压农民起义用的短洋枪

枪长 38.5 厘米，枪管口径 2.1 厘米，1959 年征集于凯里舟溪。（图3）装填火药和铁砂，扣动扳机引燃火子，火药和铁砂即从枪口迸发而出，具有很大的杀伤力。清代咸、同年间，在太平天国运动的影响下，贵州爆发了大规模的反帝反封建农民运动，清朝统治者从西方列强处购买了大量洋枪、洋炮用于镇压农民起义军。

（四）回民起义单刀

这是一件近代贵州回族人民起义战士的遗物，为安顺保健行先生捐赠，长 69.5 厘米，宽 4 厘米。骨柄内弯，刀背直伸，刃呈弧形，前端锐尖。（图4）咸丰八年（1858）在贵州西南部地区，爆发了以张凌翔、马河图为首领导的回民"白旗军"大起义，斗争持续达 14 年之久，转战"盘江八属"广大地域，攻克府、厅、州、县城池达 10 余座。起义因胡博理、任国柱之流的直接介入与阴谋破坏而失败。

查阅相关文献资料，我们逐步掌握了藏品反映的农民革命运动历史情况，对贵州咸、同农民起义过程有了更加深入的了解。可以肯定的是，受太平天国运动的影响，贵州各地农民纷纷拿起武器反抗清政府的封建统治和压迫。这次运动是贵州建省以来规模最大、持续时间最长的农民运动，尽管遭到清政府的血腥镇压，未能成功，但无疑是农民阶级打出的一记反帝国主义和封建主义的重拳。

二、1911年至1949年

1840年以来的农民运动迈出了中国革命的第一步，1911年爆发的辛亥革命则直接将革命运动推向了新的高潮，到1949年中华人民共和国成立，贵州发生了一系列重大的革命运动。较其他两个时间段而言，这一时期的文物藏品涉及革命活动最多、征集来源最广、种类最丰富、历史意义最重大，是我馆开展革命历史文化研究工作的重点。因此，我们将这一时期文物按以下几个类别进行分类说明。

（一）贵州辛亥革命文物

我馆反映辛亥革命的文物基本为纸质类文物，包含了报刊、日记、布告、文献、委任状、纪功碑、照片、徽章、电码本、传单、请愿书等。其中，具有代表意义的有贵州出版最早的报纸——《黔报》，贵州辛亥革命胜利后第一号安民告示——《大汉贵州军政府令》，反映军阀残忍杀害起义新军的《贵州之血腥录》等。

清末民初，维新思想传入贵州，经过不断催化，贵州出现了两个资产阶级政治团体，即"自治学社"和"宪政预备会"。两派为发展各自的势力，竞相办报，《黔报》《贵州公报》为宪政派控制，自治学社则创办了《西南日报》，两派因政见不和，经常利用报刊发表言论攻击对方。1911年11月3日，以张百麟等为核心的自治学社召集贵州各界力量发动起义，宣布贵州光复，并成立大汉贵州军政府。

1.《黔报》

《黔报》是贵州出版最早的一种报纸，由贵州立宪派人士创办于清光绪三十三年（1907）。馆藏《黔报》为贵州省文史馆贺辛侪先生捐赠，共四张，官堆纸印刷。清光绪三十四年（1908）一张，高51厘米，宽65.5厘米。另三张时间为宣统三年（1911），高64.5厘米，宽81厘米。(图5) 内容包括当时政治、经济、文化、风俗、书刊介绍、新闻广告等。

清光绪三十三年，唐尔镛出任贵州教育会长，任可澄出任黔学会长。之后，思想倾向于唐、任二人的于德楷接任黔学会长并筹办《黔报》，聘任周素园（名培艺）任主编。唐、任涉足政坛后，每每令主笔先日送稿审核。《黔报》遂为宪政派人士所控制，为宣传君主立宪鸣锣开道。周素园是自治学社发起人之一，因政见不合，遂离开

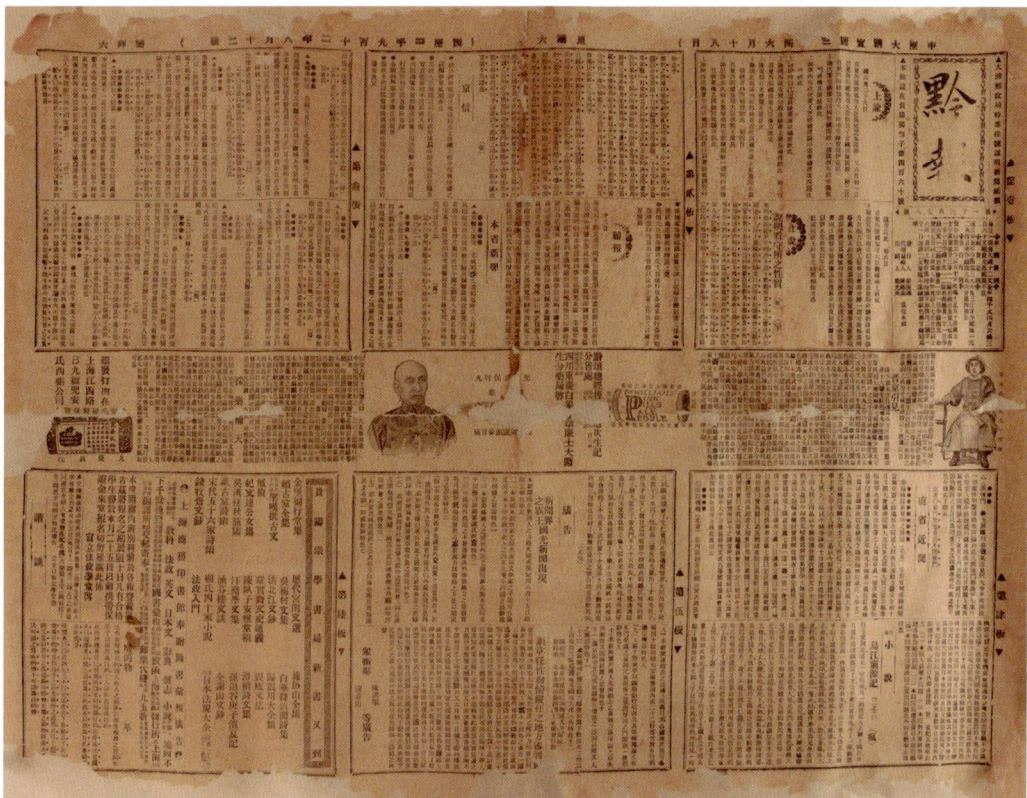

图 5 :《黔报》

《黔报》，其后由陈延棻任《黔报》主笔。

2.《大汉贵州军政府令》

《大汉贵州军政府令》纵 65 厘米，横 57 厘米，白皮纸石印扁体宋字。以横排"大汉贵州军政府令"作标题，正文为"贵州宣布独立，已于前日举行。所有专制苛政，一切扫除勿存。创此空前盛举，人民更庆再生。无论官绅士庶，各自安堵勿惊。倘有藉端骚扰，立予斩首不徇。为此剀切晓谕，其各一体懔遵"。共六行，每行分上下两句，自右而左直排。标题"州""军"之间，钤有紫泥大印，长方形，长 11 厘米，宽 7 厘米，阳文篆书，文曰"大汉贵州军政府关防"。（图6）1961 年 9 月，由岑巩县城九旬老人聂宝堃先生捐献。

1911 年 10 月，中国爆发了资产阶级民主革命，推翻了几千年的封建专制统治，

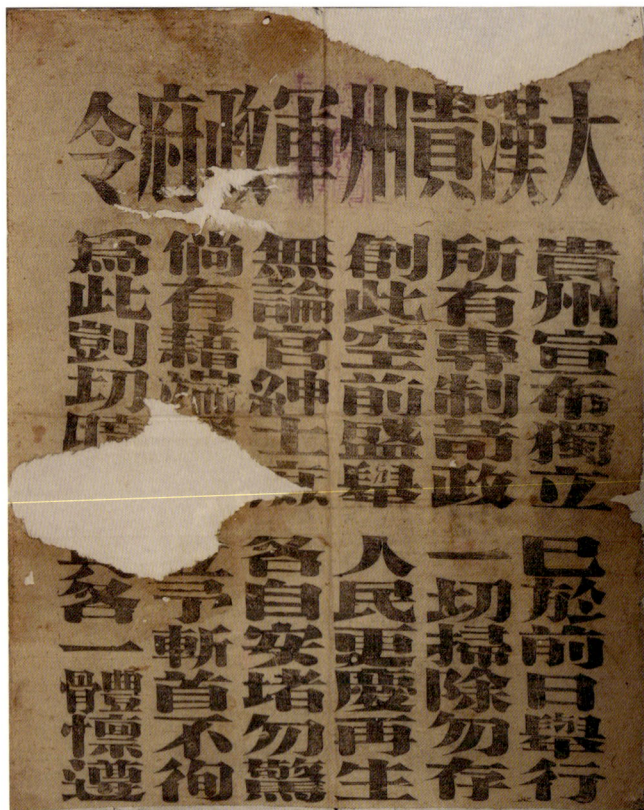

图 6（左）：辛亥革命时期
《大汉贵州军政府令》

图 7（右）:《贵州之血腥录》

建立了资产阶级民主共和国。贵州以自治学社领导的民主革命派夺取政权，宣布贵州光复，成立大汉贵州军政府，以杨荩诚为都督。另设枢密院，以张百麟为院长。各地设府、厅、州、县。大汉贵州军政府成立后，选举出一批新的领导人，制定了一系列革命措施，发布了《檄文》《示谕》和《大汉贵州军政府令》等文告。贵州辛亥革命后，军政府发布的重要文告流传至今的为数甚少，反映独立伊始的文献更是吉光片羽，极其罕见。《大汉贵州军政府令》作为贵州辛亥革命胜利后由临时军政府发布的第一号安民告示，更显珍贵。

3.《贵州之血腥录》

《贵州之血腥录》纵 26.3 厘米，横 146.5 厘米，折缝处上部破裂，无年月款识，后附有"洪江会议决议""黎副总统致谭都督电""国务院电"。（图 7）1960 年，由贵阳陈纯斋先生捐赠。

贵州辛亥革命胜利后，大汉贵州军政府仅仅维持了三个月，便爆发了"二二政变"，军政府陷于混乱状态。1911 年 12 月 20 日，宪政派利用张百麟出巡在外之机，以枢密院的名义向蔡锷发电，要求滇军以北伐取道为名"代定黔乱"。这完全投合了滇军扩大势力的愿望。1912 年 1 月 27 日，蔡锷派唐继尧为司令，带兵三千"入黔"，消灭贵州资产阶级革命派的力量，扶持宪政党等势力。贵州历史从此进入了军阀统治时期。钟昌祚、赵德全、许阁等大批革命党人被杀害，各府、厅、州、县的自治学社负责人也先后被捕杀。约 1600 名新军士兵被集体枪杀于螺丝山麓阳明洞旁，当时"尸积成丘，血流彼道，被民间称为万人坑"。被迫逃亡出省的自治学社成员和革命人士在大江南北奔走呼号，揭露黔变真相，控诉唐继尧集团的罪行，为无辜死难者鸣冤。其中，流亡于京津的周培艺、方敦素等 86 人的《贵州之血腥录》就是在这种历史背景下发表的。

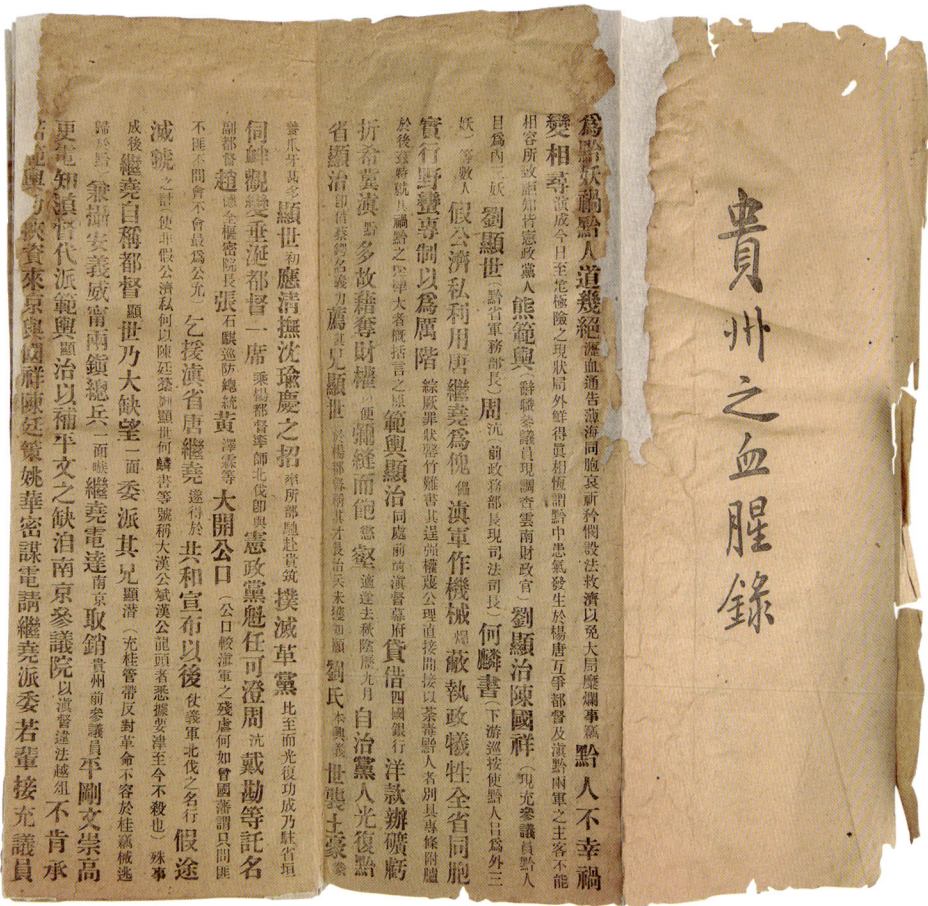

（二）红军入黔文物

1930 年到 1936 年间，中国工农红军第七军、第八军转战黔东南、黔西南；中央红军长征经过贵州，在遵义召开了举世闻名的遵义会议，挽救了中国革命；红二、六军团先后在黔东、黔西北建立革命政权；红军足迹踏过的全省 60 余县，沿途遗留了大量的文物，这些文物包括文献、武器弹药、布告、木板标语、传单、通知、收据、委任状、通俗读物、照片、货币、印章、生活学习用品及打土豪分予群众的果实。如中国工农红军"福州"政治部布告、红六军团木板标语、"出路在哪里"传单、高坪区抗捐委员会木印等文物，集中反映了中国工农红军带领农民打土豪、分田地、消灭封建势力的决心，同时也唤醒了广大群众抗日反蒋的思想觉悟和认识；红军连长陈树容给农户的买猪条是红军长征过程中钢铁纪律的最好印证；渡赤水河搭浮桥所用的门板不仅是民众支援红军渡赤水河的有力物证，也体现了人民红军高度灵活机动的回旋运动战方针，有效地歼灭了敌人，取得攻占遵义城的重大胜利。

1. 中国工农红军"福州"政治部布告

布告呈长方形，白棉纸油印，长 39.6 厘米，宽 28.5 厘米，正楷字体；标题和年款双线勾勒，"福州"二字加引号，共七行。（图 8）1959 年贵州省档案馆拨交。

全文为："据当地工农群众密报，陈蒋灵是地主阶级，遵照苏维埃法令，没收其全部财产分发给工农劳苦

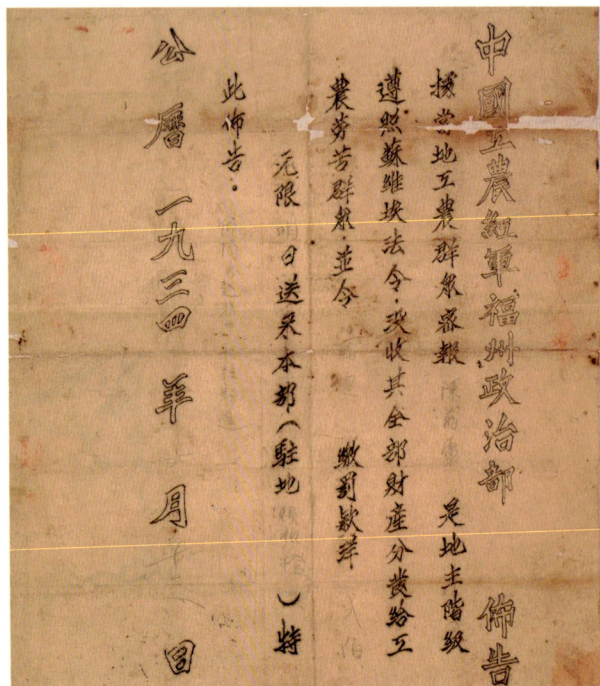

图 8：中国工农红军"福州"政治部布告

图9：中央红军过赤水太平渡搭
浮桥的门板

群众，并令陈蒋灵缴罚款贰佰元，限明日送来本部（驻地懒板凳），特此布告。仰同志赵精中协往勒追。公历一九三四年一月十三日。"除油印的文字外，其余皆用钢笔填写。打土豪、分田地、消灭封建势力，是中国共产党的政治纲领之一。长征途中，处于流动状态，未能实行分田地，采取对地主罚款形式作为红军给养的重要来源之一，没收其可移动的财产分发给工农，借以发动群众。这张布告是公开张贴之用，"福州"是红军三军团的临时代号。

2. 中央红军过赤水太平渡搭浮桥的门板

该门板为双合门之一，单边上下有轴，通体完整，长176.7厘米，宽57.7厘米。（图9）1935年春，中央红军四渡赤水，由太平渡搭浮桥过河，向贵州进发，这块门板即当年渡河时搭浮桥所用。

1935年2月11日，红军分两路从扎西回师东向二渡赤水。军委纵队及红一军团等部，19日从太平渡过河需搭浮桥，但材料不够，老百姓把自家的门板、床板卸下来给红军搭浮桥，红军过河后，用刀把对岸的绳子斩断，板子又顺着河水漂回来，还给老百姓。红军四渡赤水实行高度灵活机动的运动战方针，积极寻求战机，有效地歼灭敌人。二渡赤水回师贵州后，取得了攻打娄山关、再占遵义城的重大胜利。

3. 红军买猪条

红军买猪条1张。楮皮纸，纵17.1厘米，横12.6厘米。墨笔书写，共7行。全文为："收到红军部连买赵姓肥猪一只，国票壹拾伍元正，每张即付银币壹元。我军走后，转来在（再）用。此致。连长陈

图 10（左）：红军买猪条

图 11（右）：红六军团木板标语

树容。公元一九三五年阳历二月二十号。"（图10）1935 年 2 月，红一方面军的一个连队在遵义凉水乡民正村宿营，杀了农民赵金和家一只肥猪改善生活，按照当地时价，应付给银币 15 元，遂折合如数之苏维埃币。这是买卖双方临时商定的兑换办法，空口无凭，乃书写此字条为据，声明"我军走后，转来在（再）用"。赵金和坚信红军走后，还会"再来"，坚信红军战士的诚实不欺，小心地将字条保存在一个小木匣子里。从这张买猪条的"故事"中可以想象当年黔北人民对红军的拥护爱戴之情。此物于 1954 年中国人民银行贵州省分行拨交。

4. 红六军团木板标语

该木板标语为木质方形，高 106.2 厘米，宽 123.3 厘米，厚 1 厘米。由宽窄不等的八块木板组成，加工时背面以三条横木加固。标语用墨笔书写，字迹不规整，共十行，上文："白军士兵暴动起来，加入红军抗日先遣队去，白军士兵要向官长算清欠饷，回家打土豪分田地。"落款"红军□□□□"（后四字已不清）。（图11）这是当时红六军团西征，到达印江县木黄时，写在木黄街民居的一块木板上的标语，成为红二、红六军团历史性会师的见证。

（三）抗日救亡文物

我馆关于抗日救亡的文物包含抗战中缴获日军的战利品、各类抗日救亡团体印发的进步刊物、抗日游击战术研究书籍、"民先"印发宣传抗日传单、"二四"大轰炸中死难市民的血衣帽、国民革命军第十九路军铁血纪念章、沦陷区日军强行使用的日元货币和日本投降《朝报》号外。其中，缴获的战利品有指挥刀、子弹箱、军用饭盒、擦枪通条、军用挎包等；进步刊物中则有地下党组织"贵阳筑光音乐会"印发的慰问抗日战士歌篇、李大钊主编的《新青年》、安顺学生编印的《同仇》等。

抗战期间，处在大后方的贵阳同样遭到了日寇的轰炸，贵阳市民死伤无数，房屋损毁严重；浙江大学等高校纷纷内迁贵州，将救亡活动与文艺宣传结合起来，积极宣传抗日；与此同时，民间各种文艺社团异常活跃，使得贵州群众抗日情绪日益高涨。1944 年，日军进犯黔南独山、荔波和三都等地，当地民众奋起抵抗，体现中华民族不畏强敌、不屈不挠的精神。1945 年 8 月，日本宣布无条件投降。

1. 日本军刀

钢制长条形军刀，无刀鞘，刀身有锈迹，刀把用麻绳缠绕，整刀长 87 厘米，刀刃长 64 厘米，刃宽 2.5 厘米。（图 12）1934 年，熊兴瑞加入红军并随部队长征，后又加入八路军参加太原会战，此刀是他在参加山西柳林的一次战斗中从日军手中缴获的，他曾用这把战刀在一次夜袭敌人的战斗中砍杀数名日军。此刀不仅反映了中华民族奋勇抗日的顽强精神，也是日本发动侵华战争的有力罪证。新中国成立后，熊兴瑞一直十分珍惜地保存，1977 年，他将此刀捐赠给贵州省博物馆。

2. 日军子弹箱

子弹木箱长 46 厘米，宽 22 厘米，高 21 厘米，周边包铁皮，盖上钉帆布一层，正面装金属绊扣，正背面钉皮带两根，可背可挂。（图 13）1944 年，日军侵入三都，沿途烧杀抢劫，当地人民纷纷拿起武器奋力抵抗。其先头部队窜入九阡区水昂寨时，遭到水族农民石昌贤等十余人伏击，日军仓皇逃走时遗落部分军用物资，子弹箱便是其中之一。当时箱子里除了子弹外，还有饼干、糖果等物品。1965 年，石昌贤将其捐赠给博物馆。

图 12（上）：三都水族农民缴获的日本指挥刀

图 13（下）：日军子弹箱

3.《黄河船夫曲》歌本

歌本高 17.2 厘米，宽 13.1 厘米，封面和目录页残破，油印，毛边纸装订，歌本印有《黄河船夫曲》《黄河颂》《黄河之水天上来》《黄河谣》《怒吼吧黄河》等歌曲，是抗战时期贵阳筑光音乐会印发的。（**图 14**）贵阳筑光音乐会是 1937 年至 1940 年间在中共贵州地下党组织领导下成立的抗日救亡团体，主要利用音乐来进行抗日救亡宣传活动。1979 年，周德程将其捐给博物馆。

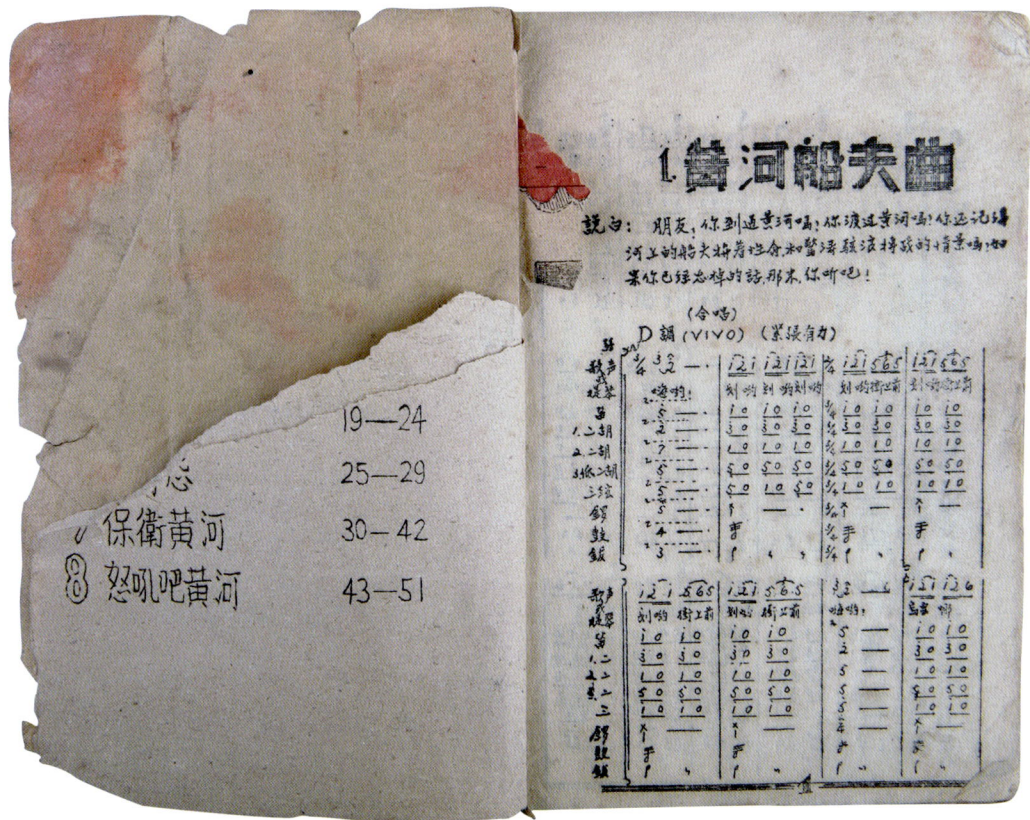

图 14 :《黄河船夫曲》歌本

（四）解放贵州文物

馆藏解放贵州的文物分为三个类别，一类反映了地下党组织的革命活动，有中共贵州地下党组织成员张铨用于隐藏身份的多张聘任书，也有省工委印发的刊物《真实》第一期；另一类是国民党特务机构息烽集中营的证章；还有一类是革命烈士遗物，包含了王若飞、邓恩铭、肖次瞻、龙大道、李策、林正良、聂汝达、车耀先等三十多位烈士生前生活和学习所用物品。

抗战胜利后，贵州仍然被国民党当局恐怖统治笼罩。在此期间，长期在贵州隐蔽的中共地下党组织及成员，不畏国民党贵州当局的残酷迫害，不断发动群众，壮大党

图 15：国民党军统局息烽办事处臂章

组织，坚持开展反饥饿、反内战、抗粮抗税、组织武装暴动等革命活动，直至贵州迎来解放。

1. 息烽集中营宪兵臂章

臂章上平下圆，白布印制，红布滚边，上半部黑底白字"宪兵"，下半部着红色莲花。（图 15）1965 年由息烽县公安局捐赠。

息烽集中营，国民党军统关押共产党人和爱国进步人士的最大的秘密监狱，先后关押过杨虎城将军、车耀先烈士等。当时对内称"新监"或"大学"，对外挂牌是"国民政府军事委员会息烽行辕"。息烽集中营管理最严、规模最大、关押"人犯"最多，所以军统内部称之为"大学"，而白公馆监狱和望龙门看守所则分别称"中学"和"小学"。军统抓获的人先经过"小学""中学"关押审理后，案情重大者才被送到息烽集中营，军统内称为"升学"，这枚臂章就是它的历史见证。

2. 中共贵州省工委刊物《真实》第一期

《真实》是中共贵州省工委于 1949 年 5 月编印的一份机关刊物，仅印发了两期。由张立、宋至平、张鸣正、王启霖负责编辑，张立任主编。刊物长 20.6 厘米，宽 14 厘米，毛边纸，红黑两色墨油印，共 16 页。（图 16）

1949 年 11 月 15 日，人民解放军进占贵阳，贵州解放。这份刊物是在贵州临近解放前不久编印的。从整个内容来看，着重提出两方面的任务：一是号召贵州各阶层人民组织起来，配合中国人民解放军"把反动派统治的江山搞垮，重新建立一个新民主主义社会"；二是宣传党的方针、政策，解除顾虑，安定人心。《真实》为配合解放贵州起了很大的舆论宣传作用，提高了民众的认识水平，减少了解放军进军贵州的阻力。

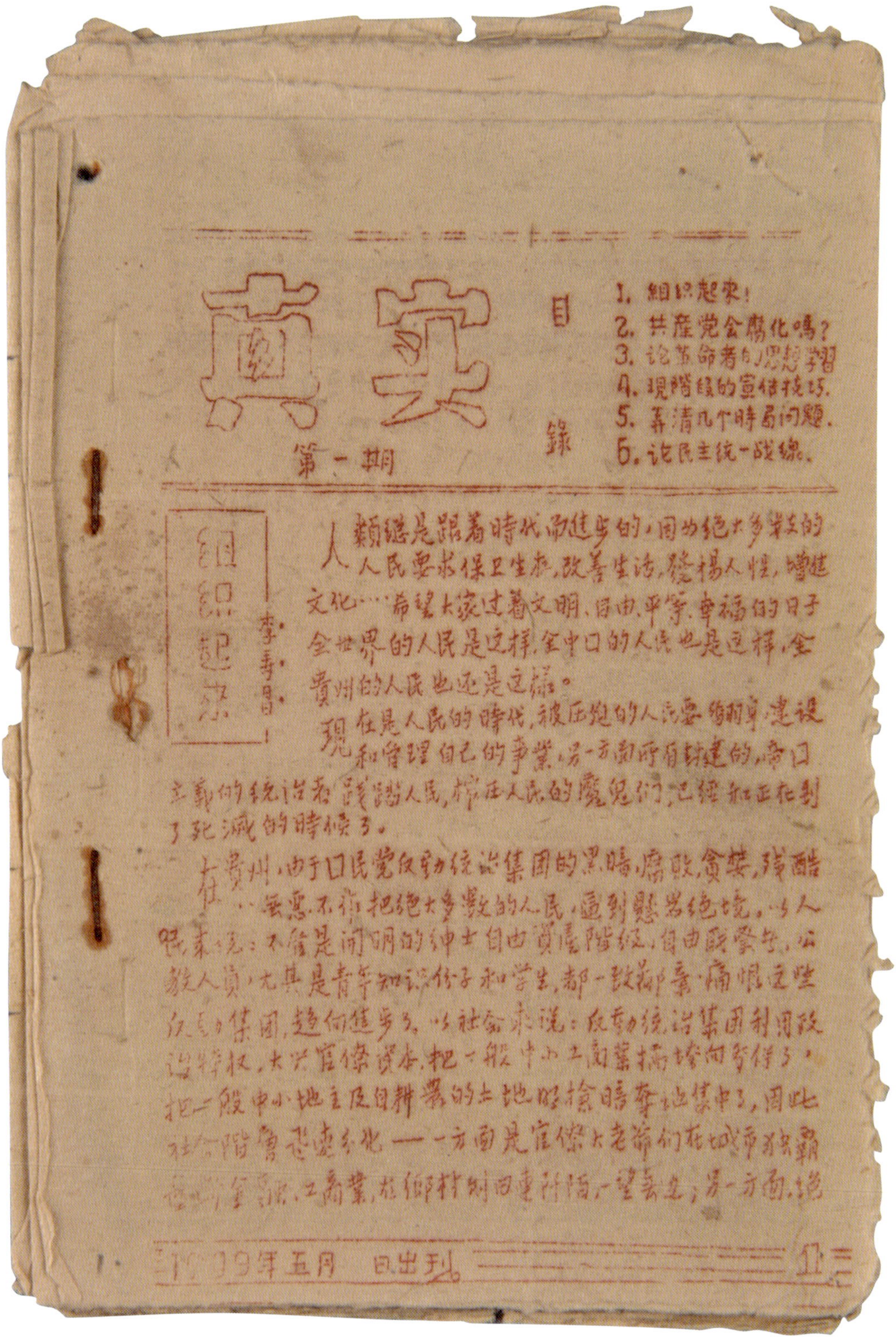

真实

第一期

目錄

1. 組織起来！
2. 共产党会腐化吗？
3. 論革命者的思想学習
4. 現階段的宣传技巧
5. 弄清几个時局问题
6. 論民主统一战線

組織起来

李季目

人類總是跟着時代向進步的，同时絕大多数的人民要求保卫生来，改善生活，發揚人性，增進文化……希望大家过着文明、自由、平等、幸福的日子，全世界的人民是这样，全中口的人民也是这样，全貴州的人民也还是这样。

現在是人民的時代，被压迫的人民要翻身，建设和管理自己的事業。另一方面所有封建的帝口主义的统治者践踏人民，榨压人民的魔兒们，已經和正在到了死滅的時候了。

在貴州，由于口民党反动統治集团的黑暗腐败貪婪，殘酷……羞惡，不伸把絕大多数的人民，逼到懸岩絕境，以人民来说，不管是阴明的绅士自由資產階級，自由藏營士，公敎人員，尤其是青年知识份子和学生，都一致都同，痛恨这些反动集团，趋向進步了，以社会来说，反动統治集团利用政遇特权，大兴官僚資本，把一般中小工商業摧毁向垂停了，把一段中小地主反自耕農的土地暗搶暗奪地集中了，因此社会阶會悲速分化——一方面是官僚大老爷们在城市裡称霸，壟断金融，工商業，在鄉村裡圈回重利陌一望无生，另一方面，總

1939年五月　日出刊　　1

图16：中共贵州省工委刊物《真实》第一期

三、中华人民共和国成立初期

这一时期馆藏文物主要包含剿匪运动的通告、指示、法令和缴获土匪的战利品，也有关于贵州人民申请参加志愿军赴朝鲜的请愿书、捐献物资的统计单据、通报、烈士牺牲证明书、反对战争拥护和平签名册、慰问锦旗和志愿军各类生活用品。剿匪运动是巩固新生政权、维持社会安定的迫切需要，抗美援朝则是中华民族领土主权受到严重威胁所采取的强硬措施。

（一）剿匪安民布告

布告高 72.7 厘米，宽 54.3 厘米，铅印，竖行排版，编号"省民秘（50）西字第十五号"，由杨勇、陈曾固、周素园、苏振华、尹先炳联合签署，发布时间为 1950 年 10 月 15 日，盖有贵州省人民政府和中国人民解放军贵州军区印章。（图 17）布告内容分为五段，第一段分析了全国和贵州省的形势；第二段揭发国民党匪帮勾结恶霸、惯匪、流氓进行破坏；第三、四段表达了政府和解放军剿匪的决心和目的，动员各阶层人民团结组织起来协助剿匪运动；最后一段宣传剿匪政策。1956 年，平坝县人委拨交。

（二）刘兴文立功喜报

立功喜报由中国人民志愿军第十五军军长秦基伟、政治委员谷景生、副军长周发田、政治主任车敏瞧共同签发，表彰志愿军战士刘兴文在抗美援朝战斗中的英勇表现。（图 18）刘兴文，苗族，贵州省纳雍县治昆区人。在朝鲜朴达峰阻击战中英勇战斗，击退了美军数次进攻，击毙美军数十人，最终坚守了朴达峰阵地。1950 年 7 月 4 日，刘兴文在朝鲜金化郡战斗中光荣牺牲。

除上述馆藏文物以外，还有大量照片和参考品。照片记录了全省各地建立政权和庆祝社会主义三大改造的情况，一类是博物馆老前辈深入全省各地搜集得来的；一类是通过相关图书资料翻拍获取。而参考品则需要更加深入的研究才能实现从参考资料到文物的提升，不再一一赘述。

我馆革命文物真实反映了贵州自咸丰以来百年间发生的一系列革命活动，不仅是宝贵的历史文化财富，也是贵博进行历史文化宣传教育的鲜活教材。习近平总书记在

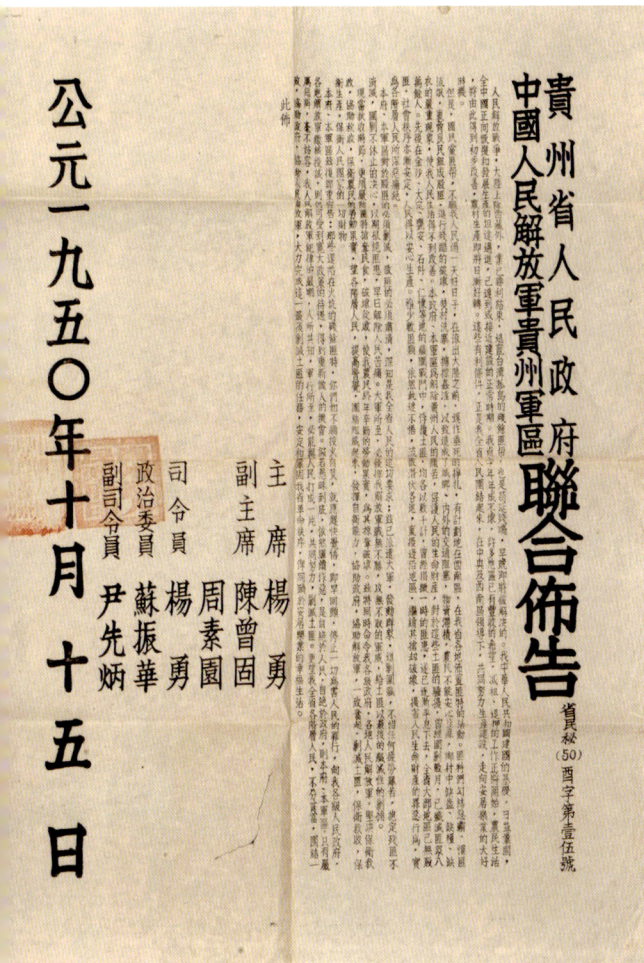

图 17（左）：剿匪安民布告
图 18（右）：刘兴文立功喜报

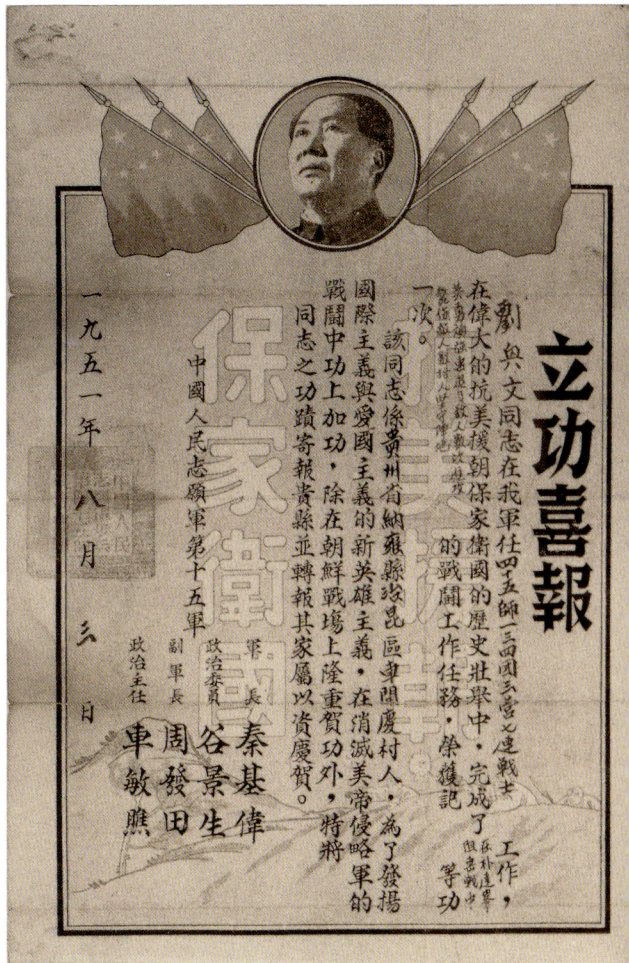

庆祝中国共产党成立 95 周年大会上的讲话中指出："一切向前走，都不能忘记走过的路；走得再远、走到再光辉的未来，也不能忘记走过的过去，不能忘记为什么出发。"我们只有记住来路，不忘初心，才能继续前进。因此，不断深入开展革命文物的研究工作，努力挖掘文物背后的革命事迹，将其作为弘扬革命传统、传承革命文化的重要载体，借助现代科技手段将革命历史生动地展现给观众，进一步激发年轻一代的爱国热情，使其成为振奋民族精神的深厚滋养，是每个年轻的博物馆人的责任所在。

参考文献

1. 董有刚、孙日锟:《红军入黔的历史见证——从馆藏红军文物说起》,见贵州省博物馆编:《贵州省博物馆开馆三十周年纪念专集》,1988年。

2. 罗会仁、张宗屏:《贵州省博物馆大事记(1953—1987年)》,见贵州省博物馆编:《贵州省博物馆开馆三十周年纪念专集》,1988年。

3. 顾隆刚:《太平天国时期贵州农民起义军文物探微》,见贵州省博物馆编:《贵州省博物馆开馆三十周年纪念专集》,1988年。

馆藏钱币

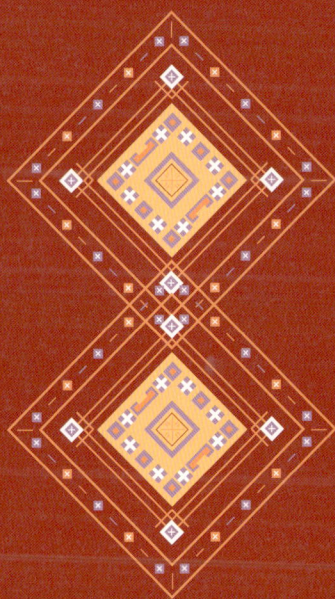

馆藏钱币

袁炜

    贵州地处中国西南，西汉武帝开拓西南夷，在今贵州地域设立郡县，随着中原移民的到来，贵州地域开始行用五铢钱，此后唐宋钱币相继流入贵州地域。[1] 明永乐十一年（1413），贵州正式设立布政使司。由此，贵州作为省一级的行政建制正式成立。明弘治十二年（1499），贵州设置钱局铸造弘治通宝，开启铸币历史，[2] 此后清、民国两代，因袭不改。新中国成立后，人民币成为唯一法定货币，贵州历史货币退出流通领域。1958 年，随着贵州省博物馆正式开馆，作为具有重要历史、经济、文化价值的贵州历史货币，成为贵州省博物馆藏品门类中具有极高价值的一类，经过 60 年的积累，迄今为止，贵州省博物馆共收藏有各类历史货币数千枚，以及不少与钱币密切相关的珍贵历史文物。

一、类别

    依据不同的划分方式和划分标准，贵州省博物馆馆藏钱币可以划分为不同的类

---

1 杨菊：《贵州出土宋代钱币浅析》，载《贵州文史丛刊》，2018 年第 3 期，第 72~75 页。

2 胡致祥、钱存浩：《贵州古代货币与货币流通》，见贵州省钱币学会、中国人民银行贵州省分行金融研究所编：《贵州钱币资料（第二辑）》，内部发行，1986 年，第 58~66 页。

型。如按入藏方式来划分，可分为科学考古出土钱币、非科学考古出土钱币以及传世钱币；按钱币时代来划分，可分为先秦、秦汉、魏晋南北朝、隋唐、宋、元、明、清传统钱币，近代机制币、人民币等；按钱币铸行地域划分，可分为贵州本土铸币、中国钱币、外国钱币等；按钱币材质划分，可分为贵金属币、贱金属币、纸钞等。

二、特征

贵州省博物馆馆藏钱币品种多样，很难用某一类特征涵盖所有钱币。但有两类对贵州历史、经济、文化具有重要价值的钱币，可以分别总结其特征。这两类钱币，一是贵州地域科学考古出土钱币，其时代自西汉武帝直至近代，其特征是深受巴蜀、两湖同时期钱币文化的影响，在汉代流行五铢钱，三国时期使用蜀汉钱，唐代通行开元通宝钱，宋代流行用包括铜钱、铁钱和银锭在内的金属货币，明清通行铜钱、银锭等。另一类钱币是馆藏贵州地域铸造的钱币，此类钱币中，时代最早的是永历通宝背一分钱、永历通宝背五厘钱。据学者根据清康熙《遵义府志》及清康熙《遵义府志》转引《棠阴扎记》关于清顺治八年（南明永历五年，1651）南明孙可望部将在遵义开场设局、铸行钱币的记载，认为此版有别于永历通宝，乃铸造于贵州遵义。[1] 清雍正八年（1730），清政府在贵州毕节设立宝黔局并铸行钱币，乾隆二十四年（1759）毕节局裁撤并于次年移设宝黔局于贵阳，乾隆三十五年（1770），分宝黔局五炉于大定（今大方县）局铸钱，光绪初年废宝黔局。可见，从清雍正到光绪，除同治外，宝黔局均铸行有制钱。[1] 清光绪三十四年（1908），贵州官钱局成立，在省会贵阳发行公估平壹两的银两票。以往有人认为所谓的"黔宝"银饼即为贵州官钱局所铸，但我馆并未有收藏，笔者就此问题与浙江省博物馆金银币相关专家交流后，一致认为"黔宝"银饼当为民国时期的臆造品。民国时期，1912年，贵州银行发行"贵州银行兑换券"，简称"黔币"，俗称"花票"；1915年，中国银行贵州分行在贵阳开业，发行加盖"贵州"两个红字的"中国银行兑换券"；1924年，贵州军阀周西成在赤水县仿"孙头"和仿"四川汉版"银元打钻有"周"字标志的"赤造银

---

1 钱存浩：《"永历通宝"初探——遵义曾设"永历钱局"铸永历折银钱》，见贵州省钱币学会、中国人民银行贵州省分行金融研究所编：《贵州钱币资料（第二辑）》，内部发行，1986年，第48~51页。

元"；1928年，为纪念贵州修建公路，铸行"汽车银元"约五万枚，这也是世界上第一种有汽车图案的钱币；1931年，贵州铸造当十锑币，以金属锑为货币材质，这不仅在国内是创举，在世界钱币史上也属罕见；1949年，在国民党政权即将在贵州垮台的时候，贵州铸行"竹枝银元"、"黔"字廿分银辅币及纸币银元辅币券，这是贵州发行的最后一种钱币。[2] 除此之外，晚清民国时期，贵州商民等也发行有种类繁多的钱票，兹不赘述。

三、典型器物

"大明宝钞"壹贯钞版（图1-1、1-2），黄铜质，翻砂法铸，长32厘米，宽21厘米，厚1厘米，重6660克。背面四角有支高3.7厘米、宽3.1厘米、厚1.3厘米的扁足，中间有楷书"泉字　叁拾号"编码，阴文直刻，字径1.2~1.5厘米。钞版正面，设内外两长方形框，界以边线。外框平面32×21厘米，顶端为长21厘米、宽3.5厘米的横额，中有楷书一行，曰"大明通行宝钞"，字径2厘米，阳文反刻，自右而左读。横额下是精雕细刻的"花阑"，宽3厘米，四边各刻一四爪蛟龙，四角各置一缠枝番莲相互衬托，浑然一体。内框平面21.6×13.7厘米，分为两段，中设等分线。上段"壹贯"二字，楷书，字径1.5厘米，自右而左读。两旁九叠篆文"大明宝钞"（右）"天下通行"（左），自上而下读。中有钱纹十串，分五组，每组两串，按上二、中四、下四系列连成图案。下段铸行钞令文，楷书7行，共42字，自右而左读，曰"户部奏准印造大明宝钞与铜钱通行使用伪造者斩告捕者赏银贰佰伍拾两仍给犯人财产洪武年月日"。[3] 此钞版系民国时期原中央古物保存所发掘南京明故宫工部遗址时出土，[4] 抗日战争时期转移至贵州，后入藏贵州省博物馆。

1　陈衍润：《清代贵州铸钱史话》，见贵州省钱币学会、中国人民银行贵州省分行金融研究所编：《贵州钱币资料（第二辑）》，内部发行，1986年，第69~72页。
2　钱存浩：《贵州钱币发展史概述》，见贵州省钱币学会、中国人民银行贵州省分行金融研究所编：《贵州钱币资料（第二辑）》，内部发行，1986年，第30~40页。
3　谭用中：《"大明宝钞"壹贯钞版》，见《贵州省博物馆藏品志》编辑委员会：《贵州省博物馆藏品志》，贵州人民出版社，1990年，第258页。
4　相关信息系中国钱币博物馆王纪洁告知。

图 1-1："大明宝钞"壹贯钞版（正、背面）

图 1-2："大明宝钞"壹贯钞版

图 2（左）：宝黔局"咸丰重宝当十"钱

图 3（中）："尚节堂"银锭

图 4（右）：馒头形小银锭

宝黔局"咸丰重宝当十"钱（**图2**），清咸丰年间铸行，黄铜材质，直径 3.9 厘米，重 20.2 克。圆形方孔，面背均有内外廓，阔缘，面文楷书"咸丰重宝"四字，对读。背面铸汉文记值"当十"，左右铸满文局名"宝黔"，"宝黔"即贵州宝黔局。清咸丰三年至四年间，宝黔局分别在贵阳、大定（今大方县）铸造过咸丰重宝当十铜钱。[1]

"尚节堂"银锭（**图3**），清光绪年间铸造，白银材质，高 1 厘米，直径 2 厘米，重 25.2 克。形似半圆体。正面平，在长方形框内铸有"尚节堂"三字；背面凸起，有浇铸时留下的蜂窝孔。此银锭由贵阳"尚节堂"铸造，值公估平一两，作奖励守节妇女之用。贵阳"尚节堂"创立于清道光年间。凡丈夫去世，妻子不改嫁，进入尚节堂守节者，可以领取一定的生活补贴。[2]

---

1 刘明琼：《清宝黔局"咸丰重宝当十"铜钱》，见李黔滨主编：《贵州省博物馆藏品集》，贵州人民出版社，2013 年，第 131 页。

2 刘明琼：《清"尚节堂"银锭》，见李黔滨主编：《贵州省博物馆藏品集》，贵州人民出版社，2013 年，第 132 页。

征途——贵州省博物馆建成六十周年纪念专集

馒头形小银锭（图4），清光绪、宣统年间铸造，平底，侧视为半圆形，形似馒头，故名。高 1.2 厘米，横径 2.1 厘米，重 36.2 克（约合一两）。此银锭面上錾有"贵州官钱局"字样。顶端有浇筑时产生的凹凸和小蜂窝孔。据《中国近代货币史资料》载："贵州官钱局建立于光绪三十四年（1908）三月，宣统三年（1911）九月改为贵州银行，是官方铸造银锭和发行银两票的金融专业机构。"[1] 此银锭上錾刻"贵州官钱局"铭文，可见其铸造时间当在 1908 年 3 月至 1911 年 9 月间。

　　贵州官钱局壹两银票（图5），清光绪三十四年发行，长 20.1 厘米，宽 11.3 厘米，纸质，三色套版印刷，票面四边素地，其内为橘黄色波浪纹花边，花边内饰有墨印双龙戏珠卷草纹、竹节纹，正中面文为楷书"凭票发公估平足银壹两"等字，并钤有

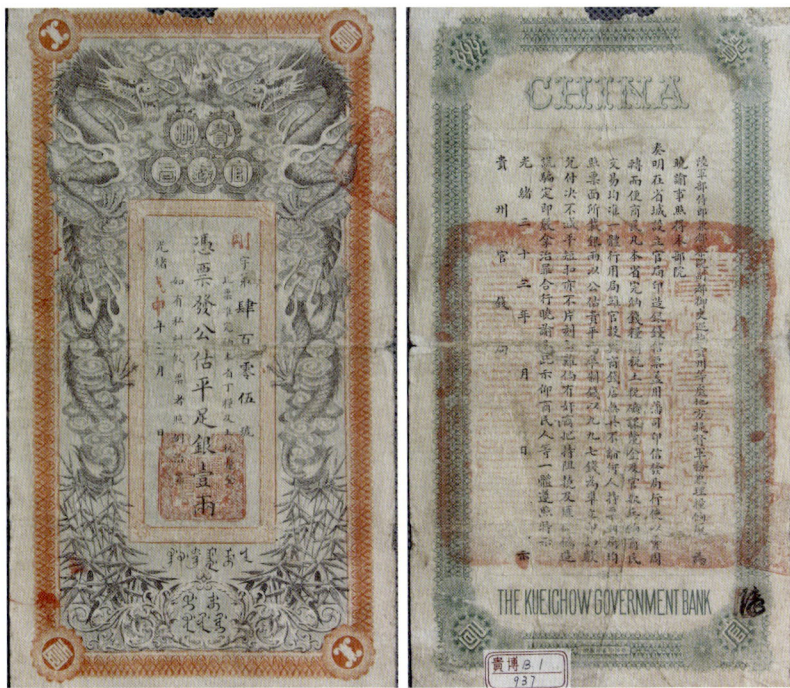

图 5：贵州官钱局壹两银票

1　全锐：《清馒头形小银锭》，见李黔滨主编：《贵州省博物馆藏品集》，贵州人民出版社，2013 年，第 132 页。

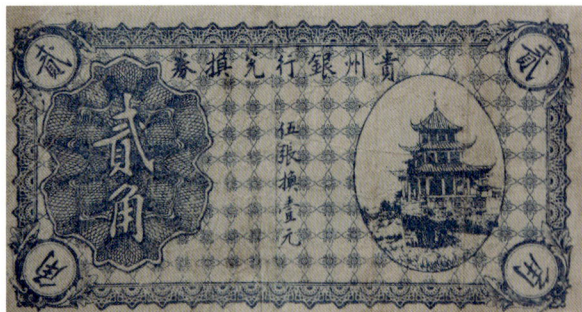

图 6：贵州银行兑换券（贰角）　　　　　　　　　　图 7：贵州银行兑换券（伍角）

"贵州官钱总局"印。背面是时任贵州巡抚庞鸿书文加盖官印，下沿有"商务印书馆"字样。此银票当时发行总额 20 万两，每张面额壹两，由于发行数额不多，又能按票面向官钱局兑取等值的十足票银，因此，在贵州省内信誉较高。从发行至 1915 年止，都没有贬值。这在晚清民国时期贵州发行纸币的历史上极为罕见，即使在全国范围内也不多见。[1]

贵州银行纸币（图 6~11），是唐继尧任贵州都督时于 1912 年至 1924 年间发行的，先后印行三次，共发行 420 万元。纸质，有十元、五元、一元、五角、两角、一角 6 种面值，均为横长式。这种纸币因系贵州地方政府发行，故俗称"黔币"。贵州省博物馆收藏有其中五种不同面值的黔币。十元券长 17.5 厘米，宽 11.7 厘米，票面用绿、褐、紫三色套色印刷，纸币正面有篆体朱文"贵州财政司长之章"，"贵州黔丰银行行

1　简小艳：《清贵州官钱局壹两银票》，见李黔滨主编：《贵州省博物馆藏品集》，贵州人民出版社，2013 年，第 133 页。

图 8：贵州银行兑换券（壹元）

长印"二印；背面有"贵州省长之章"朱文印；五元券长 16.6 厘米，宽 10.6 厘米，用黑、蓝、绿三色套色印刷，纸币正背面的朱文印与十元券相同；一元券长 16 厘米，宽 9.4 厘米，用黑、绿、黄三色套色印刷，纸币正面右钤"贵州财政司长之章"，左钤"贵州银行总理之章"，背面朱印与十元券相同。两角券长 8.2 厘米，宽 2.1 厘米，绿色单色印刷，纸币正面钤印与一元券相同，背面钤"贵州民政司长章"；一角券长 7.4 厘米，宽 1.4 厘米，绿色单色印刷，纸币正面钤印与一元券相同，背面钤"贵州都督之章"。此币发行量大且无保证金，故在发行后不久即出现贬值。[1]

贵州"当十锑币"（图12），圆形，直径 2 厘米，厚 0.15 厘米，重 5 克。钱币正面正中铸"当十锑币"，对读，上端铸"中华民国二十年"，下端铸"贵州省造"，背面正中铸国民党党徽，党徽上下各有一小五角星图案。此币是王家烈主持贵州省政期

1　简小艳：《民国贵州银行拾元纸币》，见李黔滨主编：《贵州省博物馆藏品集》，贵州人民出版社，2013 年，第 133 页。

图 9：贵州银行纸币（伍元）

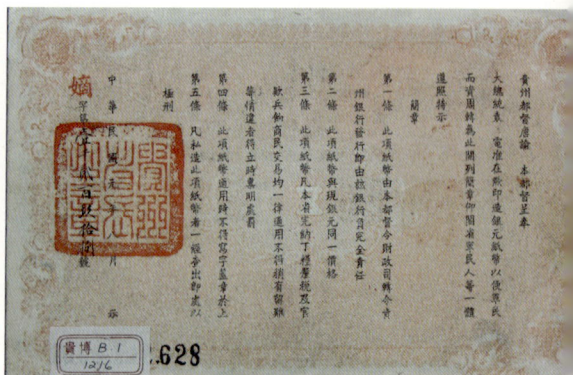

图 10：贵州银行纸币（壹角）

图 11：贵州银行纸币（壹元）

图 12：当十锑币

间，利用贵州产锑、铅为原料铸造的流通辅币。据当代钱币学者根据静水力学法分析，锑、铅含量大约为 4∶6。XRF 荧光光谱仪实测一枚"当十锑币"主要合金成分为锑 45.9%，铅 52.44%，铜 0.29%，钛 0.85%。[1] 此币由"贵阳修枪厂（原贵州造币厂，厂址在贵阳大南门外原华家造纸厂）"打制，铸行 50 万枚，经政府公告，指定贵州银行于 1933 年在贵阳发行。当时规定为一元大洋兑换四百枚锑币，即一枚锑币值银元二厘五毫。该币材质独特，除此币外，仅日本在 1944 年、1945 年发行过锑锌合金流通币。[2]

　　贵州汽车银币（图 13）。1928 年，贵阳至桐梓的省道竣工通车，贵州省长周西成特命贵州造币厂铸行贵州汽车银币以示纪念。此币直径 3.9 厘米，重 26.2 克，齿边，成色在 78%~79% 之间，发行量 50000 枚。正面正中为"贵州银币"四字，对读，四字中间为芙蓉花图案，四字外有一圈连珠纹，连珠纹上部为"中华民国十七年"，连珠纹左右各有一四瓣梅花纹，连珠纹下部为"壹元"二字；背面中间为在草地上行驶的汽车图案，上部为"贵州省政府造"，下边为"七钱二分"字样。草地由 28 片草叶

1　张海龙：《锑币考叙》，载《中国钱币》，2018 年第 5 期，第 29 页。

2　贵州钱币学界以往一直认为除贵州"当十锑币"外，仅有联邦德国发行过以金属锑为材料的钱币，此说谬矣。见钱存浩：《贵州的几种历史货币》，贵州省钱币学会、中国人民银行贵州省分行金融研究所编：《贵州钱币资料（第二辑）》，内部发行，1986 年，第 96 页；Chester L. Krause, *2010 Standard catalog of world coins 1901-2000*, Krause Publications, 2010, p1270-1272, 1279。

图 13：汽车银币

图 14：竹枝银元

图 15：当半分铜元

构成，寓意此币是 1928 年铸造发行，汽车前轮有 12 根辐条，寓意一年 12 个月平安吉祥、如意发达。此币草地图案中隐藏着由草叶构成的"西成"二字暗记作为防伪标识。钱币上汽车图案的原型是周西成从香港购来的美国福特牌敞篷汽车，这也是贵州第一辆汽车。[1]

贵州竹枝银元（图 14）。1949 年下半年，国民党政权在贵州的统治即将垮台，贵州省政府主席谷正伦鉴于金圆券、银圆券急剧贬值，故另立金融体系，令贵州造币厂铸行竹枝银元。此币直径 3.8 厘米，重 26.65 克，成色为 88%，面值一元。正面正中为贵阳市著名风景名胜"甲秀楼"图案，"甲秀楼"图案外为一圈纹饰，纹饰上部为"中华民国三十八年"，纹饰左右侧靠下部各有一五瓣梅花纹，下部为"贵州省造"；背面正中为三株金竹图案，外圈饰连珠纹，左右两边铸"壹圆"二字。据史料记载，竹枝银币铸造时间短，日产量低，估计铸造总额不超过 10000 枚，主要在贵阳市及滇黔公路沿线城镇流通，流通时间不到一个月。[2]

贵州当半分铜元（图 15）。1949 年下半年由贵州省银行委托青山矿业药品厂（即青山炸药厂）铸造，黄铜材质，圆形，直径 3.6 厘米，重 18.7 克。正面正中楷书"铜元"二字，直读，外为连珠纹。上部有"贵州省造"四字，下部有面值"当银元半分"；背面正中为楷书"黔"字，外为连珠纹，上部有铸造年份"中华民国三十八年"，下部为嘉禾图案，铸造数量约 100 万枚。此币系竹枝银元的辅币，故面值单位采用"当银元半分"，即一枚竹枝银元法定兑换 200 枚当半分铜元。[3]

四、价值与意义

贵州省博物馆藏钱币的价值和意义主要有以下几点：从历史学角度，贵州省博物馆藏钱币是研究贵州经济史、政治史、文化史的重要证据，对构建贵州历史具有

1　全锐：《民国贵州汽车纹壹圆银币》，见李黔滨主编：《贵州省博物馆藏品集》，贵州人民出版社，2013 年，第 135 页。

2　刘明琼：《民国贵州竹枝银元》，见李黔滨主编：《贵州省博物馆藏品集》，贵州人民出版社，2013 年，第 135 页。

3　刘明琼：《民国贵州当半分铜元》，见李黔滨主编：《贵州省博物馆藏品集》，贵州人民出版社，2013 年，第 136 页；李邦经：《贵州辅币珍品二题》，载《中国钱币》，2011 年第 4 期，第 71、72 页。

重要意义；从经济学角度，贵州省博物馆藏钱币是过去两千年来贵州货币发展的实物遗存，为贵州经济发展过程的研究提供了实物佐证；从艺术角度，贵州省博物馆藏钱币浓缩了自汉代至今，中国乃至世界其他国家钱币艺术造型的精华，具有极高的美学价值。

馆藏竹木器

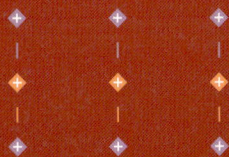

馆藏竹木器

黄砾苇

贵博馆藏竹木器共计 1000 余件（套）。这里所说的竹木器是指全部或大部分由竹、木、髹漆木胎或藤、草等编织物所构成的文物。故按其材质分类可分为竹、木、藤、草、漆等。但由于民族文物居多，另有少量出土文物及革命文物，故现先将其分为民族文物、出土文物和革命文物三大类，再将民族文物进一步按功能分类，使其更显然易懂。

一、民族文物

贵州位于云贵高原东部，地势西高东低，山地和丘陵占全省面积的 97%，构成了高原、山地、丘陵、盆地相交错的复杂地形，也为在此聚居的不同民族提供了多样的生活环境。苗族、瑶族、彝族主要居于山上，仡佬族多住于山谷。布依族、侗族、水族大都傍水而居。贵州有 18 个世居民族，49 个现居民族。这 49 个民族虽共居于同一个省份，但其生活方式、民族风俗甚至社会形态都会有些许差异。我馆馆藏民族竹木器，其使用对象涵盖苗族、侗族、布依族、彝族、仡佬族、水族等，它们呈现着共性，也表现出多样性。

我馆的民族文物主要通过三种方式获得：一是捐赠征集，既有主动捐赠，又有我馆专家外出征集，还有其他文化、文博机构代征；二是购买；三是拨交、移交。

图 1（左）：苗族鱼形摘禾刀

图 2（右）：苗族踩撬

这些文物来自天柱、从江、荔波、榕江、赫章、雷山、黔西等贵州各地甚至其他省、市，经过了前辈们的悉心甄选、精心护送及妥善保管。正因如此，它们才能历经岁月仍熠熠生辉，展示着贵州民族文化的多彩魅力。

竹木器中的民族文物包括生产工具、生活用具和礼器，共计 1000 余件（套）。

（一）生产工具

苗族鱼形摘禾刀（图1），现代。刀呈鱼形，由刀身、刀片、刀柄组成。刀身长 16 厘米，宽 6 厘米，刀片长 3.3~4.5 厘米，宽 2 厘米。刀身为木制鱼形，于鱼腹处开一梯形缺口，将铁质刀片嵌于缺口内，刀柄为横向垂直于鱼背的竹管，刀柄根部及鱼尾各有一穿孔，拴有麻绳一根。摘禾刀用于摘取田间稻穗，操作方便，且甚保险。此件 1958 年征集于贵定田寨。

苗族踩撬（图2），现代。由木质撬身和铁质撬嘴套装而成。通长 132 厘米，嘴宽 9.1 厘米。撬身用带杈的树干削制成弯曲状，顶端装一丁字形横木作手柄，下端套装一凹形铁嘴，中部树杈的上方右侧装一横木，作踏脚之用，故又名踏犁。踩撬是犁耕旱田的农具，黔东南部分地区至今仍在使用。此件 1959 年征集于榕江停洞。

侗族纺纱车（图3），民国。高 76.3 厘米，长 71.5 厘米，宽 20.7 厘米。长方形框座，一端安长竖木，一端安短木，上套摇棒，高竖木向内安八角双层轮车，顶部安纱

图 3：侗族纺纱车

锭板。纺车用脚踏踩。纺纱车的作用是将弹制好的棉花纺成棉线。去籽后的皮棉，经过进一步弹松、除杂、卷筵，就可开始纺纱。侗族纺车分为单支纱手摇式和双支纱脚踏式两种，由支撑架、摇柄、传动轴、大传动带、小传动带、卷纱针、卷纱筒组成，通过摇动摇柄，带动传动轴和卷纱筒，将棉花纺成细线。双支纱脚踏式工效较快。在纺纱时，纺纱者左手握着棉条向后拉，转动纺锭，形成对棉条的牵伸与加捻作用。除绒布外，其他布的经纬线还要经过漂洗、药煮、拉牵、晒干等几道程序。纺车的使用提高了纺纱的效率和质量，并能根据织物的要求，纺制粗细不同的纱线。此件1959年征集于榕江。

上述三种代表器物皆属生产工具类别。生产工具是人们在生产过程中使用的工具。该部分馆藏文物可分为狩猎采集工具、农牧业工具和手工业工具等。狩猎采集工具有鸟枪、牛刀、鱼篓、摘禾刀等，如上面介绍的苗族鱼形摘禾刀。摘禾刀是稻作农业地区人们常用的劳作工具，我馆也收藏有若干件此类器物。此件苗族鱼形摘禾刀尤为突出，其制作精巧，使用方便，实用与美观并存，反映出苗族人民勤劳、乐观的生活态度。

农牧业工具包括木耙、锄、扁担、犁、撬等，如上述苗族踩撬。踩撬即踏犁，是一种较为进步的人力翻土犁地工具，在北宋时期就曾两次向缺乏耕牛的地区推广。广西的壮族、瑶族，贵州的苗族、侗族，云南的傈僳族等地区民族将其延续使用至今。此件苗族踩撬是馆藏踩撬中较为完整的一件，反映了贵州地区苗族人民的农耕智慧。

手工业工具包括纺织工具、编织工具、蜡染（画）制作工具等，如纺纱车、编花带凳、蜡画刀等，代表器物为侗族纺纱车。纺纱织布是侗家姑娘每天的主要家务，纺纱车更是家家必备的生产要具。新中国成立以前，侗家的穿戴全部自给自足，都由一家的媳妇悉数制作。现在虽然大都在市场上购买成衣，但仍有部分盛装需亲手制作。并且"侗布""侗锦"是自古至今都饱受称赞的工艺佳品，是侗族人民宝贵的文化遗产。贵州的侗族人民居住环境相对封闭，受外来影响少，此种纺织技艺得以保存延续，纺纱车是其中不可缺少的重要载体。

（二）生活用具

苗族洋芋摇篼（图4），现代竹编器。形状为两头细中间粗的纺锤形。通长120厘米，腹部直径26厘米，并留14厘米×8厘米的长方形孔，在手柄对称的另一端插装

图 4（左）：苗族洋芋摇篼

图 5（右）：土家族透雕松鹤窗棂

一段京竹并以竹篾捆绑固定。使用方法：将其置于河沟溪涧中，内装欲洗的洋芋（土豆），手握竹柄，用力摇晃，使篼内的洋芋在水中不断翻滚，借助竹篾的棱面将洋芋皮刮净；也可将摇篼的另一端栓于树上或木架上，边浇水边摇洗去皮，效果与前法相当。此件 1985 年征集于毕节燕子口大南山。

土家族透雕松鹤窗棂（图5），长方形，木质。将长方形的窗棂分成若干个大小不一的格子，除窗花心外整个窗棂图案呈轴对称。窗内格子以四条龙身曲折为之，龙身以一节节短木条的抽象形式呈现，龙头及方胜、双环、花朵、蝙蝠等则在格子内做装饰，可见工匠的巧妙心思。窗花心是透雕花鸟的长方形格子，为松鹤牡丹图案。此件 2000 年征集于沿河泉坝乡，原为东西厢房的窗户。另有与此窗棂大小相同的八扇，除窗花心不同外，其余浮雕纹饰皆相同。

侗族竹雕蝶福纹提梁菜盒（图6），现代。竹质。高 11.5 厘米，口径 10.5~11.8 厘米。呈八面形，有盖，近口沿处置对称的铁质双耳和麻花形提梁。其两面素地无纹，六面有浮雕花纹和字。主体部分为云龙、鹿回头、飞蝶以及"万"字和"福"字，足部是弦纹、锯齿纹。在侗族地区，竹雕菜盒是人们外出劳作或赶场时随身携带的盛菜器皿，既轻便，又美观。1949 年前多为侗族人民自用，很少投入农村集市交换买卖。此件 1958 年征集于从江庆云。

上述三件皆是生活工具代表器物。生活用具是指日常生活中与衣食住行有关的物品。其中馆藏文物包括木梳、木鞋、草鞋、藤饭盒、饭篓、窗棂等。

图 6：侗族竹雕蝶福纹提梁菜盒及局部雕刻花纹（飞蝶、"万字"、鹿回头纹）

民以食为天，洋芋是深受贵州人民喜爱的食物，家家户户的日常需求量比较大，苗族人民利用简单的材料、精巧的原理制作出的洋芋摇篼，一次可洗二三十斤洋芋，大大提高了日常劳作的效率，省时省力，堪称简单实用的土制"洗芋机"，是一件有趣又特别的馆藏文物。

贵州山川河流遍布的地理特点，导致聚居于此的各民族呈现出因地制宜的生活方式。潮湿阴冷的气候使得这里的人民普遍生活在人居于上、畜饲于下的干栏式建筑里。由于此类文物以不可移动文物居多，故我馆仅藏有与此相关的部件之一——花窗。此件土家族透雕松鹤窗棂是我馆众多花窗中较为完整和精美的一件，反映了土家族人民的生活追求、建筑艺术和雕刻技艺。

"日出而作，日落而息"是人类原始本质的生活方式。外出劳作时因不便用餐，常常需要携带食物出门。我馆藏有若干少数民族的菜盒，以竹编、藤编器居多。此件侗族竹雕蝶福纹提梁菜盒，是少有的竹雕之作，其造型别致、做工精细、纹饰丰富，是侗族民间竹雕手工艺品中的代表作。

（三）礼器

苗族祖鼓（图7），现代。分男鼓和女鼓各1件，男鼓长180厘米，直径30厘米；女鼓长176厘米，直径29厘米。系同一根紫木剖制而成，根段为男鼓，象征祖公，上端为女鼓，象征祖太。祖鼓中空，两端蒙黄牛皮为鼓面，用两排竹钉固定和一圈竹篾箍牢。祖鼓的制作极为慎重，在伐树为材、杀牛取皮以及完工后接鼓进屋等环节，都须择吉日并举行隆重的仪式。祖鼓一般存放在专设的鼓房，平时闲人不得擅入，更不得随意敲击。在重大节日庆典启用时，由鼓头施行一系列祭奠仪式后才可触动。该鼓1959年在台江县征集。

苗族双管配音筒（图8），1件，竹管通长92.5厘米，木筒长60厘米。苗族吹奏芦笙时所用的辅助乐器，起配音作用。长短不齐的两根竹管并在一起，并穿入横斜的大木筒内。木筒一头有竹制小"吹管"。其中，一根竹管伸出木筒下面，长度几乎占全管之半，且两竹管均无按音孔。演奏时，配音筒承担芦笙乐队中一个声部的演奏。由于高低音不同的数支芦笙同时发音，因而使乐曲具有气势磅礴、情绪热烈的效果，是贵州苗族地区举行重大节日庆典狂欢歌舞的重要乐器。此件1953年于舟溪新寨收购。

侗族红漆木桶（图9），现代。高29.5厘米，口径31厘米，底径21.5厘米。扁担

图 7（上）：苗族祖鼓

图 8（中）：苗族双管配音筒

图 9（下）：侗族红漆木桶

长 126.5 厘米。桶为木板拼合而成，桶身有两道铁箍，口沿设一活动铁提梁。桶内髹黑漆，外髹红漆。此类红漆木桶及扁担体型小巧，色泽鲜艳，为侗族妇女专用。除了平时挑水，每逢芦笙节盛会时，身着盛装的年轻姑娘还用它装着亲手酿制的甜酒送到芦笙场上，为本寨参加芦笙赛的小伙子们鼓气助威，成了传递情爱的方式。此件1959 年征集于黎平皮林寨。

侗族牛腿琴（图 10），现代。琴身长 40 厘米，弓长 84 厘米。形似牛腿，故名牛腿琴。琴身用整木剜制，共鸣箱中空，外面盖以平面薄的木板，背面修理呈圆弧状。指板与琴首均为长方形，琴首略高，下部有一方孔，弦自孔中引出。琴轴二枚，置于琴首两侧。弓微弯，细竹棍张以马尾；二弦以钢丝为之，马尾纳于弦内，演奏时与弦摩擦发声。此件琴身刻有"龙见昌"三字。1958 年征集于榕江乐里。

木雕漆绘开山莽将面具（图 11），民国，为贵州德江地区土家族傩戏面具。其头顶双角，双眼炯炯，嘴吐獠牙，眉如烈焰，生动表现出嫉恶如仇的样子。鼻子、脸颊和下巴的立体感及背面凿痕的流畅感无不体现着工匠的精巧技艺。开山，也称"开山猛将""开山莽将"等，是傩堂戏中最凶猛的镇妖神祇之一，他手执金黄光钺斧，专门砍杀五方邪魔，为人追回失去的魂魄，为各路神祇打开通道。相传开山是崔员外之子，怀胎十年方出生。

上述五件皆属礼器范畴。礼器是指在祭祀、节庆、婚丧及歌舞戏曲表演等礼仪活动中使用的器物。在贵州这片养育着众多民族神秘的大地上，不仅对祖先神明有着各自的敬畏之礼，而且每逢节日庆典、婚恋喜事也有歌舞戏剧装点。与此相关的种种礼乐器，便成了承载着民俗文化的珍贵载体。

关于祭祀活动，苗族有鼓藏节、仡佬族有毛龙节、布依族有"报笨"习俗等。我馆与其相关的藏品有芦笙、鼓、祖鼓等。其中，最有代表性的就是这对祖鼓，祖鼓属苗族的一个大家庭集体所有，在苗族最隆重的鼓藏节过程中，起着核心作用。此套祖鼓对于研究苗族历史、社会形态和信仰崇拜很有参考价值。

说到节庆，苗族有龙船节，彝族有火把节，水族有端节，各个节日里最常出现的角色就是芦笙。此件苗族双管配音筒是大型节庆场合的芦笙乐队中不可缺少的角色。虽然只是配角，却体现出芦笙演奏的音乐之立体、场面之宏大，也表现出苗族人民对音乐的感知和重视。

图 10（上）：侗族牛腿琴

图 11（下）：木雕漆绘开山莽将面具

婚恋喜事自古以来都是令人向往的，少数民族的婚恋习俗更是多姿多彩又寓意深厚。从谈情说爱、提亲订婚到结成夫妻，其间涉及的大大小小每一件器物都蕴含着美好的祝愿期盼，反映着深刻的民族文化。此套侗族红漆木桶背后反映的侗族男女美好真切的感情，以及由其所见的饮酒、节庆习俗，正是透物见人的最好例证。

歌舞戏曲是贵州人民的宝贵精神财富。贵州地区进入国家级非物质文化遗产名录的传统音乐、舞蹈、戏剧和曲艺的项目目前有 49 项，包括侗族大歌、芦笙舞、傩戏、布依族八音坐唱等。其中，侗族大歌还进入联合国教科文组织非物质文化遗产名录，这足以说明贵州少数民族的能歌善舞和贵州民族文化的缤纷多彩。在歌舞方面，馆藏文物主要为笙、笛、琴、鼓等民族乐器，包括芦笙、牛腿琴等。在侗族人民的文化生活中，牛腿琴占有重要地位。其应用十分广泛，不仅是牛腿琴歌、侗族大歌和叙事歌离不开的伴奏乐器，还因其曲调较短、结构简单、速度悠缓，成为侗族未婚青年用于求爱的常见乐器，缔结了许多美满姻缘。上述侗族牛腿琴，形制标准、器型完整、拉弦有声，是馆藏精品。

戏剧方面，我馆藏有天柱傩戏、黄平阳戏、安顺地戏、威宁撮泰吉的相关面具及用具。其中，最具代表性的当属傩戏。傩戏，又称傩堂戏、端公戏等，是在民间祭祀仪式基础上吸取民间戏曲形成的一种戏曲形式。傩戏面具以木制，多为白杨或柳木。制作工序有选材、取样、画型、挖瓢、雕刻、打磨、油炸、开光等。我馆馆藏思南、天柱等地傩戏面具，其人物形象包括唐氏太婆、甘生、秦童、秦童娘子、开山、土地、和尚、安安、钟馗、秋姑婆等。上述木雕漆绘开山莽将面具是傩戏中的重要角色。它既是土家族人民娱乐生活的见证，也是土家族人民信仰崇拜的立体呈现，是民间工艺珍品。

二、出土文物

出土文物共计 10 余件（套）。出土地点为平坝、清镇等。贵州地区的温湿度及土壤酸碱度，使得竹木质文物不易保存。可想而知，馆藏出土竹木器也是残存甚少。寥寥几件只为残缺变形之器，十分可惜。

朱绘雷凤纹漆耳杯，1 件，口长 16.6 厘米，高 3.3 厘米，1958 年出土于清镇琊珑坝汉墓。杯内底为黑漆，内壁为朱漆，双耳为新月形，耳沿嵌鎏金铜边。耳的背面绘几何图案，杯外口沿下绘漩涡纹，再下绘凤纹。接近底部有四道朱绘弦纹，两道一组，两组之间的黑地上刻着隶体铭文。铭文为："元始三年，广汉郡工官造乘舆髹丹画木黄耳棓，容一升十六龠。素工昌、髹工隆、上工孙、铜耳黄涂工惠、画工口、羽工平、清工匡、造工忠造。护工卒史恽，守长音，丞冯、掾林、守令史谭主。"同批墓葬出土的相似漆器，见本书《馆藏杂项文物》，兹不赘述。

三、革命文物

革命文物共计 200 余件（套），包括与革命相关的标语、木牌、木条印、箱、烟杆等，典型器物有中央红军南渡乌江用过的门板、杨虎城将军在息烽集中营使用过的月琴等。这些文物大多来自遵义、毕节的征集，省工艺美术联社的购买和贵州省公安厅的拨交等。详情可参见本书《馆藏革命文物》，此处不再赘述。

总的来说，馆藏竹木器主要生产、形成于近现代，大都来自贵州省内的各个地区，以民族文物居多，涵盖了苗族、侗族、布依族、瑶族、彝族、亿佬族、土家族等的珍贵器物。这些藏品可透物见人，观得不同民族间的异同及同一民族内的各种生活形态。其居住环境及意识形态的不同造就了其差异性。

另外，虽然我们将竹木器作为藏品的一个类别，但当研究一个问题时，不应以此为局限，而应跳出竹木器的范畴，结合其他类型的器物一起分析。如水族婚俗里确定良辰吉日时参考的"水书"，苗族在盛宴中为长者敬酒时用到的"苗族彩绘龙凤纹牛角酒杯"，以及在研究歌舞或节庆时不可忽略的数量庞大的各民族服饰，它们均不属竹木器类别，却与民族文化或某个具体问题息息相关，切不可将其剥离开来。

此外，为了珍惜前辈的心血，保护、发扬贵州文化，我们也在注意和加强该类易腐坏变形的竹木质文物的保护。首先，在日常保管中，将需要不同存放条件的文物分类存放，并设定相应的环境条件。其次，及时对有病害的文物进行提取、识别，并制定计划进行修复。再者，具体问题具体分析，若出现个别价值高且病害重的情形，应组织专家及时、妥善处理。只有严肃科学地对待文物的保管和修复，才能谨记历史的挫折和教训，增强民族自信，少走弯路，更好前进。

参考文献

1. 贵州省地方志编纂委员会编：《贵州省志·文物志》，贵州人民出版社，2003 年。

2.《贵州省博物馆藏品志》编辑委员会编：《贵州省博物馆藏品志》，贵州人民出版社，1990 年。

3. 贵州省地方志编纂委员会编：《贵州省志·民族志》，贵州民族出版社，2002 年。

4. 宋兆麟：《我国古代踏犁考》，载《农业考古》，1981 年第 1 期。

5. 桑童：《贵州侗族纺织艺术研究》，苏州大学硕士学位论文，2010 年。

6. 贵州省博物馆：《贵州清镇平坝汉墓发掘报告》，载《考古学报》，1959 年第 1 期。

馆
藏
古
籍

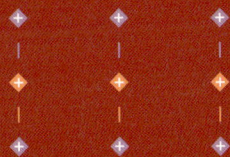

馆藏古籍

崔丽

古籍作为中华民族宝贵的文化遗产，是历史的见证与传承，发挥着文化积累、传播知识、保存精神财富的巨大作用，对历史文化研究与文物考察有着重要的意义。

一、馆藏古籍综述

1953 年，贵州省博物馆筹备处成立，图书室和文物库房随即建立，现图书室和典藏部所藏古籍数量为：普通古籍 2762 种，19297 册；古籍善本 422 种，3000 余册。内容全面广泛，经、史、子、集四部皆有。版本繁多，装帧多样，如唐人写经、宋元佳椠、明清精刻，名家稿抄本均有收藏，其中不乏珍本、孤本。

我馆古籍来源主要有三个方式：一是购买或价让，在当地或外地古旧书店选购；向收藏家或私人购买；贵阳正谊中学 1963 年撤销后，价让的部分图书；私人收藏价让的部分古籍线装书。二是接受捐赠，如柴晓莲先生捐赠的珍贵图书 600 余册；陈恒安先生捐赠的部分图书。三是政府调拨，贵州省文教厅文化科文物室移交的全部图书，主要为地方文献；贵阳市人委拨交；贵州省民研所移交；还有在"文化大革命"中从造纸厂抢救清理所得的部分图书。

贵州省博物馆作为贵州省重要的古籍收藏单位，近年来，在古籍整理、保护和出版方面做了大量工作，取得了一定成果。一是基本完成了本馆古籍善本普查登记工作。2009 年，贵州省博物馆被列为全省古籍普查的 5 家试点单位之一。2015 年，完成本馆古籍普查登记目录和数据审校工作，全面摸清了馆藏古籍底数。二是积极申报《国家珍贵古籍名录》。2008 年 3 月 1 日，国务院批准颁布的首批《国家珍贵古籍名录》中，贵州省有 1 部汉文古籍和 8 部少数民族古籍入选，而这部汉文古籍就是我馆所藏的北宋写本《大般若波罗蜜多经》。第二批《国家珍贵古籍名录》中，收录了我馆所藏唐写本《大般涅槃经卷》、宋写本《放光摩诃般若波罗蜜经》、元刻本《新编方舆胜览》、明内府刻本《贞观政要》、明刻本《策要》、明刻朱墨套印本《韩文公文抄》、明刻朱墨套印本《欧阳文忠公文抄》、清稿本《仪礼丧服汉魏六朝注说标记》及清稿本《邵亭诗抄》共 9 种。第三批《国家珍贵古籍名录》中，收录了我馆所藏清郑珍抄本《李习之文集》、清郑珍抄本《孙可之文集》、清郑知同稿本《楚辞考辨》共 3 种。第四批《国家珍贵古籍名录》中，收录了我馆所藏清郑珍抄本《春秋三传异同考》、清莫友芝稿本《影山词》共 2 种。截至 2016 年国务院批准颁布的第一至五批《国家珍贵古籍名录》中，贵州省入选汉文古籍共 33 部，其中贵州省博物馆入选的汉文古籍共计 15 部，居全省汉文古籍收藏单位之首。三是古籍文献的整理出版。2015 年整理出版的《贵州省博物馆藏珍稀古籍汇刊》，精选了馆内珍藏的贵州籍著名学者郑珍、郑知同、莫友芝、莫庭芝、黎安理、黎庶昌、傅汝怀等人的著作手稿及研究著作，共计 30 余种，分编为 11 册影印出版。本书所选著作，多为学术名家的手稿本及珍本、善本，是一部兼具学术研究价值、文物价值及书法艺术价值等的汇编著作。

古籍是博物馆藏品的重要组成部分。贵州省博物馆由于馆藏性质所决定，所藏古籍版本精良、珍本荟萃，其中，具有极高文物价值的国家珍善本就有 70 余部，如时代久远的唐写本《大般涅槃经卷》、弥足珍贵的北宋写经《大般若波罗蜜多经》《佛说众许摩诃帝经》《放光摩诃般若波罗蜜经》、珍稀孤罕的元刻本《新编方舆胜览》、元刻明递修本《诗考》、明内府刻本《贞观政要》、明刻本《策要》、明刻本《尔雅翼》、清康熙三十一年（1692）刻三十六年（1697）增修本《贵州通志》等，以及一些地方名人的手稿，均为具有历史文物性、学术资料性和艺术代表性的珍善本。

二、馆藏贵州地方古籍文献

我馆属于省级综合性博物馆，收藏的古籍无论在数量上还是质量上，都是省内极具代表性的。其中，地方文献在馆藏古籍中所占比重较大。地方志是地方文献的重要组成部分，是我国历史文化遗产的一个重要方面，持续不断地记录了一个地区、各时代政治、经济、文化等重要内容。贵州地处西南腹地，建省很晚。明永乐十一年，贵州始建省，此后才撰有贵州省及府、州、县的地方志书。我馆现藏本省地方志有嘉靖、万历、康熙、乾隆等各个时期纂修的省志以及各府、州、县的志书。这些宝贵的古籍，记载了贵州的历史沿革、天文地理、名胜古迹、自然资源、科学技术等各个方面，反映了贵州各族人民世世代代在不同历史时期的社会生活及其取得的成就。

我馆收藏地方文献中，还有相当一部分是贵州籍著名学者著述或外省籍名人撰写的有关贵州人文、地理、历史、军事著作的稿本、抄本等。地方名人是地方文化资源的重要组成部分，既是一个地方特有的人文资源，也是构成城市文化精髓的缔造者和传承者。贵州文化虽然没有中原地区发达，但历史上曾涌现出许多杰出的人物，如明代的杨文骢、谢三秀、孙应鳌，清代的周起渭、陈法、丁宝桢等，皆名噪一时、闻名全国。特别是"沙滩文化"的代表人物郑珍、莫友芝、黎庶昌，在我国文学史、学术史、外交史上占有一席之地，享誉海外。三家共聚沙滩一带，世代相交，结为姻亲，互为师友。在三家几代人及其门生中，涌现出的作家和学者多达几十位，代表了当时贵州文化的最高水平。

郑珍作为"沙滩文化"的杰出代表，被近代学者推崇为"西南巨儒"。其诗作被后来在全国影响最大的"同光体"诗派推奉为"宗祖"。其文化学术成就达到当时全国一流水平，著作体裁涉及经史、诗画、地理、训诂、版本、目录、科教等多个领域。其与莫友芝精心修撰的史志著作《遵义府志》，被近代著名学者梁启超誉为"天下第一府志"。馆藏有：《荔波县志稿》《仪礼丧服汉魏六朝注说标记》《说文新附考再稿》《郑珍著作残稿四件》《郑珍给莫友芝手札》《仪礼私笺》《郑珍评莫友芝诗稿笺》《巢经巢未刻诗稿》等。

莫友芝，与郑珍并称"西南巨儒"，沙滩文化的重要代表。晚清金石学家、目录版本学家、书法家、诗人。他潜心学术，搜藏典籍，在研究版本金石目录方面自成一家。所写的几部金石目录专著，有很高学术价值。馆藏有：《郘亭诗抄》《郘亭印存》《影山词》《杨龙友山水移集跋》《仿唐写本说文解字木部一卷》《郘亭金石跋不分卷》《宋元旧本书经眼录三卷附录二卷》等。

黎庶昌，晚清著名的外交家、文学家、散文家、学者。贵州放眼看世界的第一人。历任英、法、德、西班牙四国参赞，先后到过德、法、美、西班牙、意大利、比利时等多国。其间，留心考察各国政治、经济、军事、文化、地理和民俗风情，编纂了《西洋杂志》一书，详细记载了西欧各国的文化以及风俗。两度出任驻日大臣，使日期间，收集流传在日本的我国散佚古籍珍本 26 种，汇刻为《古逸丛书》200 卷。此外，他还主修了多部史志地理专著，为国内学术研究提供了极其宝贵的资料。馆藏有：《黔故颂》《牂牁故事》《黎氏家族》《遵义沙滩黎氏家谱》《拙尊园丛稿》《西洋杂志八卷》《古逸丛书二百卷》《黎庶昌诗赋原稿》等。

贵州是一个多民族聚居的省份，有"文化千岛"之誉。各民族创造了各自光辉灿烂的民族文化，留下了卷帙浩繁的文献典籍。贵州少数民族古籍主要是彝文、水文和布依文古籍，不仅数量众多，而且内容涉及范围非常广泛。我馆收藏的彝文、水文等珍贵少数民族古籍也一定程度反映了贵州古籍的特点。少数民族古籍对促进民族文化的发展、推动各民族之间的文化交流和丰富中华民族的文化起到了非常重要的作用。馆藏有：《水族通书》、水族《白用正书》、彝族《换神筒经书》、彝族《解怨经》、彝族《古文字写本》等，对于民族历史、语言、艺术、习俗和宗教等方面的研究都有重要参考价值。

三、馆藏古籍珍善本

大般若波罗蜜多经册 （唐）玄奘译，北宋写金粟山广惠禅院经本。经折装一册（图 1~3）。

玄奘（602~664），唐僧，旅行家，佛教经典翻译家，法相宗创始人。本姓陈，名祎。幼年从兄出家，精通经论，熟悉儒道百家典籍。被尊称为"三藏法师"，俗称"唐僧"。

经卷内容为《大般若罗蜜多经》卷第十三，以墨笔书写于绘有朱丝栏的黄色麻皮纸上，无书写人款。封面题签"滋蕙堂藏唐人写经"，下有三行小字"经潘氏滂喜斋叶氏丽楼鉴藏，戊子仲冬徐桢立题"。内封为吴大澂题签"大般若波罗蜜多经卷十三"，下有楷书小款"唐经生书，滋蕙堂曾氏旧藏，今归滂喜斋潘氏，吴大澂题"。内封题签钤印一枚：白文"清卿"。首页有"刘铨福""郑盦"等收藏定印，册中有赵之谦清同治十年（1871）题记，册后有叶德辉光绪壬寅（1902）、乙巳（1905）及民

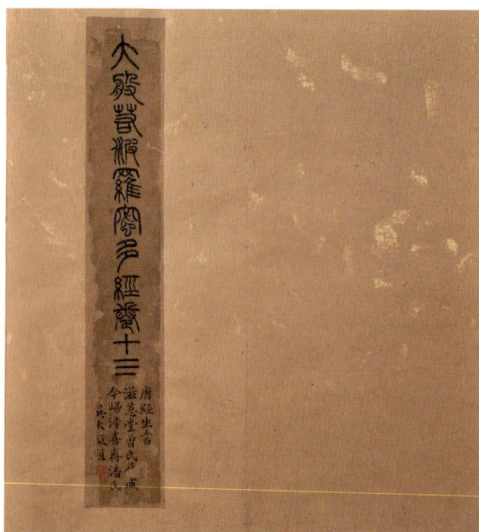

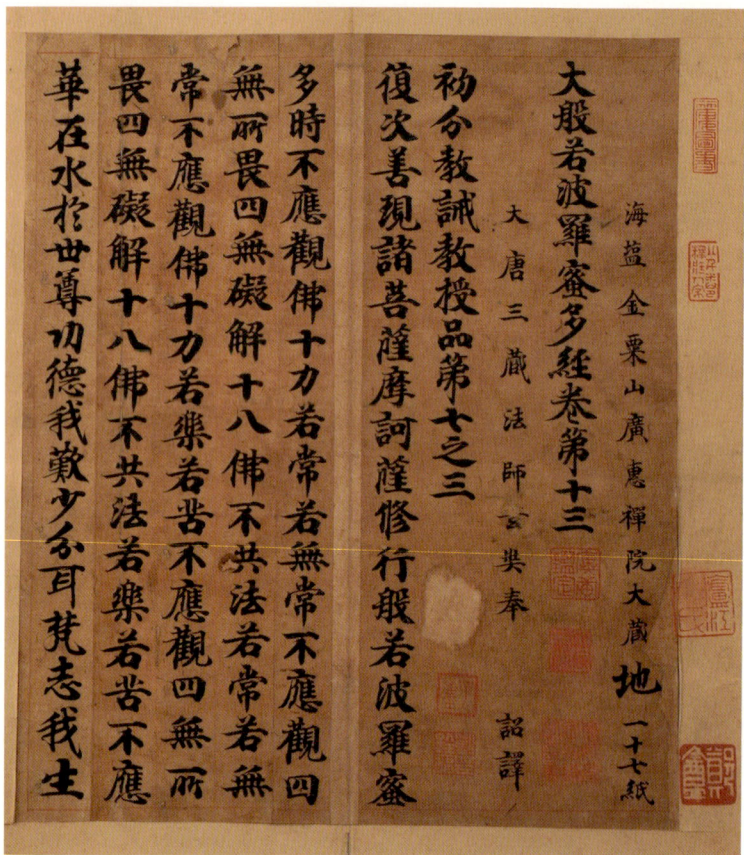

图1（上左）：《大般若波罗蜜多经册》封面题签"滋蕙堂藏唐人写经"

图2（上右）：《大般若波罗蜜多经册》吴大澂题签"大般若波罗蜜多经卷十三"

图3（下）：北宋写本《大般若波罗蜜多经册》

国丙辰（1916）题跋。经后有"刘铨福"收藏印及"煦堂""伯寅"等鉴定印。此经卷入选《中国书法全集》，有极高的历史文物价值及艺术价值，入选第一批《国家珍贵古籍名录》（编号：00849）。

《新编方舆胜览》（宋）祝穆撰，元刻本。全书共 70 卷，分 4 函，计应有 32 册，现仅存 28 册，缺卷 1、2、5、6、7。（图 4）

祝穆（？~1255），字和甫，建阳（今福建建瓯）人，曾受教于南宋理学家朱熹。

本书为南宋地理总志，主要记载南宋临安府（今浙江杭州）及其辖下的浙西路、浙东路、江东路、江西路等十七路所属的府州等地的郡名、风俗、形胜、土产、山川、学馆、堂院、亭台、楼阁、轩榭、馆驿、桥梁、寺观、祠墓、古迹、名官、人物、题咏等，内容十分丰富全面，对了解南宋时期江南各地的经济、文化、风俗、民情、山川、土产等有着极大的帮助。其中，记有现在属于我省辖区的地理情况，如思州、播州、珍州、遵义军、南平军及务川、思南、白锦堡等。书中有明代官员叶盛朱文楷字收藏印。该书收录于《中国古籍善本书目》，入选第二批《国家珍贵古籍名录》（编号：02873）。

《贞观政要》（唐）吴兢撰，明成化元年（1465）内府刻本。全书计 10 卷，40 篇。装订为 6 册。（图 5）

吴兢（670~749），汴州浚仪（今河南开封）人。唐朝著名史学家，于武周、中宗、玄宗历朝居职，官至太子左庶子。

本书是一部政论性史书，分类编辑了唐太宗与魏徵、房玄龄、杜如晦等群臣间的政治问答，以及大臣们的争议、劝谏、奏议等，以规范君臣思想道德和治同军政思想，此外也记载了一些政治、经济上的重大措施。它是中国封建统治的战略和策略、理论和实践的集大成。卷前有御制序文、集论题辞、吴兢序、目录、集论诸儒姓氏、戈直集论。首册序文末及各册之首均钤朱文"广运之宝"，首册序头钤朱文"北平谢氏藏书印"。该书刻版精良，又是内府颁赐本，现国内流传稀少，较为珍贵，收入《中国古籍善本书目》，入选第二批《国家珍贵古籍名录》（编号：03836）。

《策要》（元）梁寅撰，明刻本。此书共 6 卷，仅存卷 1、2，合订为 1 册。（图 6）

梁寅（1303~1389），字孟敬，新喻（今江西新余）人。元末明初学者、儒士。

该书正文分若干则，每则标题为经史名称及帝王名称等，先作简介，继作论述，论述低一格刊印，为作者个人对经史原著的诠释。封面用泥金题签："元椠本策要残

图 4（上）：《新编方舆胜览》

图 5（下）：《贞观政要》

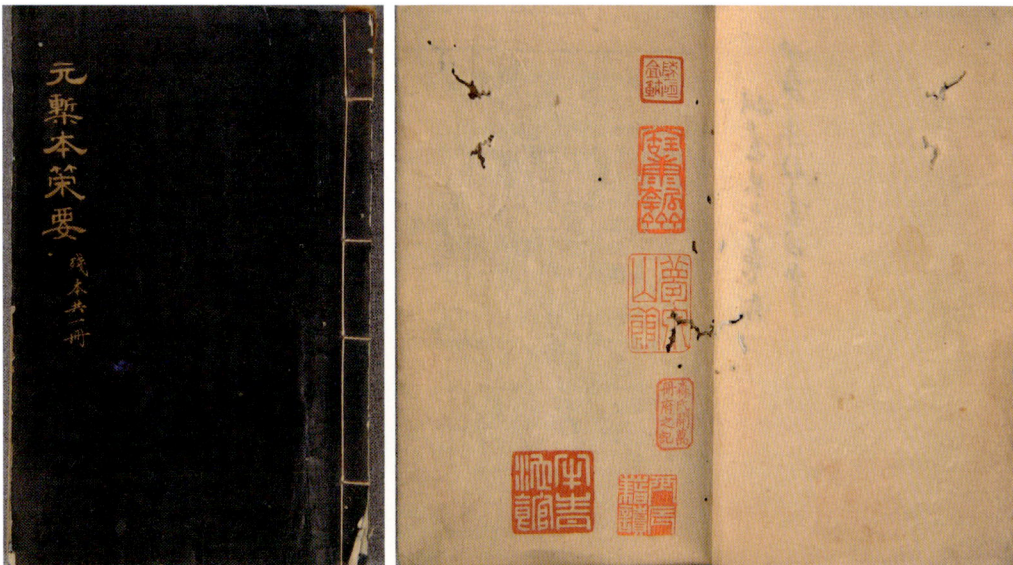

一陰一陽而已陽之象圜圜者徑一而圍三陰之數
方方者徑一而圍四四者以二
而為三圍四者以二為一故兩其一陽
謂三天兩地者也　三一之合則為五矣故圖書皆五
居中也易範之則於圖書者居其
中則洛書於其實也河圖之虛五與十者大極也
奇數二十偶數二十者兩儀也以一二三四為六七
八九者四象也折四方之合以為乾坤離坎補四隅
行其二為五事其三為八政其四為五紀其五為皇
極其六為三德其七為稽疑其八為庶徵其九為福
極其位與數尤曉然矣然則圖書果不可以相通乎
曰論其取則易乃伏羲之所得於圖而初無所待於書

圖書實未嘗不相通蓋以河圖所虛　則洛書

大衍之數橫十五之數也以至乘十以乘五則又皆
十五之數也虛五則大衍五十之數也積五與十則
洛書縱橫十五之數也
然則所謂經緯者何也曰經緯者亦猶以上下
為經左右為緯蓋主圖而言則圖為經而書為緯矣
主書而言則書為經而圖為緯也
者為表以相通者為裏故圖之表為九而其裏亦
可明矣而書之表為九時而其裏亦可以畫卦也

先天
孔子曰太傳天地定位至易逆數也一節明伏羲八卦
大極既分兩儀立矣陽上交於陰陰下交於陽而四
象生矣陽交於陰陰交於陽而生天之四象剛交於柔

图 6：《策要》

本共一册。"册首衬页上有日本著名医学家、文献学家与考据学家森立之"森氏开万册府之记"朱文长方印，衬页下角有"雨辰借读"白文方印，还有贵阳陈矩的收藏印，"梦泉山馆"朱文方印，"半青池馆"白文方印。本书为陈矩随黎庶昌出使日本时购得携回贵阳，后由陈恒安收藏。收入《中国古籍善本书目》。入选第二批《国家珍贵古籍名录》（编号：04744）。

《影山词》（清）莫友芝撰，清稿本。装定为1册，共3卷："影山词一""影山词二"和"影山小词外集"。(图7)

莫友芝（1811~1871），子偲，号郘亭，贵州独山人。清代著名学者、金石学家、目录版本学家、书法家、藏书家、诗人。与郑珍并称"西南巨儒"，沙滩文化的重要代表。在文字训诂、音韵、版本目录、书画鉴定方面有精深造诣。其在学术和文学艺术上多方面的成就，形成了独具一格的"影山文化"，对贵州文化的开拓和发展做出了重大的贡献。

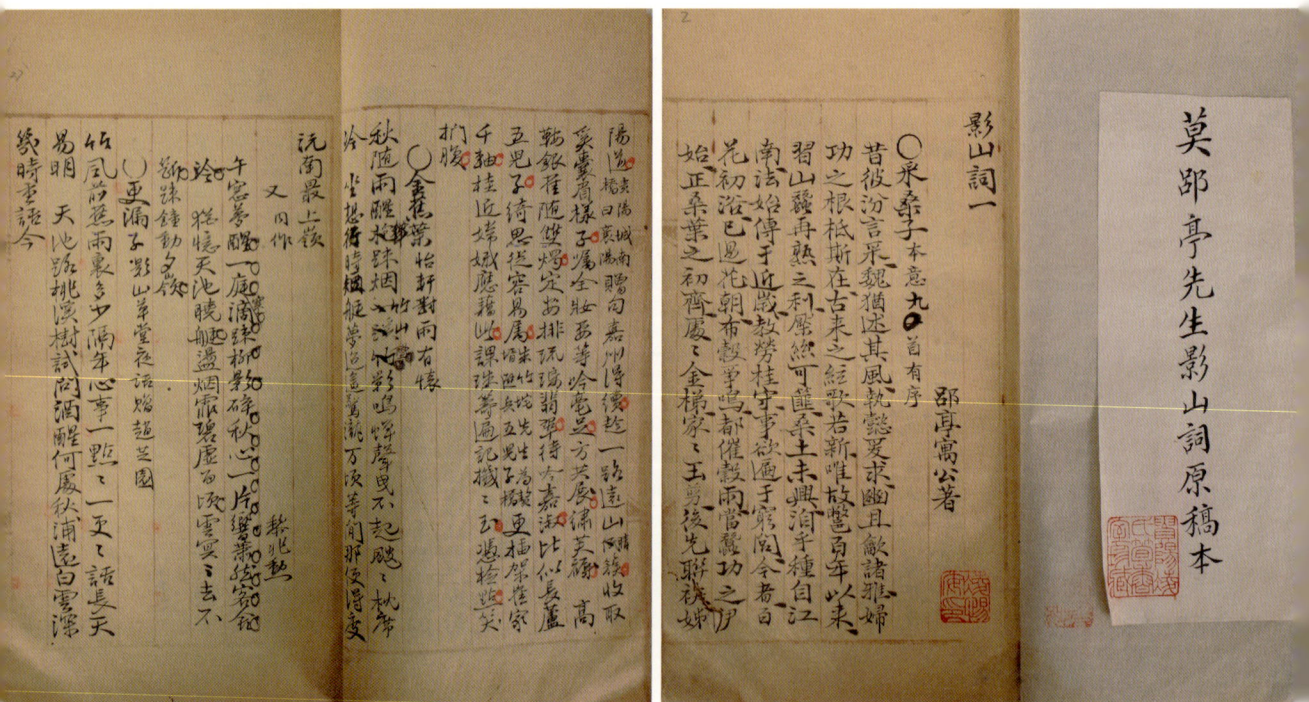

图7：《影山词》

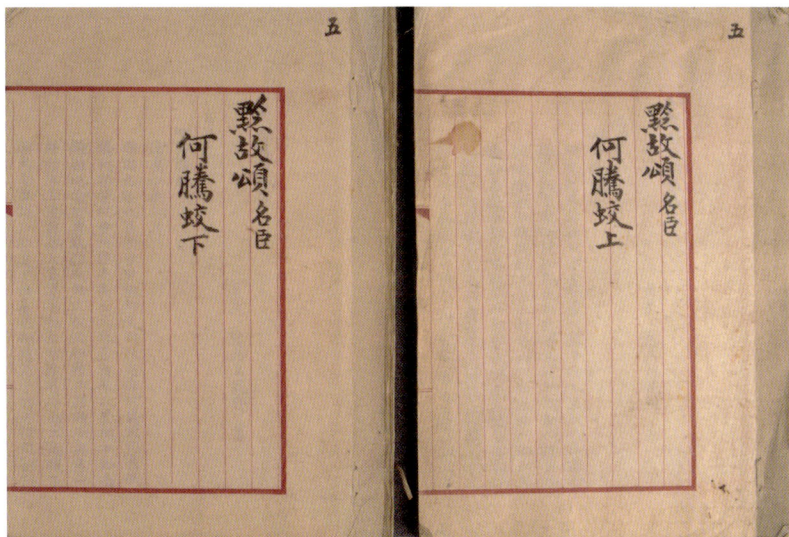

图 8 :《黔故颂》

本书为莫友芝亲自书写，作词 100 多首，遵义黎兆勋朱笔批注圈点。内封题签"莫郘亭先生影山词原稿本"，有朱文篆书印"贵阳凌氏笋香室珍藏"和"凌惕安印"。稿本《影山词》，是莫友芝的重要作品，具有重要的文献价值和一定的文物艺术价值。入选第四批《国家珍贵古籍名录》（编号：01144）。

《**黔故颂**》（清）黎庶昌撰，清稿本。1 部，共 24 册。（图 8）

黎庶昌（1837~1897），字纯斋，遵义禹门乡沙滩人，晚清著名的外交家、文学家、散文家、学者。历任英、法、德、西班牙四国参赞，两度出任驻日本大臣，以其渊博的学识和高尚的情操，赢得日本朝野文士的敬仰。被誉为"贵州走向世界第一人"。

此书是黎庶昌收录编纂的一部贵州从汉到清历史名人的专题资料集，搜集了 100 多位名人生平事迹，分为名臣、忠义、循史、儒林、文苑、孝友、货殖、方技、烈女、土司等十类，写成赋体形式的传记。由于全书是以稿本存世，并未完成，黎庶昌撰写有颂的仅何腾蛟、莫友芝、周起渭、谢三秀、郑珍、陈法、唐树义、杨芳等人，土司部分为合颂，其余 115 人尚无颂，但稿本中有的人物在结尾有颂字而无具体内容，显然是尚未来得及写颂。其中，有颂明人何腾蛟独占 2 册，书末附郑珍"三月初十访何忠诚公故宅"文；清李世杰、杨芳各占 1 册。此稿未刊行，为珍贵稿本。本书为贵州省志的编修和历史研究提供了可贵资料，有较高的文献价值。大部分内容为民国《贵州通志·人物志》收录。

古籍是贵州省博物馆的重要藏品之一，是不可再生资源。古籍既有文物性，又具有文献性。作为博物馆人，我们有责任和义务将这些珍贵的文化典籍保护和传承下去，使其价值得到最大限度的发挥和更加合理的利用。

参考文献

1. 龚正英：《浅谈我馆文献的征集收藏和开发利用》，贵州省博物馆编：《黔博耕耘录》，贵州人民出版社，1998 年。

2. 李黔滨主编：《贵州省博物馆藏品集》，贵州人民出版社，2013 年。

馆藏杂项文物

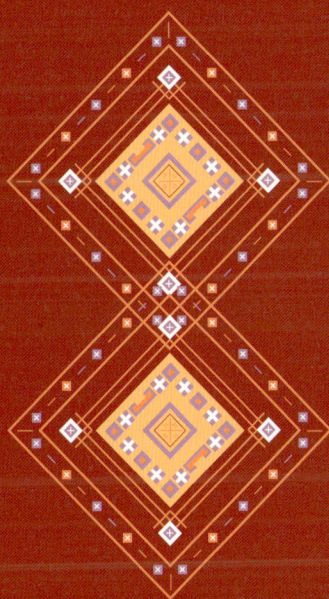

馆藏杂项文物

李琬祎

"杂项"，是当代博物馆用于分类的一个类目，但凡不属于传统收藏项目如青铜器、玉石器、陶瓷器、书画一类的器物，以及若干零星入藏不成规模、不成系统者，如文房用具、竹木牙角雕等，这一些小品类文物统称为杂项类文物。

我馆杂项文物主要包括文房用具、鼻烟壶、漆器、雕刻造像、玉石雕、竹木牙角雕、翡翠、琥珀、珊瑚、水晶、珍珠、玛瑙、果核雕等，以及一些无法准确归类的物品如宣德炉、剔红漆雕等。种类繁多、形制奇巧、工艺精美、魅力无穷！

一、文房用具

中国传统的文房用具，器型繁多、种类复杂、用途广泛，在所有文房用具中，除了有"文房四宝"笔、墨、纸、砚之外，还有"书案三珍"即水盂、水注、水洗。

（一）砚

亦称为研，中国传统手工艺品之一，文房四宝中传世最久的一宝。砚台的材料丰富多样，除端石、歙石、洮河石、澄泥石、徐公砚、易水砚、松花石、红丝石、砣矶石、菊花石外，还有玉砚、玉杂石砚、瓦砚、漆沙砚、铁砚、瓷砚等，共几十种。著名的有广东肇庆端砚、安徽歙砚、甘肃洮砚、山东鲁砚、江西龙尾砚、山西澄泥砚。

图 1（左）：西汉画眉点脂砚

图 2（中）：清仿顾二娘簸箕形端砚

图 3（右）：清透雕云龙夺珠端砚

砚台是由原始社会的研磨器演变而来。初期的砚，形态原始，是用一块小研石在一面磨平的石器上压墨丸研磨成墨汁。至汉时，砚上出现了雕刻，有石盖，下带足。馆藏西汉画眉点脂砚（图1），一套两块，一为方底圆面画眉石，一为陶片上有胭脂痕，应为古代妇女化妆用具。

魏晋至隋出现了圆形瓷砚，由三足而多足。簸箕形砚是唐代常见的砚式，形同簸箕，砚底一端落地，一端以足支撑。馆藏清仿顾二娘簸箕形端砚（图2）可窥一斑。这件砚台为簸箕形，质地端石，外部呈浅银灰色，砚台底部带有胭脂色，石质细腻，雕琢精美。正面边沿篆刻"吴门顾二娘制"六字，底部"端溪西洞"四个字皆为篆体。

唐代是砚台的重要发展时期，出现了端石和歙石两大砚材，而明清时期制砚的材质则更加丰富。馆藏清透雕云龙夺珠端砚（图3），长方形，为老坑石端砚，石质细腻温润；纹饰雕琢极为精细，线条豪放，生动有力，具有立体感。石色灰紫，天然纹有胭脂晕、火捺、六眼、十四云头，原装盒。砚台正面中下方为墨池，墨池四周精细雕琢大中小四条龙纹及流云纹。图案中的"六眼"即作珠，呈米黄色，恰巧分布在四条龙身周边，形成了中国传统雕刻中的"双龙吐珠、双龙夺珠"的纹样。珠即石眼，端砚石有眼者尤名贵。

馆藏清石鼓文第九鼓歙砚（图4），长方形，顶端左右角刻龙纹，龙首左，龙尾右，中部刻隶体石鼓文，注水凸出一横条上刻"石鼓音训第九"六字，背面刻篆体石鼓文第九鼓文字。

图4（左）：清石鼓文第九鼓歙砚

图5（中）：清顺治徐立斋"大吉利"字纹砖砚

图6（右）：清古隃糜墨

馆藏清顺治徐立斋"大吉利"字纹砖砚（图5），用一块长方形汉砖加工而成。器身布满小凹坑，两侧分别刻字"大吉利"和徐立斋题跋。

（二）墨

中国古代书写和绘画用到的墨锭。精工制作的古墨，具有鉴赏和收藏价值。墨的主要原料是炭黑、松烟、胶等，是碳元素以非晶质形态的存在。通过砚用水研磨可以产生用于毛笔书写的墨汁，在水中以胶体的溶液存在。早期的墨尚不能制成墨块而是零碎的小片，使用时撒在砚上，用研石压住磨成墨汁。

最早的墨，以隃糜（今陕西千阳）所制为贵，故名"隃糜墨"。东汉时，隃糜地区有大片松林，盛行烧烟制墨，墨的质量很好。据《汉宫仪》记载，"尚书令、仆、丞、郎"等官员，每月可得"隃糜大墨一枚，小墨一枚"。因此，古人诗文中，称墨为"隃糜"。后世制墨者，用"古隃糜"作墨名，以表示其所制之墨历史悠久，墨质精良。

馆藏清古隃糜墨（图6），漆盒盛有墨八锭，大小式样相同，长方条形，顶部为椭圆，无纹饰，一面"古隃糜"三金字，另一面"徽州詹素亭珍藏"七金字，两侧分别有金字"益元氏选烟"与"詹素亭监制"，顶部有"五石超顶"四字。

馆藏清双龙祥云纹墨（图7），长形，四角圆，边沿较薄。一面印双龙，围绕上下

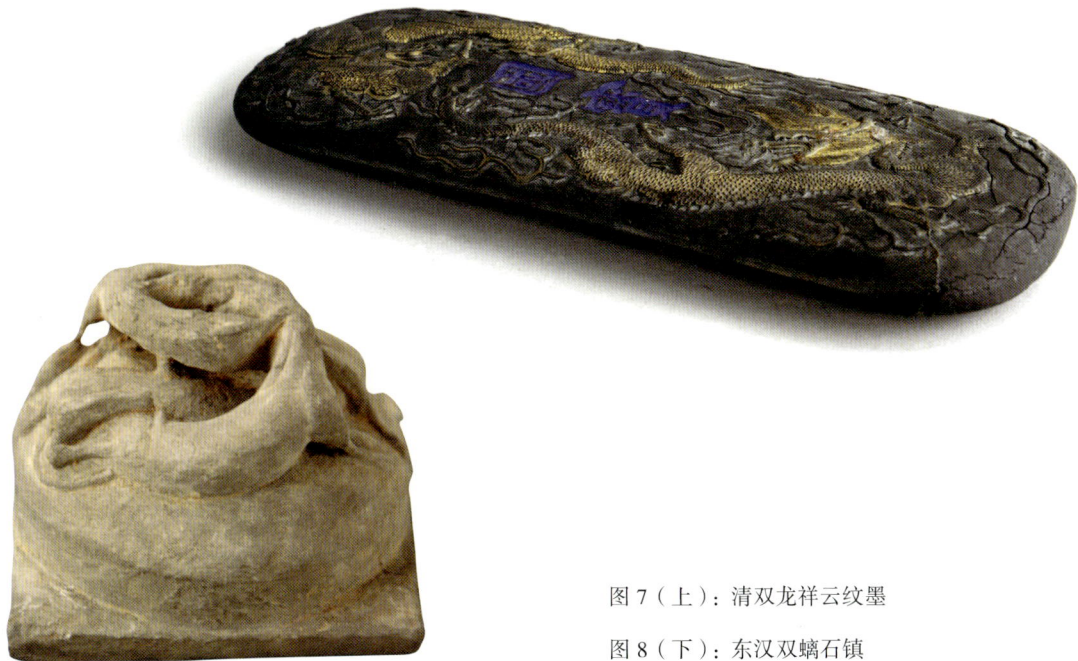

图7（上）：清双龙祥云纹墨

图8（下）：东汉双螭石镇

中部"国宝"二楷字填普蓝；另一面四组祥云，中部"大明永乐年造"六金字。龙云亦填金。清乾隆时仿制。

（三）镇纸

指写字作画时用以压纸的东西，常见的多为长方条形，故也称作镇尺、压尺。最初的镇纸是不固定形状的。镇纸的起源是由于古代文人时常会把小型的青铜器、玉器放在案头上把玩欣赏，因为它们都有一定的分量，所以人们在玩赏的同时，也会信手用来压纸或者是压书，久而久之，发展成为一种文房用具——镇纸。

馆藏东汉双螭石镇（图8），底座四方形，上部半圆，顶部透雕双螭，作相互缠绕状，颜色呈深灰色。

馆藏姚华摹虎纹铜镇纸（图9），一对两块。长方形，两块合在一起即成正方形。正面合成可见中间雕刻有一虎头，周围刻有文字，皆姚华书法。

（四）水盂

古代读书人用于砚池的贮水小罐，是指盛水以备磨墨之用的盛器，器型一般不大，多为圆形，小口大腹。取水往往使用细长柄的铜水匙。制造水盂的材质以瓷质居

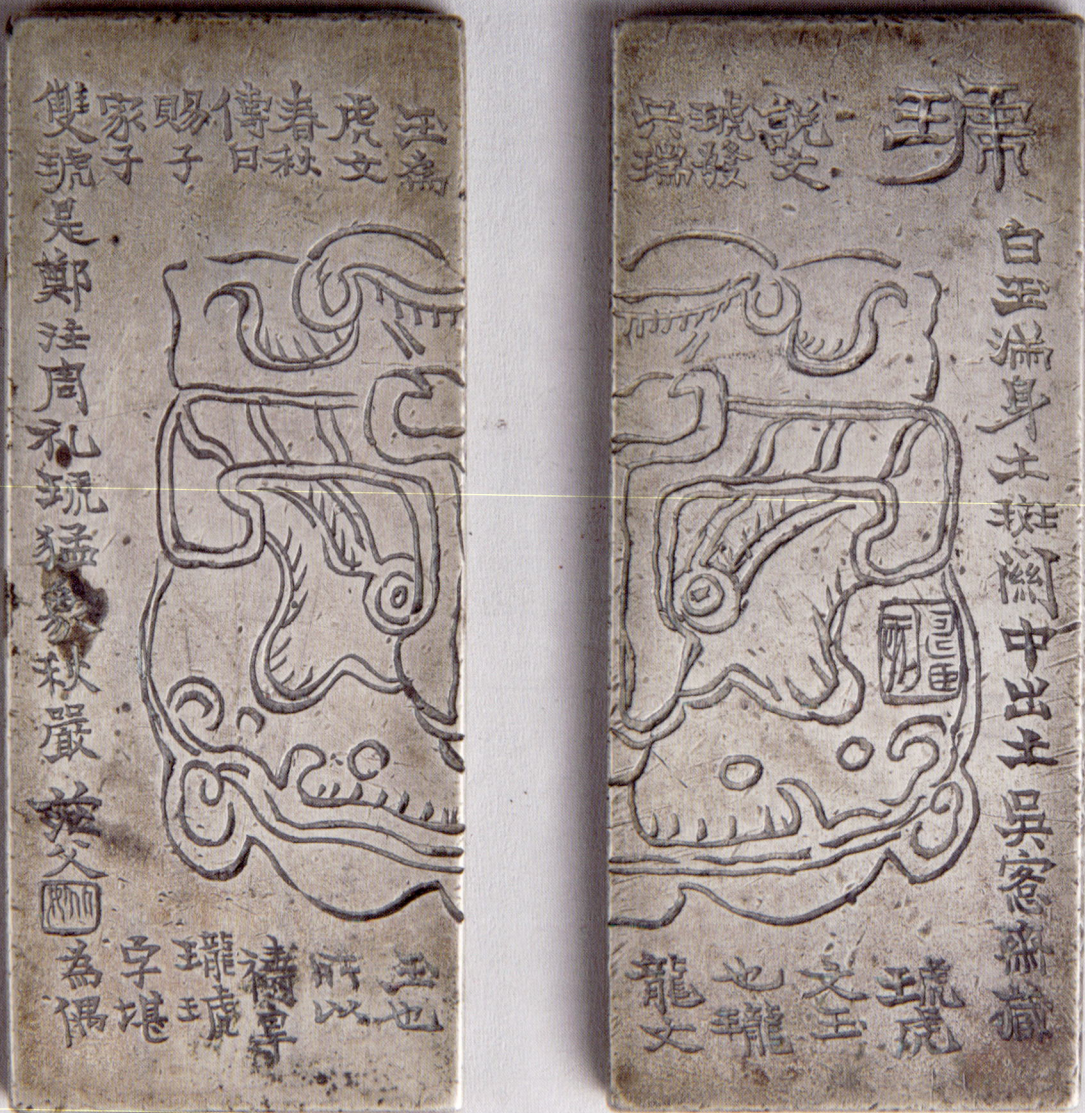

图 9：姚华摹虎纹铜镇纸

图 10（左）：六朝青釉陶兽水盂

图 11（右）：西汉铜兔水盂

多。水盂除实用意义外，更多的是作观赏陈设之用。它供置于书斋的案几之上，与砚田相伴，与文人相对。

馆藏六朝青釉陶兽水盂（图 10），塑为狮形，昂首站立，全身用细纹刻画出卷曲的毛发，狮背有一长颈口，狮身饰青釉，开鱼牙片纹，看起来形态生动、雄浑。

馆藏西汉铜兔水盂（图 11），长椭圆形。兔昂首挺胸，四足作踞伏状。腹内空，背部剖成一凸盖，背脊上一扣片插于两耳间，用铆钉固定背脊至尾，有一尾片，既是兔子的尾巴，又是掀盖之钮。设计之巧妙，造型之优美，可算一件佳品。

在古代，"书案三珍"多为上层社会贵族、士大夫阶级和文人雅士使用。故而历来特别讲究其艺术品位。这些既体现了古代文人"于世为闲事，于身为长物"的心境，也折射出中国古代传统文化的博大精深。

（五）水注

也称为砚滴，其功能是往砚台上滴水之用。器形似小水壶，其细小的流水可供注水用，大多中空而无盖，有的设有小气孔，用手指按住气孔，水便流不出来，以掌握注水的多少。制造水注的材质以陶、瓷、铜、玉为多见，形制丰富多样。

馆藏六朝青瓷蛙形水注（图 12），圆形，被做成圆鼓腹，前伸一嘴，双眼圆睁，跃跃欲试的扁状蛙形，背部塑圆管型注水口，通体为黄绿开细片纹釉。形体别致生动。

图 12（上）：六朝青瓷蛙形水注

图 13（中）：清青花山水人物瓷笔筒

图 14（下）：清白菜形青田石笔筒

当它陈于案头，予人感觉是件精致玲珑的工艺品，平添了主人的几分雅趣，看见它，我们会啧啧赞赏制作者的奇思与巧制。

（六）笔筒

为筒状盛笔的器皿，多为直口、直壁，口底相若，造型相对简单，没有大的变化。笔不用时插放其内。材质较多，瓷、玉、竹、木、漆均见制作。或圆或方，也有呈植物形或他形的，是文人书案上的常设之物。在古代，笔筒以其艺术个性和较高的文化品位，受到文人墨客的青睐。明代文人朱彝尊曾作《笔筒铭》，云："笔之在案，或侧或颇，犹人之无仪，筒以束之，如客得家，闲彼放心，归于无邪。"

馆藏清青花山水人物瓷笔筒（图 13），圆口筒形，底平至中心有一乒乓球大小圆形凹成圈足，无款。器身为青花绘弦纹、山水、房屋、茅亭、小舟、人物，用笔工整、浓淡适宜。

馆藏清白菜形青田石笔筒（图 14），石质微黄带青，青田石雕成白菜形状，惟妙

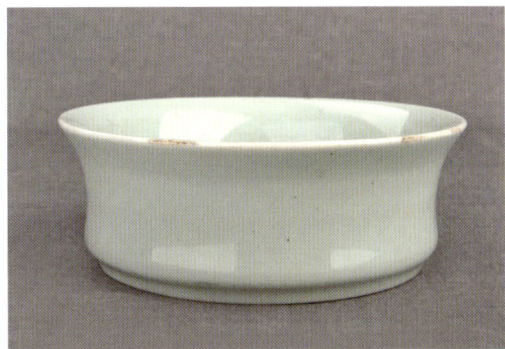

图 15（左）：清雍正粉绿笔洗

图 16（右）：端石蟹荷笔洗

惟肖。配椭圆台型六足木座，既可使用，又具有赏玩价值。

（七）笔洗

是用来盛水洗笔的器皿，造型丰富多彩，情趣盎然，而且工艺精湛，形象逼真，作为文案小品，不但实用，还可以怡情养性，陶冶情操。古用贝壳、玉石制作；宋代已有典雅的瓷笔洗问世；明代还有用铜制作的小盂作笔洗，历代多以玉、陶等制作，较为丰富多彩。型以扁圆形、青花瓷为多，上饰各种花纹图案，极富朴素、文雅和庄重感。

馆藏清雍正粉绿笔洗（图 15），敞口束腰，圈足。通体呈粉绿色釉，白胎。釉色均匀，器型规整。器底青花篆书款"大清雍正年制"六字双排款。制作精美工整。

馆藏端石蟹荷笔洗（图 16），椭圆荷叶形，一端和中间刻有两只螃蟹对视，雕水草叶与海螺作为边饰，蟹背上均有石眼。雕琢精致，栩栩如生。盒盖上刻有"寄萍堂藏白石记"，有"齐"字章一方。

（八）印章

是一种雕刻和书法相融合的艺术，是和中国书法、绘画密不可分的艺术样式。用于钤在书法、绘画作品上，有名号章、闲章等，多以寿山石、青田石、昌化石等制成，也有铜、玉、象牙章等。印章名称很多，主要有玺、宝、图章、图书、图记、钤记、钤印、记、戳记等。秦之前，印章通称为玺。秦统一中国后，只有天子之印称为玺，其余的都称印。汉代，诸侯王称玺，将军称章，其余称为印。后来到了清代，皇帝之印称为玺，部分也称为宝，郡王以下的官员的叫印，私人的叫图章或印章等。

馆藏明梁袠刻赠倪元璐昌化石印（图17），一对两方，正方形无钮，呈青灰闪黄色，有青色痕、朱色斑点。一刻白文"仪天翁"，一刻朱文铁线体"痴叔"，均小篆。边款刻"崇祯元年安次戊辰上瀚作于鹤野山房，元璐老先生晒存雅玩，千秋制"。

馆藏清"凤麟洲宝"玉印（图18），碧绿色，通体葱郁泽润，形体颇大而方整。钮作高浮雕"天禄"连体双兽形，两首背向，四足，作蹲伏状。印面阔边朱文，小篆"凤麟洲宝"，双行竖读。凤麟洲是我国古代传说中的神仙居地，在西海中央，洲上有凤凰与麒麟，数百合群，仙家用凤啄和麟角煎制成胶，名"集弦胶"，或曰"连金泥"，称能粘连断弦折剑。这方印当属闲章，而传世经历不详，1953年安顺专署文教科拨交我馆收藏，据称此印原藏中央古物保存所。抗日战争时期，该所藏品随北京故宫藏品运至安顺躲避战火，此印在这一时期散落在安顺。中央古物保存所的藏品大多为明代应天府的故物，据此推断，这方印当是明代王公玩物。

馆藏清康熙查昇铜套印（图19），用铜材制成，并由五枚大小不同的印组成。最外层印，立体四方形，有底无顶，底为方印，印文均为篆体，印文概属闲章，底部、四面皆有印文；第二枚印，四方形，有底无顶，底为圆印，四边有葫芦形、腰形等，印文均为篆体，仍属闲章，底部、四面皆有印文；第三枚与第二枚可为一组，分别位

图17（左）：明梁袠刻赠倪元璐昌化石印

图18（右）：清"凤麟洲宝"玉印

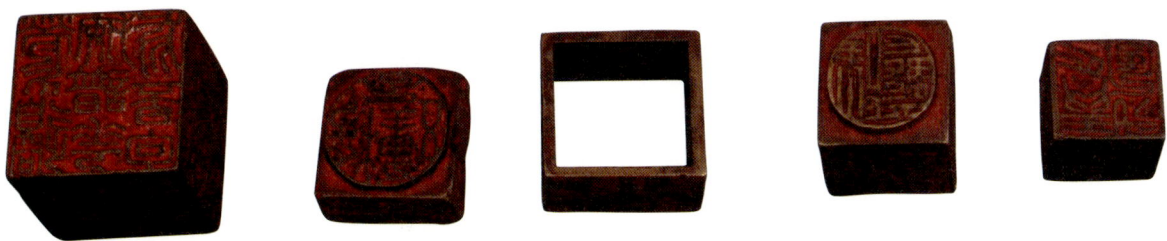

图 19：清康熙查昇铜套印

于上下层，四方框形，无顶无底，四边刻印，印文均为篆体，亦均属闲章；第四枚与第一枚相似，唯有底部饰圆印，印文均为篆体，同为闲章；最后一枚，也是其中最小的一枚，印为立方体，六面刻印，印文均为篆体，其中"声山翰墨"名号印，余亦属闲章。此印制作工艺精细，铜材需先熔铸成形，再加工制作，使得每枚印恰如其分、取用自如。组合设计上较为独特，将异形印与方形印巧妙地组合为一体。雕刻上章法得体，印文均为篆体，白文古雅庄重，下笔有力，转折时血脉贯通，笔画圆润而不臃肿。朱文印文清雅而有笔意，流动有神。

二、鼻烟壶

鼻烟壶是专门用来盛放鼻烟的容器。因其造型小巧玲珑，制作精美，材质丰富，形制繁多，并以其独特的艺术魅力，一直深受人们的喜爱和追捧。鼻烟壶始于明代，目前我们常见的鼻烟壶，多是清康熙以后的制品。专家们认为，清代鼻烟壶是浓缩了中国传统技艺的袖珍艺术，集绘画、书法、雕刻、镶嵌等艺术于一身，利用玉石、瓷器、料器、匏器、珐琅、金属等载体，生动体现中国艺术的博大精深，具有很高的研究和收藏、鉴赏价值。

清代用于制作鼻烟壶的材质很丰富，有金银、玉石、翡翠、玛瑙、琥珀、玻璃、珐琅、象牙、陶瓷、果核、犀角等；鼻烟壶在装饰艺术方面也运用了各种艺术手法，如绘画、书法、烧瓷、碾玉、刻牙、雕竹、剔漆、套料、范匏、镶金银、嵌螺钿等，可谓集多种艺术之大成；鼻烟壶的造型各式各样，琳琅满目，有扁瓶形、椭圆形、石榴形、桃形、葫芦形、灯笼形、瓜形、鹰形、象形、鱼形、龟形、玉兰花形等各种仿花果植物形、仿人物动物形以及因材而宜的随形，应有尽有，惟妙惟肖。

图 20：清乾隆豇豆红鼻烟壶　　图 21：清透雕瓜形玉鼻烟壶

　　馆藏清乾隆豇豆红鼻烟壶（图20），鼻烟壶瓷质，通体豇豆红，光素。釉色不均，颈肩部淡薄，现白色斑点，由上至下颜色渐深。扁瓶形，两侧椭圆形。扁圈足，小口短颈，半圆形白灰玉盖连骨勺。此烟壶造型规矩，色彩纯正，做工精细，具有清早期鼻烟壶的明显特征。

　　馆藏清透雕瓜形玉鼻烟壶（图21），白玉雕琢，呈椭圆扁体瓜形。壶身纹饰分为上下两层：上面一层为主题纹，透雕瓜茎，浮雕瓜叶、瓜藤纹，枝叶茂盛；底层用细线条雕刻龟背万字纹。口部上配有翠玉斗笠形盖，盖上翠玉透雕枝叶纹钮。壶内配置象牙勺。此烟壶玉质温润，光洁晶莹，制作精美。不仅是实用器，也是一件很精美、尽显名贵的工艺品。

　　馆藏清雀脑铺首鼻烟壶（图22），鼻烟壶石质，壶体为上广下狭扁壶形，表面光洁，通身由雄黄、赭色、玄色斑构成不规则纹理。双肩雕饰兽头铺首耳。壶顶为翠绿圆形玉盖，下连竹匙。此鼻烟壶光泽柔美，体态端庄。半透明深红琥珀，有不透明雄黄色、赭色、玄色斑，亦称"雀脑"者。铺首耳是鼻烟壶壶体的一项重要装饰。兽首衔环的图案诞于青铜文化，清乾隆、嘉庆年间十分流行。前期衔环较圆，后期衔圈拉长。

　　　　　　　　　　　征途——贵州省博物馆建成六十周年纪念专集

图 22（左）：清雀脑铺首鼻烟壶

图 23（中）：清茶晶刻花带盖鼻烟壶

图 24（右）：清京料内画山水人物鼻烟壶

馆藏清茶晶刻花带盖鼻烟壶（图23），鼻烟壶茶晶质，带璞。浑圆鼓腹，形如鼓泡。银镀金镶珊瑚盖。壶身一面刻书笈、拂尘。另一面刻一小猫蜷卧于数枝牡丹之下，雕工细腻，画面形象生动。

馆藏清京料内画山水人物鼻烟壶（图24），鼻烟壶玻璃质。壶体扁平，壶顶为深绿色玉盖连骨勺。一面绘仕女抚琴于竹林湖旁，眉目清晰，表情温柔，身后立一婢女。一青年侧身探头在湖石后窃听。画面布局丰满，人物神态生动传神，色彩典雅。另一面绘一老翁身披蓑衣、头戴斗笠、泛舟江上、独自垂钓的情景，岸旁松柏茂密葱郁，淡雅静谧，如同世外桃源一般。

三、漆器

在传统工艺品中，漆器盛于各代，历史悠久，源头直溯至石器时代，历代皆有可称道的珍品。而贵州古代的这种工艺品，从如今的发现来看，仅见汉代漆器，且数量少。保存下来的两件漆器，铭文之多，记事之完备，当属汉代漆器之翘楚，异常珍贵。这些文字逐一介绍了两件器物制作的年代、地点及所需工序、管理人员，"一杯卷用百人之力，一屏风就万人之功"（《盐铁论·散不足》），把倾众人之力方可完成的漆器制作作了更具体的叙述。

馆藏西汉朱绘夔纹海潮纹漆盘（图25），1959 年出土于清镇新桥汉墓中。麻胎，黑地，朱绘兼有鎏金，形如满月，敞口折唇，上大下小，浅平底，唇边铜扣鎏金。盘身内壁绘夔纹图案，外壁绘海潮纹图案。平底中央线描凤鸟纹样。折唇背面针刻隶书铭文共 61 字："元始四年，广汉郡工官造乘舆髹羽画纻黄扣饭槃，容一升。髹工则、上工良，铜扣黄涂工伟、画工谊、羽工平、清工郎造。护工卒史恽、长亲、丞冯、掾忠、守令史万主。"

馆藏西汉黑漆地朱漆绘对鸟纹耳杯（图26），1958 年出土于清镇琊珑坝汉墓，麻胎，黑地、朱绘，呈椭圆形，杯壁为弧形，底心微凹，髹以黑漆。内壁为朱漆。口沿一周绘雷凤纹。两耳铜扣鎏金，呈新月形，正面绘雷纹，背面绘卷草几何纹。这件漆器外壁有 70 字针刻隶体铭文："元始三年，广汉郡工官造乘舆髹羽画木黄耳桮。容一升十六籥。素工昌、休工立、上工阶、铜耳黄涂工常、画工方、羽工平、清工匡、造

图 25（上）：西汉朱绘夔纹海潮纹漆盘

图 26（下）：西汉黑漆地朱漆绘对鸟纹耳杯
（复制品）

工忠造。护工卒史恽、守长音、丞冯、掾林、守令史谭主。"具有如此完备记事铭文的漆器，在国内出土汉代同类漆器中实属罕见。

四、雕刻造像

雕刻造像自古有之，常见的有木雕、玉雕、铜雕、石雕、牙雕等，造像多为保佑家庭平安、兴旺、聚财等而制，并带有一定的宗教信仰色彩。从大的类别上分，主要有佛、道两类，其中尤以后者居多。长久以来，雕刻造像都被民众赋予丰富的文化含义，且多有祈求平安吉祥之寓意。

东汉年间，佛教东传中土，至今已近二千载。佛教文化经过与中国传统文化相融合，已经深深融入中国人的思想意识、宗教信仰、生活习惯、日常言语之中。馆藏明菩提达摩佛铜造像（图 27），佛像头颅光突平滑，颅后下部以一个个小曲状发卷环绕。面向前微抬，张嘴露齿，瞠目，眉宇紧皱，两耳下垂，高鼻梁，面容清瘦。上身赤裸，肩胛凹洼，骨骼突现，腹部凹入，左右肋骨历历可数，后背显露出背胛与节节脊椎，显示出苦行僧的真实形象。宽松的僧裤挽至膝间，褶裥叠叠，淋漓尽致地表现出了"衣带渐宽终不悔"的苦行修炼意志。达摩一足上蹲，双手抱膝，与下颌相承，一足下垂，作踞坐状。一副超然物外、禅定静穆之态。铜像表面光滑润泽，棕色发黑，更显老僧深沉严谨。

馆藏清圆雕白玉太白像（图 28），玉质纯净莹润、颜色青白自然。取整块玉料为材，根据玉石的自然形态进行构思和设计，以圆雕技法，随形赋意，施以雕镂，生动地塑造出唐代大诗人李白醉倚书函，持杯望月，若有好诗盘旋胸中，随时喷薄而出之情状。圆雕玉像舒畅健朗、转承启合，镂刻技巧极精湛，应为清代玉雕高手所作。充分利用原玉石的奇美材质，以恰到好处的雕琢，使雕像在自然美与人工美的结合上相得益彰，达到了很高的水平。

馆藏清玉雕钟离像（图 29），由玉雕钟离像和玉雕靠背座子组成。像为青白玉，座子为深绿色玉。钟离静坐，瓜子脸，大耳，留长须。头戴帽，两根帽带脑后系花结，飘垂搭在两肩上。袒胸露右臂，背后现腰带，右脚盘于左膝，有袈裟盖住，只见如意纹鞋尖。右手放右膝上，左手执芭蕉扇，左脚踏于底座，与凹处相嵌合。玉座为垂直整体，正中外壁隆起，内壁凹，两侧稍低，座位如长横凳，底部为不规则的长方

图 27（左）：明菩提达摩佛铜造像

图 28（中）：清圆雕白玉太白像

图 29（右）：清玉雕钟离像

形，周边有 10 个小穿孔，可能原来配有保护或固定雕像的物件，现已无存。像与座相嵌，仿佛人坐山中。像和座为白绿色，相衬很协调，是一件珍贵的玉雕工艺品。

五、各类雕刻

雕刻，指用各种可塑材料（如石膏、树脂、黏土等）或可雕、可刻的硬质材料（如木材、石头、金属、玉块、玛瑙等），创造出具有一定空间的可视、可触的艺术形象，借以反映社会生活，表达艺术家的审美感受、审美情感、审美理想的艺术。历史悠久、技艺精湛的各种雕塑工艺，如牙雕、玉雕、木雕、石雕、泥雕、面雕、竹刻、骨刻等，是中国工艺美术中一项珍贵的艺术遗产。牙雕、玉雕等工艺由于材料昂贵，做工又十分精细，所以逐渐从实用品转变为欣赏品，被人们称为"特种工艺"。

馆藏如商夔纹玉璜、东汉狮形琥珀饰、"仿倪瓒江岸望山图"玉雕插屏、清浮雕蜜蜡渔樵耕读坠、清圆雕狮钮玛瑙香炉、清剔红群仙祝寿捧盒等皆是造型上独具匠心，制作上极尽精工之作。

馆藏商夔纹玉璜（图 30），二面刻夔纹，器形很薄，刻工精细，两端各有一孔。璜最初作为祭祀典礼之用，到秦汉时期多用作佩饰。

图 30：商夔纹玉璜

征途——贵州省博物馆建成六十周年纪念专集

馆藏东汉狮形琥珀饰（图31），为深咖啡色装饰品，呈狮形。四足卷曲而坐，阴线刻划出四肢和嘴、鼻等五官的轮廓。整体雕刻简练，仅用寥寥数刀，就将其刻划得十分逼真，使人领略到它肥硕健美的身躯。我国自古不产狮，狮形图案两汉时期才在我国的陕西、河南、山东、江苏、四川等地流行，并广泛应用于各种雕塑题材。这一饰品的出土，再次印证了当时中原文化对贵州的影响。

馆藏清"仿倪瓒江岸望山图"玉雕插屏（图32），玉为秋葵色，背面棕黄，整体呈锲形，就天然原玉依形略加雕琢而成。屏面雕山水人物，右侧中部和下部突出位置雕刻有古松、茅亭、人物、渔船。左侧中部雕刻有树林，屏下部凹下区雕有帆船两只，山水江岸尽在玉材天然造型中显现。左上角空旷处阴刻楷书："御题仿倪瓒江岸望山图并用其韵：不留烟霭快初晴，了了岚光入眼明。笑我曾同高士兴，隔江亦复远山横。钱塘秦望应如昔，百傅苏公只剩名。若向锦赙论气韵，输他老骥骛前程。"款为："臣陈用敷敬书。"下有方印"臣专"。此屏利用整块天然玉材的自然形态略加雕琢，虽然加工不多，却能将近景江岸、树木、人物、风帆和远景的山势重叠完全表现出来，并用诗句深化画面意境，融诗画于一体，将元末画家倪瓒《江岸望山图》表现得淋漓尽致，确为一件上乘玉雕作品，具有很高的艺术价值。

馆藏清浮雕蜜蜡渔樵耕读坠（图33），坠子呈扁平卵形，上无卵尖，有二穿孔可系带。通体呈红褐色半透明状，绢丝、云纹肌理细腻，充满蜡质光泽，含蓄高雅而兼具幻妙。作者巧妙利用蜜蜡原料，在不规则的平面上，循形雕琢山水舟船和人物。其中一面雕刻渔、樵、耕、读四组人物场景，并在中部雕突起的山石树木。栩栩如生地传达出"采樵过野逢渔父，理钓临溪听读书"的意韵。在坠子的另一面中部，雕刻有二人棹舟捕捞的情景，舟下的水波荡漾、河岸周围的树木清晰可见。蜜蜡坠上构图饱满，繁而不乱，山石、江水、渔舟、树木等虽有高低起伏，然位置经营得当，远近虚实，层次分明。所雕六人姿态各异，生动传神，增添了雕刻内容的丰富性和故事性，给欣赏者更多的玩味与乐趣。古人尚古，以情节典故化作图案，雕饰于蜜蜡坠上，寓意深远，用心煞是良苦，表现了古人追求宁静闲适、蕴蓄典雅安逸、自得其乐的精神意境，从意境到风格都具有清代文人的情趣，所营造的田园牧歌般的意境令人神往。

馆藏清圆雕狮钮玛瑙香炉（图34），由整块玛瑙石雕成，质地细腻如脂，颜色白中闪青、略带紫色，晶莹而雅致。直口，鼓腹，三象足。一足在前，两足在后，契合于法理，常以之喻佛教中的三宝。每只炉足与炉身的结合都采用浮雕的手法一体成

图 31（左上）：东汉狮形琥珀饰

图 32（左下）：清"仿倪瓒江岸望山图"玉雕插屏

图 33（中）：清浮雕蜜蜡渔樵耕读坠

图 34（右）：清圆雕狮钮玛瑙香炉

形。腹部左右为圆雕、透雕的铺首衔环耳，造型端庄稳重，打磨细腻圆润。平盖与炉口为子母口套合，盖上雕一狮钮，狮子四脚站立，脚下镂空，作摇头摆尾状，十分生动。相传狮子是龙的第五子狻猊，喜烟火，又好坐。佛祖释迦牟尼有"无畏的狮子"之喻，人们便顺理成章地将其安排成佛座，或者雕在香炉上随之吞烟吐雾，以喻佛祖普渡众生的无上勇气。香炉下是三棱状红木底座，如意形三足向外撇，盘面上有三个圆涡，三象腿炉足嵌置其中。底座边雕饰有如意、莲瓣和镂空花草，典雅大方，与香炉和谐统一。

馆藏清剔红群仙祝寿捧盒（图35），清代乾隆皇帝为其母后寿辰特制的礼物。盖与盒为子母口套合，圈足，深红色，体扁圆，呈十二瓣连弧形。盖面上浮雕群仙祝寿图。图中有仙山楼阁，古松茂盛，溪水潺潺；52个人物形态各异，每人手持不同的贡果礼品；在山水间，鱼、鹤、鹿、鱼、蟾悠然自得。正上方有楷书阳文"御制诗"一首："和风润气满帘笼，慈寿无疆祝上宫。"盒底有阳文篆书"大清乾隆年制"年款。在祝寿图下面，还有多层雕刻，图纹四组：雕蔓草纹、二龙抢宝祥云纹、连续回纹、齿叶纹。所有图纹精雕细琢，呈一幅奇异美丽的景观。此捧盒还采用了工序繁复的铜

图35：清剔红群仙祝寿捧盒

胎雕漆工艺。雕漆，即以木、铜、锡等材质制胎，然后在胎上涂漆，一般在 200~400 遍，半干后，绘图雕刻、打磨、抛光而成。从此捧盒的制作上，可以看到当时的雕刻和雕漆工艺水平已达到了炉火纯青的阶段。

六、宣德炉

用铜炉焚香烧炭习俗在我国有着悠久的历史，通常人们为了礼仪将衣服薰香，更多的是古代文人雅士喜欢在读书、写字的书房内，焚上一炷香，营造"红袖添香夜读书"的意境，还有就是用来供祀神灵。明代宣德年间是铜香炉制作的巅峰时期，世称"宣德炉"，专指宣德三年皇宫所造香炉，当时所铸的铜炉属焚香供祀之类。宣德炉选料考究，做工精美，款式古朴典雅，当时就十分珍贵。据记载，宣德炉仅在宣德三年铸造过，一共 5000 只，以后就封炉不铸了。由于宣德铜炉名冠天下，所以后世多有仿制，但都难以达到宣德炉的品质与神韵。

馆藏明宣德款象耳铜炉（图 36），该炉器体丰厚，质地精纯，形式端庄大方。器

图 36：明宣德款象耳铜炉

表呈现褐、黄色斑痕，部分黝黑如漆，古朴斑驳中透着精美。器底及座面上有红色一层，深处近于绛紫。炉口沿宽平，略外侈，扁鼓腹，圈足。腹上部饰一对象首形耳，象鼻下垂回卷连接器壁，形成半环形耳。塑造生动、简洁，通体光洁、细腻。底座面凹，恰好置入炉足，座足镂空呈五朵如意垂云，以环带相连结，构成透空形状。座心留一圆孔，可窥见炉底阳文篆书"宣德"二字款，构思灵巧。

参考文献

1. 扬之水：《风日常新——中国国家博物馆藏"杂项"文物中的生活与艺术》，载《中国国家博物馆馆刊》，2017年第10期。

2. 李黔滨主编：《贵州省博物馆藏品集》，贵州人民出版社，2013年。

3. 崔丽：《贵州省博物馆馆藏鼻烟壶精品赏析》，载《贵州文化遗产》，2012年第3期。

贵州省博物馆新馆建设综述

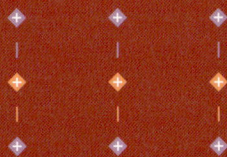

贵州省博物馆新馆建设综述

李甫　胡永祥

从新中国成立至 20 世纪末 21 世纪初，国内各省级博物馆经过半个世纪的发展，馆舍硬件设施已满足不了时代发展需求，经济较发达省份或文物大省率先开始了新一轮的博物馆改建、扩建或异地新建。贵州省博物馆作为贵州唯一的地志性综合博物馆，重新建设的呼声也日益高涨，并逐步引起社会各界的普遍关注，与其他省级博物馆一样，重建新馆成为社会发展的必然要求。从 2000 年省人大、省政协提案建设贵州省博物馆新馆，到 2017 年 9 月 30 日新馆建成向公众开放，历经 18 年。在 2018 年贵州省博物馆迎来建馆 60 周年之际，对新馆建设历程作如下综述。

一、新馆建设立项

贵州省博物馆新馆建设项目始于 2000 年被省人大、省政协列入政府工作提案。同年，省文化厅向省政府呈交《关于请国家支持贵州省博物馆改扩建资金的请示》，申请新馆建筑面积 3.5 万平方米，占地 15 万平方米，土建费用 1.05 亿元人民币，征地和拆迁费 6000 万元，装修及内部设施 3500 万元，总投资 2 亿元。国家发改委投资司认为该方案投资预算严重不足，建议博物馆建设经费安排应在每平方米 1 万元以上。2001 年，省政府专题会议（黔府专议〔2001〕118 号）决定成立贵州省博物馆建设工作小组，由此拉开了新馆筹建工作的序幕。

从 2001 年至 2004 年，省政府每年均向国家有关部委请求对省博物馆新建项目给予资金支持。其间，2002 年 2 月，省文化厅根据当时我省财政情况，编制《贵州省博物馆扩建工程项目报告》，提出建筑规模 3.5 万平方米，建筑投资 2.356 亿元。又据省发改委考虑投资 2 亿以上项目，立项须经国务院批准，要求把经费控制在 2 亿元以内，因此，省文化厅委托设计单位编制了《贵州省博物馆新建项目建议书及预可研报告》，建筑面积为 2.356 万平方米，投资 1.98 亿元。为做好新馆建设项目前期工作，2002 年 8 月 8 日，省发改委划拨省博物馆预可研、可研经费 60 万元，同年 10 月 18 日，省财政厅也划拨 100 万元专项基建前期工作经费。2003 年，省文化厅组织专家对新馆建设选址进行了多方意见征求和专题研究，完成了《贵州省博物馆新馆建设预可研报告》及《关于省博物馆新馆建设选址的报告》，选址报告提出了原贵阳一中（筑城广场）及原址（现贵州美术馆）两个方案。同年，省发改委组织专家对预可研报告进行论证，但因选址问题不能确定，暂未批复可行性研究报告，故未向国家申报立项。2005 年 4 月，国家发改委要求我省批复省博物馆可行性研究报告后，再申请国家专项补助资金。2006 年 5 月，省长石秀诗到省博物馆对新馆建设选址进行调研，提出在原贵阳一中建设新馆的建议。随着石秀诗调任，选址问题转由下一届政府确定。

2007 年，贵州省博物馆新馆立项被列入省委、省政府"十件事实"之一。1 月 9 日，省长林树森就新馆建设等问题专程到省文化厅调研，明确新馆选址在贵阳市金阳新区，并指示"建设省博物馆这类大型的公共文化设施，要么就不搞，要搞就把它搞成一流的"。1 月 30 日，省文化厅党组研究决定成立贵州省博物馆新馆建设领导小组，厅长徐圻任组长，新馆建设步伐加快。3 月 29 日，省文化厅组织有关部门对省建筑设计研究院编制的《贵州省博物馆新馆工程选址报告》进行论证，绝大多数专家认为观山公园北侧（现观山湖公园北门）、奥体中心东北角（现金阳南路华润国际社区）及文化山北部 3 处选址中，观山公园北侧地块为最佳方案。4 月 12 日，金阳管委会《对贵州省文化厅关于省博物馆新馆选址意见的回函》（筑金管函字〔2007〕43 号），就选址观山湖公园予以确认。

5 月 21 日，省发改委组织省文化厅、省财政厅、省建设厅及省建筑设计研究院等部门，并邀请了省政府办公厅共同研究《贵州省博物馆新馆建设规模及投资估算》，以参照国际惯例，根据全省文化遗产保护和展示需求及参考近年其他省级博物馆建设规模情况（见表1）等3个方面为依据，确定新馆建设规模为30689平方米，总投资3.68亿元。6月7日，省发改委向省政府呈报《关于省博物馆新馆建设有关问题的请示》（黔发改呈〔2007〕731号），就建设规模及投资向省政府做了汇报。7月20日，金阳管委会向省文化厅发出《关于贵州省文化厅申请确定省博物馆新馆选址具体用地面积的回函》（筑金管函字〔2007〕83号），最终确定观山湖公园北大门西侧为新馆选址，用地总面积66.84亩，净用地面积61.44亩。

表1　国内部分省级博物馆建设规模基本情况统计表（2007年5月21日）

馆名	建成时间	藏品数量（万件）	占地面积（亩）	建筑面积（万㎡）	建设投资（亿）	单方造价（万元）
云南省博物馆	在建	13	150	5	5	1
重庆中国三峡博物馆	2004	17	50	4.25	6.5	1.5
四川博物院	在建	16	80	3.2	4	1.3（不含土地费）
广西民族博物馆	在建	5	130	3	2.5	
广东省博物馆	在建	16	60	6	9	1.5（土地无偿划拨）
安徽博物院	在建	10.4	300	4	3	0.75
山东省博物馆	立项	20	230	8	11.25	1.4（主体工程）
天津博物馆	2003	14	37	3.5	3.5	1
首都博物馆	2003	95	30	6.38	1312	近2
福建博物院	2002	16	90	3.5	3	近1（土地无偿划拨）
上海博物馆	1996	12	12	3.8	5.7	1.5
辽宁省博物馆	2001	10	30	3	3.1	1

深圳博物馆	在建	2.4859	48	3.5	6	1.7
湖北省博物馆	2004	14	122	3.1	2.8（扩建）	0.9
湖南省博物馆	1999	12	80	3.6	4.6	1.3
贵州省博物馆	立项	27.6	90（拟需）	3.0689	3.68	1.19（含土地费、室外工程）

8月6日，省政府第143次办公会议，对省博物馆新馆建设做出三点决定：1. 原则同意省博物馆选址金阳新区观山公园北侧异地建设；2. 新馆项目建设用地应由贵阳市政府无偿提供。项目资金除争取国家发改委安排地方省级博物馆建设专项补助资金外，其余部分列入省财政专项预算资金解决；3. 由省发改委根据会议讨论意见对请示事项进行修改，按程序送审后提请省委常委会议审定。9月14日，省委常委会第十次会议原则同意省政府党组关于省博物馆新馆建设有关问题的请示，确定同意由省发改委对省博物馆新馆项目进行立项；要科学规划，精心设计，广泛征求意见，争取把省博物馆新馆建设成为我省公益性文化设施中的精品工程、利民工程。9月27日，省发改委向省文化厅送发《关于对省博物馆新馆建设有关事宜的复函》，请省文化厅按照省委、省政府已确定的新馆建设的有关内容，委托有资质的单位编制项目建议书报送省发改委。12月5日，贵州省国建投资咨询公司编制完成《贵州省博物馆新馆项目建议书》，同月11日，省发改委下达《关于贵州省博物馆项目建议书的批复》，建设地点为贵阳市金阳新区行政中心观山公园北侧、迎宾路南侧（观山公园北大门西侧），项目总投资3.68亿元，总建筑面积31000平方米。完成新馆建设立项任务。

2008年3月3日和4月11日，贵阳市规划局两次组织城乡规划建设委员会有关专家对新馆建设地址进行评审，做出新馆选址移到观山公园东北侧的决定，占地79亩。

二、新馆设计及功能概况

（一）建筑设计

按照省长林树森关于学习广东省博物馆成熟经验的建议，2007年2月6日至10日，省文化厅组织省发改委、贵阳市规划局、金阳新区管委会、省博物馆和省建筑设计研究院等单位组成的考察团，赴广东、福建考察学习博物馆建设经验，就新建选址、设计方案国际邀请竞赛、规划及招标等方面的先进经验进行交流学习。2007年12月21日至2008年1月3日，贵州省博物馆新馆建筑方案设计国际邀请竞赛发布公告，共45家报名，经符合性资格审查，15家符合要求。1月16日，以无记名投标方式，从15家中选择以下8家作为国际邀请竞赛参与单位：

　　1. 同济大学建筑设计研究院；

　　2. 英国工程设计院 & 中国建筑技术集团有限公司；

　　3. 香港国际工程设计研究院；

　　4. 北京市建筑设计研究院；

　　5. 贵州省建筑设计研究院；

　　6. 清华大学建筑设计研究院 & 汪克艾林建筑设计（北京）事务所；

　　7. 中国建筑设计研究院重庆建筑设计股份有限公司；

　　8. 安井·GLAnet 设计联合体 & 厦门中合现代工程设计有限公司。

　　6月10日，上述8家参赛单位进行现场踏勘，7月底提交设计成果。8月2日至6日，在花溪迎宾馆，省文化厅组织召开了"新馆建筑方案设计国际邀请竞赛技术评审委员会"和"新馆建筑方案设计国际邀请竞赛评审委员会"，并通过《贵州都市报》向广大市民征求意见，最终选出3个优胜方案，设计单位是：

　　1. 同济大学建筑设计研究院；

　　2. 清华大学建筑设计研究院 & 汪克艾林建筑设计（北京）事务所；

　　3. 贵州省建筑设计研究院。

　　8月中旬，省长林树森对3个方案进行审查，认为不适合博物馆设计，要求进行优化，经优化后的设计方案由省文化厅通过邀请招标的方式给予确定。9月中旬，林树森对优化后的其中2个方案基本给予认可，由省文化厅邀请专家评审确定。经省文化厅反复讨论，认为2个方案各有所长，均有不足，为去芜存精，打造出省博物馆建筑最佳设计方案，决定结合2个方案优势进行合作设计。11月6日，分别向清华大学建筑设计研究院 & 汪克艾林建筑设计（北京）事务所及贵州省建筑设计研究院致函，2家均同意合作设计。

　　双方签订联合设计协议，分为方案调整深化设计、初设施工图及施工配合3个阶段。分工如下：

1. 方案调整深化设计阶段，由贵州省建筑设计研究院承担，主持方案深化工作。

2. 初设和施工图建筑、结构、给排水、通风空调、电气图纸等部分，由清华大学建筑设计研究院&惟邦环球建筑设计（北京）事务所［原汪克艾林建筑设计（北京）事务所］联合体承担。

3. 工地服务阶段由双方共同完成。

12月26日，省发改委组织省政府办公厅、省文化厅、省建设厅、省财政厅、省国土资源厅、省环保局、省博物馆、省建筑设计研究院、市政府、市规划局及金阳新区管委会等单位相关专家，对省建筑设计研究院编制的《贵州省博物馆新馆建设项目可行性研究报告》进行评审，获予通过。同月29日，省发改委下达《关于贵州省博物馆新馆建设项目可行性研究报告的批复》（黔发改社会〔2008〕2584号），项目地点调整为贵阳市金阳新区观山公园北侧、林城东路南侧地块，总建筑面积42996平方米，总投资3.8553亿元，资金来源除争取国家发改委安排地方省级博物馆建设专项补助资金外，其余建设资金列入省财政专项预算资金解决。

2009年2月23日，省文化厅向省发改委报送《关于请核准贵州省博物馆新馆建设项目招标初步方案的报告》（黔文函〔2009〕3号），6月16日，招标初步方案获得批复，对招标范围、组织形式和方式作了明确要求，共划分为14个标段，采取邀请招标方式先行开展设计招标工作。9月23日，经邀请招标，新馆建筑设计方案由清华大学建筑设计研究院、惟邦环球建筑设计（北京）事务所、贵州省建筑设计研究院3家设计联合体中标。

2010年7月13日，设计单位完成新馆初步设计方案。8月1日，省发改委组织省政府办公厅、省文化厅、省住建厅、省财政厅、省国土资源厅、省环保厅、省文物局、省博物馆、市政府、市规划局及金阳新区管委会等相关专家9人（见表2），对初步设计方案进行评审，原则给予通过，同时认为，博物馆新馆建设属于超限建筑项目，必须在初步设计阶段由省建设行政主管部门组织专家进行超限抗震设防专项审查。8月8日，省建设厅组织省内专家进行新馆超限抗震审查，专家建议对方案进行修改。同月18日，省建设厅再次组织省外著名专家进行超限抗震审查，专家认为抗震设防合理，给予通过。9月14日，省发改委下达《关于贵州省博物馆新馆建设项目初步设计的批复》（黔发改建设〔2010〕1964号），建设规模42996平方米，概算总投资为 4.2338 亿元。

2012 年完成施工图初稿设计，2013 年，项目迁址后设计被迫做出较大调整，加上工期紧张，形成"边补充设计、边施工"的状况，于 2014 年最终完成工程施工图设计。

表 2　新馆建设项目初步设计审查专家表

序号	姓名	单位	职务	备注
1	高国富	省住建厅	原总工、一级注册结构师	组长
2	佘志宏	中国人民革命军事博物馆	原副馆长、研究员	
3	覃士杰	贵阳市建筑设计院	总工、教授级高级工程师	
4	刘运晖	省设计质量监督总站	建总、原省院总工、教授级高级工程师	
5	张先茂	省设计质量监督总站	总工、原省院总工、教授级高级工程师	
6	陈红岩	贵阳市建筑设计院	总工、教授级高级工程师	
7	杨子卿	贵阳市建筑设计院	总工、教授级高级工程师	
8	苏平	贵阳市建筑设计院	总工、教授级高级工程师	
9	杨先柏	省国际工程咨询中心	高级工程师、注册造价师	

（二）设计理念

贵州省博物馆新馆建筑设计方案是在 2008 年国际邀请竞赛的基础上，2009 年通过国际邀请招标方式初步确定而来，平面造型灵感源自贵州"菱石千岛"文化。幕墙设计经多次研究，灵感源自"走遍大地神州，醉美多彩贵州"宣传语，即"面纱下的多彩贵州"幕墙设计创意。(图 1)

图 1：贵州省博物馆新馆

（三）功能概况

贵州省博物馆新馆总建筑面积 46450 平方米，地上建筑面积约 1.924 万平方米，地下建筑面积约 2.721 万平方米，陈列展览用房 16610 平方米，文物库房及文物库房管理用房 9500 平方米，教育及综合服务用房 4337 平方米，行政办公及业务用房 1860 平方米，附属设施用房 1957 平方米，地下车库（含人防工程）12186 平方米。结构形式为钢筋砼框架—剪力墙结构，局部钢结构。投资概算约 5.5 亿元。

新馆轴线南北向，几何中心线跨林城东路，与中天"201 大楼"重合，总体形成一个西南—东北向变形的菱形，平面上分为 6 个部分，各个部分相对独立又以廊、梯沟通，科学地划分出了各个功能区。新馆沿林城东路中段全长 333 余米，开东、西两个入场，消防通道环绕主体建筑，流向通畅。正面则先将两层停车场藏于地下，顶面按坡度比例筑起巨大的阶梯广场，十条花岗岩石梯为主、自南而北上，两条残疾人斜坡通道穿插其间。主建筑东、西两侧均有与负一层同高的广场，乃巧妙利用地势而设。

新馆坐北向南，地面建筑一层绝对高程为黄海高程1307米，正（南）立面通高32米，林城东路临街面设有台阶广场和三角形平台小广场，设东、西两个市政道路出入口。台阶广场下设两层人防地下室，兼作地下停车场，设计停车位235个。建筑正立面入口为单层直通屋顶大门厅，内设通道和步梯、直梯、扶梯连接各层展厅及功能区。建筑设环形消防通道。西侧有文物库房通道，并设有室外员工停车场，泊车位40个。东北角有"非遗"小广场。临展厅东侧有下沉式广场。广场东面设地面停车场，大型车辆泊车位15个、小型车泊车位40个。

新馆建筑大致分为东区、中区和西区三部分，之间均有连廊、楼梯等贯通。各部分建筑内侧围成中庭院落。中区主要分5层，负二层为设备机房及文物库房，负一层为厨房、餐厅和文物库房，一层和二层为"民族贵州"基本陈列展厅，三层为"古生物王国""历史贵州"基本陈列展厅；西区主要为5层，有负二层、负一层、负一层夹层、一层、一层夹层，均为博物馆各类办公区域；东区基本为公众服务区，其中南段负一层设临时专题和机动展厅，一层有多功能厅、青少年数字互动馆，二层有4D影院和会议室，三层及三层夹层为多功能教室、办公室、会议室及贵宾接待室；北段为"非遗"表演小剧场，其顶层为观众服务区，负一层为临展厅。

三、建筑施工

（一）首次开工建设

2009年4月15日，新馆开工建设被列入省重点建设项目，但因用地性质调整（林业用地改为建设用地）尚未获国土资源部批复，且用地规划手续、初步设计方案等系列工作也未完成，没有如期开工。2010年4月7日，新馆开工建设再次被列入省重点建设项目。为有效推进建设进度及各项业务指导，6月3日，省文化厅成立了含建筑结构、设计、节能、环保、经济、规划、博物馆等方面专家组成的"贵州省博物馆新馆建设指导委员会"，委员13人。8月30日，省文化厅批复省博物馆成立新馆建设基建办公室。

4月至10月，通过公开招标，确定了代建服务、工程监理、地质勘探、基坑工程等单位。7月8日，完成初勘工作，8月4日，完成地质灾害危害性评估，10月15

图 2：2010 年 10 月 30 日新馆奠基仪式

日，完成开工奠基方案，10 月 20 日，完成新馆场平工作，达到新馆开工条件。10 月 30 日，举行了隆重的开工奠基仪式（图 2），省委常委、省委宣传部部长谌贻琴，省人大常委会副主任唐世礼、副省长谢庆生及省发改委、省财政厅、省建设厅、省国土厅、省审计厅、省环保厅、贵阳市政府、金阳新区管委会等省领导和单位有关人员，应邀出席奠基典礼。新华社贵州分社、《贵州日报》《贵州都市报》《贵阳晚报》及金黔在线、贵州电视台等新闻媒体进行了报道。

新馆动工建设后，因土地补偿问题，虽得到各有关部门大力支持，但始终未能有效解决，工程推进非常缓慢。为加大力度推进新馆建设，2011 年 7 月 9 日，省文化厅成立了贵州省博物馆新馆建设基建办公室。2012 年 5 月 7 日，因诸多因素，新馆建设暂停施工。

（二）异地开工建设

2013 年 5 月 7 日，省委常委、省委宣传部部长喻红秋到新馆建设地块及省建设

图 3：2013 年 6 月 21 日，省委召开新馆迁址建设会议

厅、省建科研究院、省规划院及省建筑设计研究院联合地块（现新馆地块）调研，要求博物馆做好异地建设准备工作。6 月 21 日，省委副书记、贵阳市委书记李军召开由省直机关和贵阳市相关部门负责人参加的专题会议（图 3），决定将新馆迁址重建，成立了贵州省博物馆新馆项目建设工程领导小组，李军任组长，省委常委、宣传部部长喻红秋，副省长何力任副组长，下设指挥部现场办公，工期 18 个月，要求组织施工队伍即刻进场施工，形成会议纪要上报省政府。同日下午，市规划局召开专家咨询会，就新馆轴线空间关系、建筑高度、广场大小等 3 个重要问题，听取专家意见，要求：6 月 23 日，设计单位按专家意见，提供总平面图；6 月 24 日，观山湖区规划分局批准用地红线范围；6 月 26 日，规划局召开市规委会对设计方案进行评审。省文化厅也于 21 日决定与达华建筑工程管理集团解除代建服务合同，邀请金阳建设投资（集团）有限公司负责代建。6 月 25 日，省长陈敏尔对 21 日李军组织召开的会议内容作出批示："经向克志书记汇报，请李军同志出席开工仪式。省政府积极支持此项目的建设。其他事项我都赞成。"

征途——贵州省博物馆建成六十周年纪念专集

6月22日上午，代建、地勘、基坑施工、监理、设计等单位进场开展工作。同日下午，贵阳市政府与指挥部组织召开工程图纸审查、用地拆迁、用地审批及手续办理等有关部门工作会议，决定定期召开协调会，确定了各部门的工作职责及任务时限，会议再次明确了6月30日前完成规划总图审批，7月15日完成建设用地移交，其间边补偿边推进工程。6月24日上午，李军到新馆工地视察。听取设计方案详细介绍，给予肯定，再次要求务必于2014年底建成并开馆。6月26日，李军率贵阳市、观山湖区有关领导再次到工地视察，指示贵阳市、观山湖区要统一认识，积极配合，将新馆建设作为贵阳市的重点工程来抓。6月27日晚，李军连夜率市委、市政府及指挥部领导到工地检查，指示观山湖区主动做好博物馆新馆建设的服务工作，积极帮助解决施工手续办理过程中遇到的困难。

6月28日上午，省委书记、省人大常委会主任赵克志，省委副书记、省长陈敏尔，省委副书记、贵阳市委书记李军，省委常委、常务副省长谌贻琴，省委常委、省委秘书长廖国勋，副省长王江平、何力等到工地调研（图4）。赵克志书记详细听取了

图4：2013年6月28日，赵克志书记到新馆调研

新馆概况、内部功能设计、节能环保、工期安排及组织机构等情况汇报，指示：1.新馆外墙颜色不宜太深。对建筑作适当调整，露出左侧山体，与天际线相吻合；2.做好博物馆内部功能分区，省文化厅及省博物馆要多与设计单位多沟通，多提要求；3.原则同意工期安排，要加快施工，确保质量；4.把工程搞成廉洁工程，审计工作要贯穿全过程，要求文化厅及代建单位在确保质量的前提下加强资金管理，不能超概算。陈敏尔省长指示：展陈内部装饰要有民族特色，体现贵州文化元素，可将贵州龙、苗族刺绣等符号作为内墙装饰，优化文物陈列布展方式。

赵克志书记、陈敏尔省长到新馆工地调研及系列指示，标志着新馆异地开工建设。

（三）省市各级政府提供强力保障，工程顺利推进

新馆异地开工建设后，省委、省政府非常重视工程进展情况，从 2013 年 7 月至 2015 年 1 月，省领导不定时到工地视察，询问工程进展情况，对存在的问题亲自安排部署，并作出系列重要指示（见表 3），要求各部门帮助解决问题。省发改委、省建设厅、省财政厅、贵阳市政府、市规划局、市文明办、观山湖区政府及国土等各级部门，紧密配合，根据工作需要，及时赶赴工地，对施工中遇到的问题主动给予协调解决。

表 3   省领导到新馆视察工程情况表

序号	日期	省领导	相关指示
1	2013 年 7 月 10 日下午 7 点	李 军	指示设计方案的优化程度直接影响到工程投资及建设工期，要严格管理好设计单位，强调投资一定不能突破概算。
2	2013 年 7 月 19 日上午	何 力	对进展表示满意，指示遇到困难和问题及时向领导小组汇报。
3	2013 年 8 月 7 日上午	喻红秋	传达了省委、省政府对新馆工程的重视和关心。
4	2013 年 8 月 27 日下午	李 军 陈 刚	指示新馆建设要体现后发优势，坚持"质量第一、内容为王"，将新馆打造成贵阳市的新地标。

5	2013 年 10 月 9 日上午	何　力	对建设进展给予肯定，提出安全生产要求。
6	2013 年 12 月 23 日中午	何　力	视察施工现场，召开座谈会，听取陈列布展和工程施工进展及项目概算调整工作汇报。
7	2014 年 1 月 8 日下午	李　军	领导到工地视察，听取工程推进及存在困难汇报，对取得的成果给予肯定。
8	2014 年 4 月 13 日下午	何　力	询问存在的困难和问题，并对幕墙、展陈布展及室内装修等工作推进情况进行了解。
9	2014 年 5 月 18 日	李　军	深入新馆建筑内部，对大厅、展厅、地下室进行视察，对马克俭院士空腹夹层板技术进行询问。指示加强入口大厅等重点部位的设计与施工，展陈要充分体现民族特色和地方特色。
10	2014 年 7 月 1 日上午	张广智 何　力	新馆是我省一项十分重要的文化建设工程，必须高度重视工程质量，将博物馆建成传世之作。
11	2014 年 9 月 9 日下午	李　军 张广智	听取工程进展、入口大厅装饰方案、幕墙色彩方案、外环境设计及概算调整等工作的汇报，对进展给予肯定，并对入口大厅装修、幕墙色彩、外环境设计提出了进一步优化的要求和指示。要求入口大厅装饰不能过于花哨、破碎，应结合大厅的现有结构条件进行调整，使其更为通透、简洁大气，并符合博物馆的文化气氛；强调幕墙防水铝板的色彩应体现博物馆的厚重感，应适当进行优化调整；指出外环境的设计应更加人性化和可进入性，并适当增加休闲空间。
12	2014 年 11 月 6 日	李　军 张广智 何　力	召开工作协调会，就工程最后阶段的工程管理、资金保障和使用、市政绿化、供水供电、陈列布展、新馆开放等工作进行了讨论。指示省文化厅和金阳建设集团要进一步组织好建设生产，倒排工期，认真监督，务必确保在 2015 年 1 月 10 日开放 2~3 个临时展览。同时，要求组织实施好"历史贵州""民族贵州"两个布展工程，在明年的"5·18 国际博物馆日"全面向社会公众开放。

2013 年 6 月 28 日，省发改委下达《关于同意贵州省博物馆新馆建设项目迁址建设的批复》（黔发改社会〔2013〕1675 号），要求根据新址条件，抓紧优化完善设计方案，编报投资概算进行复核，新增投资控制在 4.2338 亿元的 10% 之内。

从 6 月 21 日至 7 月 1 日，完成选址意见书、建设用地批准书、建设用地规划许可证、建设工程规划许可证、环境影响评价批复等手续及地质灾害评估报批工作。

7 月 2 日，市规划局召开城乡规划建设委员会，全票通过新馆异地建设设计方案。

7 月 2 日，省审计厅送发《关于省博物馆新馆建设工程项目跟踪审计的复函》，同意由贵州黔正工程造价事务所全程跟踪审计。

7 月 12 日，省发改委下达《关于新馆招标标段调整的批复》，批准省文化厅合并、减少招标标段的请求。

7 月 18 日，观山湖区土地储备中心、养马村与贵州省博物馆签订了《贵州省博物馆新馆新增用地移交协议》，完成征拆工作。

9 月 27 日，贵阳市检察院、观山湖区检察院，在新馆工地成立工程预防职务犯罪办公室，并举行了授牌仪式。

2014 年 5 月 13 日上午，省安检站有关专家到新馆建设工地对安全文明施工情况进行了检查，通过"省级安全文明样板工地"评估。

12 月 4 日下午，观山湖区分管区长率区市政、园林绿化、城管、环卫、交管及金华园社区负责人到新馆工地，帮助协调解决临街面树木移植、人行道铺装、自来水接入、污水排放、进出场车辆运输、入口道路融入城市交通网、自行车道入场等相关问题。

2014 年 12 月至 2015 年 1 月初，受李军委托，省住建厅毛方益总工 4 次到省博物馆督查，提出了 4 点建议，要求各参建单位要健全督导机制，加强协调，科学组织室外环境工程施工，确保实现开馆目标任务。

在省委省政府及省、市、区有关部门的大力支持和紧密配合下，除因异地建设导致建筑方案设计部分变动，加上工期紧张、施工图设计相对滞后外，施工过程中遇到的各项问题都能得到有效解决。为解决好设计滞后问题，指挥部及金阳建设集团多次督促设计单位施工图设计务必跟上现场施工进度，并要求设计单位全天候驻守工地，及时解决施工中存在的设计问题。

从 2013 年 6 月 21 至 2015 年 1 月 24 日，在省委省政府、省直有关厅局、贵阳市及观山湖区各级相关部门的关心和支持下，新馆建设指挥部及各参建单位充分发挥"5+2""白＋黑"的艰苦奋斗精神，做到以身作则，令行禁止。代建单位充分发挥管理特长，科学组织，精细布展，保质保量，安全生产，历经19个月的连续日夜奋战，克服了施工过程中的种种困难和问题，新馆建设主体工程、智能化和安保系统、室外环境、公共服务区、非遗剧场、临展区、书画厅、多功能厅及4D影院等区域的装饰装修工程基本完工，各项设备系统经过多次调试，达到新馆开馆试运行前提条件。

据统计，在建设过程中，新馆建设工程指挥部向新馆建设领导小组共计报送77期工作周报，及时将工程进展情况及需要解决的问题抄送各有关部门，对于关键事项，李军亲自给予批示，限时解决。主体工程施工期间，省级领导共12次率领有关部门到新馆调研，并对工程进展作出重要指示，省市各有关部门主动与新馆建设指挥部对接，向施工提供一切必备条件，对建设中遇到的问题提供宝贵建议，进行最大限度的支持。因此，新馆建设进展非常顺利。

四、基本陈列大纲编制及文物征集

（一）大纲编制

新馆陈列大纲编制，最早始于2007年初，即新馆立项被列入省委、省政府"十件事实"之后，就开始组织馆内业务人员讨论陈列大纲内容。此后，历年将大纲编制作为年度工作任务，因新馆建安部分进展缓慢而未进行有效探讨。

2013年6月21日，新馆异地开工建设，同月24日下午，博物馆召开了中层干部会议，对新馆的基本陈列、文物征集工作进行安排部署。29日，在省政府迎宾馆，省文化厅主要领导组织召开"贵州省博物馆新馆展览策划专家论证会"，人员有国家文物局有关领导、联合国教科文组织有关官员、部分省级博物馆馆长及大学教授等16人（见表四）。会议决定：将人类学作为新馆展览指导理念，提高展览的学术性，以区别于一般的民族、民俗展。一致赞同以人类学理论指导下的、以民族文物为主体的人类学展览作为新馆展览基础，完整而全面地解读贵州民族与中原的互动，贵州各民族内部之间的互动，以及贵州各民族内部历史、社会、文化等与生态环境的互动，通过展览展现出贵州各民族的深厚文化内涵，展现贵州民族文化的丰富性与独特性。会议委托中央民族大学潘守永教授领衔撰写陈列大纲初稿，于8月中旬完成，聘与会专家为展览顾问。此外，确定文物征集小组，就人类学视野下的各民族文物进行征集。

表 4 《贵州省博物馆新馆展览策划专家论证会》参会专家名单

序号	姓名	单位	职务／职称	备注
1	许明	贵州省文化厅	厅长	主持
2	王红光	贵州省文化厅、贵州省文物局	副厅长／研究员	主持
3	杜晓帆	联合国教科文组织	文化遗产保护专员	专家
4	段勇	国家文物局博物馆司	司长	专家
5	佘志宏	中国人民革命军事博物馆	原副馆长	专家
6	陈卓	天津博物馆	馆长／研究员	专家
7	陈浩	浙江省博物馆	馆长／研究员	专家
8	马文斗	云南省博物馆	馆长／研究员	专家
9	丘刚	海南省博物馆	馆长／研究员	专家
10	孙华	北京大学考古文博学院	副院长／博导	专家
11	邓晓华	厦门大学人类学系、厦门大学人类博物馆	副馆长／博导	专家
12	潘守永	中央民族大学人类学研究所	副所长／博导	专家
13	索晓霞	贵州省社会科学院	主编／研究员	专家
14	刘锋	贵州大学人文学院	教授	专家
15	李黔滨	贵州省博物馆	名誉馆长／研究员	专家
16	朱良津	贵州省博物馆	副馆长／研究员	专家

8月中旬，潘守永教授提交了《贵州省博物馆新馆陈列大纲》初稿，经省博物馆内部初步审核，要求进行调整。8月31日，邀请了省内外专家对修改后的陈列大纲进行研讨，要求进一步充实陈列大纲编写力量，由中央民族大学和复旦大学联合承担，省博物馆配合。10月19日上午，省博物馆组织由中国革命军事博物馆、浙江省博物馆及云南省博物馆组成的展陈专家，召开陈列大纲比选会，对北京大学杭侃教授、复旦大学陆建松教授及中央民族大学潘守永教授编制的参选大纲进行比选，以无记名投票方式，确定陆建松教授编制的大纲中选。同日下午，省博物馆召开陈列大纲编写内容提升会议，除省外文博专家外，还邀请省内历史、民族、展陈方面的专家，对陆建松教授编写的陈列大纲进行深入讨论，对建筑空间与展陈之间的关系进行研究，并要求11月上旬交稿。

11月20日，完成《贵州省博物馆展览内容大纲》（送审稿），25日、29日及12月1日，博物馆先后3次召集馆外文博界专家和馆内业务骨干进行讨论，提出修改意见和建议。要求大纲突出"多彩贵州"主题，按照文化人类学的视野阐释文物，体现"多元一体"贵州特色，从不同角度展示神秘多彩的贵州文化。12月11日，博物馆再次召开陈列大纲讨论会，对部分章节进行调整、强化及升华，明确展览结构框架。要求文物征集组密切配合展览进行征集，初步确定"黔山红迹"和"聚珍汇宝——贵州馆藏精品展"作为专题陈列。12月20日至22日，大纲编制组与省博物馆专家组一起，进行逐章逐节讨论、审查，交流意见，确定了陈列大纲框架。要求月底完成文字修改、润色及装订，送新馆建设指挥部确认后向新馆建设领导小组汇报。

2月12日上午，新馆建设领导小组召开了新馆陈列提纲汇报会，副省长何力主持会议，省委副书记李军，省委宣传部常务副部长李建国，省委办公厅、省政府办公厅、省发改委、省财政厅等单位领导参加。陆建松教授从新馆展览主题定位、功能定位、宗旨、理念、框架、策划设计流程、施工流程与概算、效果图等8个方面进行汇报。李军认为：以史带点的"贵州通史式"展示方法，不能突出贵州文化特点，建议以点带史，以重大历史事件和历史人物为切入点进行展开，用博物馆的语言向观众讲述贵州历史和民族文化故事，并要求摸清文物藏品家底，强调以物说事、以物说史。

2月21日上午，为落实李军关于组织专家深入研究新馆陈列如何"以点带史"的指示精神，省文化厅、文物局邀请省内历史、民族、古生物、考古等领域的专家，对大纲如何体现"以点带史"展陈思路进行深入研讨。会议认为，"以点带史"的展陈思路指明了新馆陈列方向，符合贵州实际和观众从博物馆获取信息的特点，陈列大纲要把贵州历史中的"点"凸显出来，如贵州古生物、史前文明、夜郎文化、土司文化、红色文化、民族文化及非物质文化遗产等文化亮点。处理好"点"和"史"的关系，考虑文物支撑情况，考虑非遗与文物结合、历史与民族结合，注重陈列知识性和准确性，吸纳现有学术成果，将几个方面高度统一。2月25日，李军批示：请抓紧提出新的大纲。4月中旬，新馆大纲完成内容调整，4月23日，指挥部向李军呈送《多彩贵州——贵州省博物馆展览内容初稿》，同日，李军批示同意按修改后的大纲初稿进行陈列布展施工招标。

新馆临展区试运行后，省委书记赵克志多次指出，新馆建设完成后，核心是抓好一个能反映贵州特色文化的优秀基本陈列，不能低于遵义会议纪念馆的展陈水平。

2015年6月4日，省长陈敏尔同志到新馆视察，指示：省博物馆建设是我省文化建设中的重大项目，要珍惜这一来之不易的历史机遇；要在建设工程、陈列布展以及博物馆运营上抓住贵州特色，提升博物馆品质，增强博物馆活力，将其打造成贵州文化惠民的新窗口；要围绕做好展陈建设、突出服务公众功能来开展工作；要把展陈形式和内容统一起来，在"历史贵州""民族贵州"两个基本陈列布展中，兼顾和融进"风光贵州""喀斯特贵州"等元素，将贵州人文历史与自然环境特色展现出来。

2017年4月14日，省委常委、省委宣传部部长慕德贵到博物馆新馆调研，指示：新馆开馆展览筹备工作不要赶时间，速度要服从质量，博物馆建设是流芳百世的事业，要精雕细琢。

此外，常务副省长谌贻琴、省人大常委会副主任龙超云等省领导也分别莅临新馆视察，对基本展陈工作如何抓住贵州特色、博物馆如何建设成具有活力的文化新阵地和贵州对外文化的窗口，作出了一系列重要指示。

（二）文物征集

2013年7月5日，省博物馆文物征集组赴黔西南州各地开展苗族、布依族文物征集，至12月17日征集情况如下：

7月15日至23日，在晴隆、普安、兴仁、贞丰、望谟及册亨县，征集到布依族、苗族、彝族服饰，回族穆斯林礼服共18套，布依族、苗族、彝族生产生活用具30多件。此外，在兴仁县马家屯清真寺征集了一件具有一百多年历史的《古兰经》手抄本，与贞丰县的土法造纸作坊业主达成协议，拟征集一整套的传统造纸设备。

7月24日至30日，在毕节市、黔西南及黔东南州，征集到苗族服饰7套、布依族蜡染、绣花床单7套、服饰2套、蜡染裙边1件，制酒、蒸饭甑子1套，土法榨油机1套，收割工具1套，捕鱼工具3件，织布机2台。

8月1日至6日，在毕节市、黔西南及黔东南州，征集到苗族服饰9套、苗族服饰绣片2件，麻纺布织机1台、麻线纺线机1台、麻线绕线器1台、竹背篓1个、舂米用具1套、木匠工具1套、竹筏2只，以及生产、生活用具30件。此外，在黄平县征集苗族龙舟1艘，长21米。

8月7日至13日，在纳雍县，征集到苗族挑花彩色蜡染图案女装2套，苗族挑花蜡染图案女装1套，苗族挑花图案女装1套，苗族挑花背扇1件。

8月14日至20日，在兴义市及册亨、安龙、普安等县，征集到布依族服饰6套、织布机1台、雕花床1张，预订布依族织彩纹布织机1台。

8月28日至9月3日，在大方县，征集到苗族服饰23件（套）；在雷山县，征集到织布机2台、短裙苗刺绣女衣3件、织锦围腰2条、飘带裙2条、超短裙32条。

9月4日至10日，在从江及赫章县，征集到瑶族、苗族、彝族、侗族及壮族服饰12套，侗族纺纱车及附件4套，侗族渔具7件，侗族卧式榨油机1台，彝族服饰纹样剪纸2套。

9月11日至17日，在从江及威宁县，征集到苗族、彝族、布依族服饰共35套（件），苗族工艺品及乐器13件，苗族编织机1台。

9月18至24日，在从江县，征集到苗、侗、壮、瑶族服饰34套，榨油机1台，纺织机1台，生产生活用具近100件。

9月25日至10月1日，在从江县，征集到苗、布依、汉族服饰10套，织布机1台，织带机1台，石磨1套，沙陶7件，撮泰吉服饰6套。

10月23日至29日，在毕节市七星关区，征集到苗族服饰4套32件，织花机1架。

11月13日至19日，在黎平县，征集到侗族女装26套、男装3套，苗族女装4套，侗族藤纹银手镯1对、竹器4件；在从江县，征集侗族景泰蓝掐丝银手镯1对，侗族錾花铜手镯1对，侗族银锁1件，侗族银花鞋1双。

11月20日至26日，在毕节市，征集到苗族服饰7套、弯管芦笙1支、蜡刀2只。

11月27日至12月3日，在黔东南州，征集侗族文物4件（套），苗族文物17

件（套），壮族服饰 1 套。

12 月 11 日至 17 日，在三都水族自治县，征集到苗族织锦及刺绣鼓藏幡 8 幅，苗族织锦百鸟衣 5 套。

同时，启动文物清库工作，7 月 15 日，送 12 件馆藏文物至中国文化遗产研究院修复，其中，有铜车马（汉代）、韩琦书札（宋代）、金冠（明代）等一级珍贵文物 5 件，次年 8 月修复完成。

此外，省博物馆文物科技保护中心也为基本陈列进行了文物修复准备工作。

五、新馆开馆

（一）临展区开馆试运行

2015 年 1 月 24 日，贵州省博物馆举行了简洁但隆重的新馆临展区开馆试运行仪式（图 5），省委常委、宣传部部长张广智宣布省博物馆新馆开馆试运行，副省长何力

图 5：2015 年 1 月 24 日新馆临展区开馆试运行

出席，省文化厅、省发改委、省财政厅、省建设厅、贵阳市人民政府、意大利驻重庆总领事馆、意大利都灵萨包达博物馆及其他各有关部门和施工单位负责人参加了开馆仪式。

试运行当日，推出了"璀璨的欧洲绘画：16—18世纪的绘画艺术油画展""掭翠融青——浙江青瓷展"及"贵州画家展——彩墨黔山"等3个展览，并进行多场贵州非遗演出及反映贵州三叠纪时期的4D影片播放，同时，开发100多种文创产品销售，基本完成了2015年年初开馆的目标任务。至9月7日，在试运行期间，还引进了"西班牙苏比拉克雕塑展""瓷上园林展""邱石冥书画展"等展览。共接待观众20多万人次。

（二）全面开馆

按照省领导在基本陈列展览上的有关指示精神，在新馆建设指挥部的领导下，省博物馆对陈列大纲、多媒体内容及展出文物多次组织专家进行反复论证、充实及提升，并与展览设计施工单位紧密联系，对布展装修材料及展览各部分设计效果图进行无数次调整、修改及细化，至2017年9月底，完成了基本陈列《多彩贵州》及《青少年数字互动馆》的装饰装修及文物布展任务。同时，完成了临展"牢记嘱托 不忘初心 走好新的长征路——迎接党的十九大特展"及"帝国记忆 夏宫往事——俄罗斯彼得霍夫国家博物馆藏文物特展"的布展工作。

9月30日，新馆举办了全面开馆仪式。省委常委、省委宣传部部长慕德贵，副省长何力，省人民政府副秘书长潘小林，国家文物局副局长关强，国家文物局博物馆司副处长支小勇，河北博物院副院长刘栋，俄罗斯彼得霍夫国家博物馆保护与研究部安娜·利亚什科（Liashko Anna），Mondo Mostre公司史蒂芬·希尔瓦尼（Stefano Silvani）及娜塔莉亚·拜玛（Natalia Baima）出席开馆仪式，此外，还有中国文物交流中心、省文化厅、省文物局、贵阳市政府、观山湖区和省内主要博物馆、纪念馆、新闻媒体及参加新馆建设的设计和施工单位有关人员也参加了开馆活动。省文化厅厅长徐静主持开馆仪式，关强、何力做了重要发言，慕德贵宣布新馆全面开馆。（图6）

图 6：2017 年 9 月 30 日，新馆全面开馆

六、新馆建成的重要意义

贵州省博物馆新馆建设，从提议新建到全面建成开馆，历经 18 年，这一工程是惠及全省 3000 余万各族群众的民生实事，是建设多彩贵州民族特色文化强省的重要举措，凝聚着全省人民的重要期盼。

贵州省博物馆是贵州省最大的综合性地志博物馆，是贵州重要文化窗口和公共文化教育基地，新馆建成开馆不仅是贵州省博物馆，也是贵州文博事业实现跨越式发展的重要里程碑。

新馆不仅彻底改善了馆藏文物的收藏、保护和展示条件，各项配套设施得以完善，教育服务平台得以提升，在促进地方经济建设和文化发展方面也将起到积极作用，成为支撑贵州大发展、大繁荣的重要精神力量。

贵州独具特色的少数民族、古生物、夜郎、土司、屯堡、红色及"三线"建设文化，都是贵州极其丰富和珍贵文化遗产的典型代表。贵州省博物馆将以新馆建成开放为契机，依托"多彩贵州"基本陈列，书写好民族贵州、历史贵州的精彩篇章，秉承开门办馆的理念，广聚人才、深耕业务、厚积薄发，发挥龙头馆的带动作用，整合全省力量，用好博物馆平台，用活博物馆资源，不断提升自身办馆质量和博物馆公共服务水平，充分发挥博物馆在多彩贵州民族特色文化强省建设中的积极作用。

贵州省博物馆开馆后，将进一步加强基础工作，加强文物收藏和利用水平，加强文物研究和展览展示，加强与国内外文化机构的交流合作，加大文化创意产品开发，充分发挥博物馆的教育、收藏、研究、展示功能，不断提升其文化影响力，使之成为我省文物收藏展示的中心、文物研究交流的中心、青少年教育活动的重要基地、对外宣传的窗口、精神文明建设的地标，在多彩贵州民族特色文化强省建设中写下更加绚丽的篇章。

附：贵州省博物馆新馆参建单位名单

进场时间	承担内容	公司名称	进场方式
2003 年 2 月	编制《贵州省博物馆新馆选址报告》《贵州省博物馆新馆项目建议书》《贵州省博物馆预可行性研究报告》	北京艾佳维建筑设计顾问有限公司	委托
2007 年 3 月	编制《贵州省博物馆新馆工程选址报告》	贵州省建筑设计研究院	委托
2007 年 3 月	编制《贵州省博物馆新馆建设规模及投资估算》	贵州省建筑设计研究院	委托
2007 年 5 月	组织《贵州省博物馆新馆建筑方案设计国际邀请竞赛》	国信招标有限责任公司	委托
2007 年 10 月	建设项目法律咨询服务	国信招标有限责任公司	委托
2007 年 10 月	编制《贵州省博物馆新馆建设项目建议书》	贵州省国建投资咨询公司	委托
2008 年 4 月	新馆水文地质勘探	贵州新生代建材地质工程勘探院	委托
2008 年 11 月	编制《贵州省博物馆新馆建设项目可行性研究报告》	贵州省建筑设计研究院	委托

2009 年 6 月至 2013 年 6 月	组织招标代理服务	国信招标集团有限公司	比选
2009 年 10 月	工程方案及施工图设计	清华大学建筑设计研究院、惟邦环球建筑设计（北京）事务所、贵州省建筑设计研究院 3 家设计联合体	邀请招标
2010 年 5 月	项目建设管理服务（代建）	达华工程管理（集团）有限公司	公开招标
2010 年 6 月	工程勘察	贵州省工程勘察设计研究院	公开招标
2010 年 6 月	施工用电、用水、场地围墙及初勘监理	达华工程管理（集团）有限公司	委托
2010 年 7 月	配电工程施工	贵州能通电力建设工程有限公司	委托
2010 年 8 月	百年一遇洪水高程计算成果报告	贵州聚龙水利科技有限公司	委托
2010 年 10 月	开工奠基仪式主席台搭建	贵州博苑文化艺术商务展览中心	委托
2010 年 10 月	工程监理（施工阶段及工程保修阶段）	贵州省建筑设计研究院	公开招标
2010 年 10 月	基坑工程	贵州建工集团第一建筑工程有限责任公司	公开招标
2011 年 6 月	详勘监理	达华工程管理（集团）有限公司	委托
2011 年 6 月	消防性能化评估	四川法斯特消防安全性能评估有限公司	委托
2011 年 9 月	临时围墙工程	贵州富腾建筑工程有限公司	委托
2011 年 10 月	法律顾问服务	贵州中创联律师事务所	比选
2011 年 11 月	电力工程——阳建线迁改	贵州德辉电力设备安装有限公司	委托
2012 年 4 月	基坑支护设计	贵州省建筑工程勘察院	委托

2013 年 5 月	环境影响评价报告编制	贵阳市生态环境科学研究院	委托
2013 年 6 月	项目建设管理服务（代建）	金阳建设（集团）有限公司	邀请
2013 年 6 月	建设用地地质灾害危险性评估	贵州省地矿建设工程施工公司	委托
2013 年 6 月	地形地貌测量	贵州省第一测绘院	委托
2013 年 7 月	跟踪审计	贵州黔正工程造价事务所	省审计厅批复
2013 年 7 月	代建管理服务	贵阳金阳建设投资（集团）有限公司	委托
2013 年 7 月至 2015 年 1 月	组织招标代理服务	贵州环水招标有限公司	邀请
2013 年 9 月	建筑安装工程	中国建筑第三建设建设工程股份有限公司	公开招标
2013 年 11 月	建设项目苗木移植绿化工程	贵阳奇洋园林有限公司	委托
2013 年 11 月	建设林城东路道口开设工程	贵州遵义市市政工程建设总公司贵阳第一分公司	委托
2014 年 2 月	建设项目使用林地现场查验	贵州林业学校林业调查规划设计队	委托
2014 年 3 月	消防设施工程施工	盛云科技有限公司	三局分包
2014 年 6 月	电梯安装工程	贵州省顺天电梯工程有限公司	三局分包
2014 年 8 月	专题和机动展区装饰装修布展设计施工	广东省集美设计工程有限公司	公开招标
2014 年 8 月	10KV 电气设计	贵州大学勘察设计研究院	委托
2014 年 10 月	智能化系统和安保系统设计施工	贵州信通达智能工程股份有限公司	公开招标

2014 年 10 月	展区外二次精装修设计施工	中建三局东方装饰设计工程有限公司	公开招标
2014 年 10 月	绿化及室外工程	贵州建工集团第八建筑工程有限责任公司	公开招标
2014 年 10 月	详勘监理	贵州国龙项目管理咨询有限公司	委托
2014 年 11 月	民族贵州展区装饰装修布展设计施工	金大陆展览装饰有限公司	公开招标
2014 年 11 月	历史贵州展区装饰装修布展设计施工	北京清尚建筑装饰工程有限公司	公开招标
2014 年 12 月	压覆矿产资源评估	贵州天辰地矿技术咨询有限公司	委托
2014 年 12 月	流量计安装工程施工	贵阳市筑水建筑安装工程有限责任公司	委托
2015 年 5 月	使用林地可行性报告调查	贵州林业勘察设计有限公司	委托
2016 年 3 月	基桩基底雷达探测	贵阳建筑勘察设计有限公司	委托
2016 年 5 月	青少年数字互动馆装饰装修布展设计施工	金大陆展览装饰有限公司	公开招标
2016 年 5 月	基本陈列民族展区多媒体制作	江苏爱涛文化产业有限公司	公开招标
2016 年 5 月	基本陈列历史展区精品展柜安装	天津旺达展柜有限公司	公开招标

贵州省博物馆大事记

（1949~2018年）

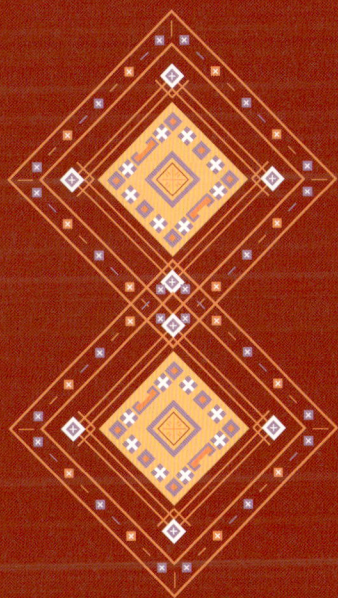

贵州省博物馆大事记
（1949~2018 年）

李甫

1949 年

11 月 15 日，贵阳解放，中国人民解放军贵阳军事管制委员会文教接管部社会教育处先后接管民国政府遗留下来的图书馆、民众教育馆、艺术馆等文化企事业单位。

1950 年

5 月，贵阳市军事管制委员会文教接管部改为贵州省人民政府文教厅。

1951 年

6 月 11 日，省文教厅拟定了《为发动各界人士捐献各种文物通知》，在《新黔日报》连续刊登 20 次。

6 月 23 日，省文教厅致函贵州大学、贵阳师范学院、贵阳医学院、贵州民族学院、贵州省科普协会等单位，要求推荐对博物馆素有研究者为省博物馆筹备委员会委员。

8 月 1 日，省文教厅成立文物审定委员会，负责文物鉴定、评价工作。吴雪俦为主任委员，向知方为副主任委员，肖家驹为秘书。

10 月，省文教厅增聘方为范、陈恒安二人，连同原聘李紫光、胡亚民共 4 人，组成文物保管室，负责整理、登记及保管文物。

10 月 19 日，文物保管室迁贵州人民科学馆办公。

是年，各界共捐献图书 38275 册，实物 264 件，碑帖、墓志印本 1157 件，拓片 325 件，字画 503 件。其中，由文物保管室收藏的图书 74 种，经文物审定委员会鉴选，共收购各种文献 848 册，字画 72 件，实物 13 件。

1952 年

1 月 9 日，中共龙里县委办公室将"土改"中收集的部分古代契约送文教厅文物保管室收藏。

7 月，贵州省文化事业管理处（后改为贵州省文化局）成立，统一管理全省的文物工作。

10 月 10 日，贵州省文化事业管理处在科学馆召开文物审定委员会，初步建立了藏品接收、提取的规章制度。

10 月 30 日，民革贵州省分部筹委会将该会成员张涛保存的两箱何应钦及汪精卫之物交省文化事业管理处。

12 月 5 日，贵州省仓库物资清理调配委员会将保存在贵阳环城南路仓库的古铜器 6 件，计 1099 公斤交省文化事业管理处。

1953 年

1 月 3 日，根据西南区文化行政会议"关于调整本区各省人民科学馆的决定"，贵州人民科学馆改组为贵州省博物馆筹备委员会。

原科学馆副馆长熊其仁任主任，罗会仁任秘书，下设办公室、清理发掘组、历史调查征集组、民主建设资料征集组、保管组 5 个组。有职工 14 人，其中业务人员 9 人。年经费 2 万元。馆址位于贵阳市科学路原科学馆内。

年初，保管组接收省文教厅文物室的传世文物 2000 多件。

8 月 8 日至 18 日，从盘县运回《大藏经》一部，计 7174 册。

9 月 4 日，贵州省博物馆筹备委员会行文向西南文化局汇报工作，文物收藏数字为碑帖类 1076 件，字画类 645 件，古籍版本类 15344 册，陶瓷类 164 件，民族文物类 129 件（包括未交库的共 400 件），金属类 137 件，玉石器类 109 件，革命文物类 39 件，自然标本类 11 件，杂类 90 件。

是年，共收集文物标本 1801 件。其中，历史文物 1358 件，革命文物 72 件，民族文物 327 件，自然标本 44 件。

是年，在科学路召开首次文物鉴定会，鉴定了由文教厅等单位拨交及本馆搜集的各种传世文物，本馆罗会仁、方为范及文物审定委员会的专家参加鉴定。

1954 年

2 月 9 日，筹备委员会改名为"贵州省博物馆筹备处"，隶属省文化局。

2 至 10 月，筹备委员会在黔北、黔南和贵阳城郊进行考古调查。在遵义高坪出土明代金凤冠，在皇坟嘴发现大型宋墓。

10 月，曹泽田等人在平坝金银乡金家大坪水利工程工地第一次发现汉墓，出土铜洗、方格纹陶罐、铁三脚等文物 20 余件。

12 月初，筹备处在中苏友协会址举办"文物展览"，分三室，展出"革命文物""历史文物""出土文物"。这是中华人民共和国成立以来，贵州首次举办的较大规模的文物陈列展览，为期 14 天，观众 8 万余人次。

是年，筹备处共征集文物 3021 件，其中，历史文物 1235 件，革命文物 199 件，民族文物 67 件，社建材料 1502 件，自然标本 18 件。

1955 年

4 至 10 月，罗会仁、曹泽田等在沿河、印江、德江、松桃等地调查、征集革命文物，收集到《黔东特区第一次工农兵苏维埃大会纪录及决议》《各区乡联席会议决议》《自卫队名册》以及红三军委任状等多件革命文物。

11 月，筹备处接收省干部疗养院全部房屋，旋由科学路迁往太慈桥该院院址（原贵阳永初中学校址）办公。

是年，筹备处征集到号军首领朱明月颁发的起义布告"誉黄"和明十二辰带铭文铜鼓一面。

是年，新华书店陈世富向本馆捐献历代钱币百余枚。

是年，筹备处共征集文物 2487 件。其中，历史文物 417 件，革命文物 77 件，民族文物 108 件，社建材料 1832 件，自然标本 53 件。

1956 年

3月，贵州省计委下达指标，同意筹备处建新馆。选址北京路，经费57万元，建筑面积3808平方米，使用面积2547平方米。

6月以后，本馆由太慈桥迁雪涯路丁文诚公祠办公，文物库房暂留太慈桥干部医院内，并设专人留守。

8月24日，贵州省人民委员会批准并公布了由筹备处调查经省文化局申报的第一批省级文物保护单位共21处。

9月，省博物馆新馆的土方工程开工，10月底，陈列大楼的基础工程正式开工。11月2日，省人民政府批准了省博物馆陈列室的设计图。

是年，筹备处全年共征集文物标本1602件，其中历史文物476件，革命文物114件，社建材料468件，自然标本544件。

1957 年

春季，陈默溪等4人在平坝平庄、老鸡场发掘古墓葬7座，在平坝县尹关清理六朝古墓4座，出土器物及五铢钱共300多件。

2至9月，熊水富参加贵州、湖南少数民族社会历史调查组，在从江调查苗族史7个月，并编写《从江县加勉乡社会历史调查情况报告》。

3月15日至4月5日，陈默溪、牟应杭、袁有真等赴遵义皇坟嘴对南宋杨粲夫妇合葬墓进行发掘清理，出土的两面铜鼓被定为中国南方古代铜鼓八大标准器之一。

3至4月，曹泽田等赴惠水、大方、黔西、织金、独山等县调查洞穴41处，在21处洞穴中采集各种化石标本120余件。

12月，陈列大楼竣工，建筑面积3808平方米，使用面积2547平方米，先后共拨款57万元。

12月中旬至1958年2月初，陈默溪等在清镇琊珑坝、苗坟坡发掘古墓葬19座，出土文物301件。

1958 年

年初，办公楼、文物库房及宿舍落成，办公楼建筑面积754平方米，文物库房331平方米，二层楼宿舍547平方米。

1月8日，经中共贵州省委宣传部批准，省文化局任命吴业君为博物馆副馆长。

3月9日，罗会仁从遵义会议纪念馆拨回革命文物316件。

5月1日，省博物馆正式对外开放，推出"贵州矿产资源""贵州出土文物""贵州少数民族美术工艺品""历代书画"4个专题陈列展览。为配合展览，同时分别编印4个展览的"简介"小册子。"贵州矿产资源"陈列至1959年止。

8月1日，举办"红军长征文物""大跃进先进事迹""现代绘画"3个专题展览。展出1个月，观众1万余人次。

是年，成立了党支部，副馆长吴业君兼党支部书记。

是年，全年共征集文物标本2933件，照片及文字资料1510件。

是年，本馆职工总人数31人，其中业务人员27人，大专学生16人。

1959 年

1至4月，配合猫跳河一级电站建设工程，在清镇、平坝开展文物调查工作，在尹关、珑珑坝等地发现了自汉至宋时期的古墓葬300余座，重点发掘了其中的140座，出土文物1068件。

4至5月，本馆拨交中国革命博物馆革命文物22件，照片2张。

4至6月，派出两个工作组分赴凯里、天柱、锦屏和安顺、纳雍等地征集民族文物，获得有关生产斗争和阶级斗争的实物200余件。

7至9月，本馆拨给中国历史博物馆出土文物及金器、漆器等复制品、拓片共51件。

10月10日，"贵州省十年经济建设成就展览"在本馆展出。历时2月，观众达16万人次。

10月24日，中华人民共和国副主席董必武来黔视察工作，参观"贵州十年经济建设成就展览"和"贵州矿产资源"陈列后，即兴题诗一首云："斩棘披荆辟坦途，十年生聚有规模。若论地下资源富，天府名应属此区。"

是年，省博物馆征集到解放贵州的第一面军旗和《大汉军政府布告》《张石麟先生光复记功碑》等重要革命文物。

是年，贵州省档案馆拨交"中国工农红军福州政治部布告"、锦屏宰古寨侗族杨胜乾老人捐献的"出路在哪里"红军传单给本馆。

是年，上海市文管会和上海博物馆为我馆提供一批明清书画入藏。

是年，姚氏将姚华《晴湖岸柳》山水堂幅等 21 件字画捐献本馆；陈恒安先生将收藏的 260 多册古籍图书及碑帖印本捐给本馆。

是年，筹备处共征集文物、标本及社建资料 3132 件，照片资料 1397 张。

1960 年

3 月，朱德委员长来黔视察工作，参观了本馆的"自然资源""出土文物""民族文物"及"社会主义革命和建设"陈列。

3 至 6 月，完成了遵义近郊文物保护单位的复查和树立标志等工作。

5 月 13 日，"自然资源""出土文物""民族文物"及"社会主义革命和建设"陈列正式开放。陈列面积为 2800 平方米，展出文物及标本 3370 余件。展览至 1963 年或 1965 年先后结束。

5 月，周恩来总理来贵阳视察，与总理同行的邓颖超同志参观了本馆的"自然资源""出土文物""民族文物"及"社会主义革命与建设"等陈列。

6 月 15 日，筹备处正式改名为贵州省博物馆。

6 月 23 日至 7 月 2 日，文化部文物局王冶秋局长来贵州视察文物工作，参观了本馆陈列和修文阳明洞，对博物馆的陈列和建筑给予高度评价。

是年，共征集到文物、标本 2360 余件，其中文物 137 份，参考资料 1280 余件，照片 1220 余张，模型 11 个。（从 1959 年开始到 1960 年，先后数次在清镇、平坝发掘汉、魏六朝古墓 100 余座，出土文物 1000 多件，其中有"元始三年"漆耳杯、漆饭盘和青瓷鸡首壶等珍贵文物。）

1961 年

3 月，张宗屏等赴省、市人民银行、市阶级教育展览馆及在吴禹承、万象涵先生处征集解放前的各种苛捐杂税、票证、纸币、当票等实物及当铺照片计 350 余件。

5 至 9 月，陈默溪、谭用中、牟应杭等先后组成两个工作组赴黔南、黔东南的 10 多个县及贵阳市开展近现代文物的征集工作，获得了一批重要的文物和文献资料，其中，有辛亥革命时期的《大汉军政府令》，康熙《贵州通志》十四、十五卷，贵州地下党组织刊物《真实》第一期等珍贵文物。

是年，举办"自然资源""出土文物""民族文物""红军长征在贵州""咸同时期贵州各族农民起义""社会主义革命与建设"等陈列展览，接待观众 26000 余人次。

是年，陈恒安先生向本馆捐赠文物 14 件，其中有元刻本《策要》、明刻本《贞观政要》；思南熊鼎新捐献肖次瞻烈士书信等革命文物 27 件。

是年，共收集文物、标本及文献资料 2270 件。

从 1961 年开始到 1978 年，先后在赫章可乐发掘古墓 200 余座，出土器物 1000 余件。其中有鼓形铜釜、干栏式陶屋等重要文物。

1962 年

1 至 4 月，完成一万多册图书的清理排架工作。

3 至 6 月，谭用中、顾隆刚赴兴义、兴仁、安龙、贞丰、普安、盘县、安顺、平坝等 11 个县调查征集太平天国革命时期贵州回民张翎翔、马河图起义的文物、资料 184 件。

5 月，文化部文物局对本馆工作提出以下要求：1. 目前及今后一段时间贯彻"八字方针"，以提高为主；2. 现有陈列要稳定，多搞征集、研究，打好基础；3. 按照邓小平 1961 年 6 月代表党中央审查中国革命博物馆陈列时的指示精神，社建部分的陈列十年内不搞，以后搞不搞再看，但材料应该收集保存；4. 要实行"五定"，即进一步明确馆的性质、方针、任务和发展方向，定五年规划，定组织机构和部门的职责关系，定干部的工作岗位和专业方向，定学习工作制度，建立正常秩序；5. 要有自己的特点，特别是陈列要百花齐放、丰富多彩，不要互相抄袭，千篇一律；6. 少数民族文物要抓紧收集；7. 抓紧培养业务干部。

是年，开展对咸同年间贵州少数民族起义的文物征集，收到文物、资料 184 件。（1965 年、1979 年、1981 年又多次开展调查，基本完成对民族起义军的文物征集。收集到其他文物 482 件，自然标本 89 件，各种资料 1000 余件。）

是年，收集文物 482 件，自然标本 89 件，各种资料 1000 余种。

1963 年

2 月，"阿尔巴尼亚民间艺术展览"在本馆展出，这是贵州首次接待外国展览。

3 至 6 月，在全省各地检查省级文物保护单位 36 处，树立了保护标志 34 块，建立了记录档案。

5月5日夜，出土文物陈列室被盗，有金鱼、金龙、金杯、金手镯等复制品14件，价值200余元。

5至7月，全面开展对红七军、红八军在贵州的文物征集。（1970年又继续进行，完成对这两支红军在贵州的活动历史的调查，征集到"怀公平乡苏维埃政府"印等一批重要革命文物。）

5月，中共贵阳市委、市政府拨交书画、碑、帖、铜器、瓷器、玉石等450件给本馆收藏。经鉴定，150余件具有文物价值。

8月，本馆开始"五反"运动。

10月22日，根据秦天真同志的提议，中共贵阳市委将北宋"韩琦书札卷"拨交本馆。

是年，共收集文物、标本1782件，初步鉴选了馆藏一级藏品80余件。

是年，接待观众20万人次。

1964 年

3月，陈恒安先生经贵州省文史馆介绍，在贵州工学院征集到《平刚日记》一部。日记时间从1914年至1951年止，共114册。

3至6月，与北京自然博物馆、武汉大学生物系联合组成动物采集队，在印江梵净山和遵义、贵阳、罗甸等地采集鸟兽类标本1200号；与贵州农学院土肥教研组合作，在梵净山、毕节、威宁、安顺、兴义、贵阳等地采集土壤标本20种。

8至12月，与中国科学院古脊椎动物与古人类研究所合作，在贵阳、安顺、普定、黔西等地进行调查，并在贵阳马王庙、黔西观音洞进行试掘。（1965年裴文中教授率领的发掘队赴观音洞进行发掘，出土旧石器4000余件。）

从1964年11月到1965年、1972年，在毕节、都匀和贵阳等地，选择重点，开展对村史和厂矿史的调查，获实物资料700余件，照片300多张。

是年，共征集文物1235件，自然标本379件。

是年，接待观众66251人次。

是年，职工总人数39人，其中业务人员33人，大专学生24人。

1965 年

3 至 6 月，董有刚、顾隆刚、李衍垣赴遵义、桐梓、习水、赤水等地收集红一方面军的文物资料；谭用中、张以容赴沿河、印江、德江等地收集红三军的文物资料；于建章等赴三都、天柱收集水族、侗族农民起义军的文物资料。三组共收集文物 250 余件。

3 至 6 月及 11 月，配合"四清"运动，在清镇、晴隆和遵义部分农村公社，征集反映社会主义教育及阶级斗争的材料。

8 月，本馆编写的《遵义杨粲墓发掘报告》（初稿）印刷油印本。

11 至 12 月，宋世坤、李衍垣、赵雅琴、张以荣等在平坝马场发掘六朝、唐宋墓葬 34 座，出土文物 448 件。

是年，入藏文物 678 件。接待观众 75307 人。

1966 年

3 月 20 日，举办"阶级教育展览"，至 5 月接待观众 8 万余人次。

5 月 17 日，党支部书记、副馆长吴业君在业务组长会议上宣布："现在开展'文化大革命'，业务工作不能按原计划进行，要作调整。"

6 月，按照文化局有关通知，成立"文革小组"，组长吴业君、副组长董有刚，成员有陈云、白联树、赵雅琴等 5 人。

7 月 1 日，领导"文化大革命"的省委工作组进馆，并召开大会动员职工积极参加"文化大革命"。

7 月 21 日，省委工作组宣布全天搞"文化大革命"运动，业务工作从此停顿。

11 月 23 日夜，北京第五十中学红卫兵学生在陈列室贴出大字报，称本馆的陈列展览是"反毛泽东思想的大毒草"，11 月 25 日，陈列室被迫停止对外开放。

是年，入藏文物 67 件。

1967 年

1 月 24 日凌晨，本馆"造反派"夺了党支部书记、副馆长吴业君的权。自此，"夺权小组"行使全馆的领导权。

6 月 23 日上午，省总指挥部组织"支红"派强行进入本馆陈列室，准备修改

"'文化大革命'展览"。下午,"支红"派被"411"派赶出陈列室,双方发生了冲突。

6月26日,省总指挥部组织贵阳医学院"三七"战斗团等单位冲入陈列室,与"411"派斗争,破坏许多陈列家具。

上半年,"贵州省无产阶级'文化大革命'展览"在本馆举办。

8月20日,"文化大革命展览会"的"411"派被"支红"派赶走,本馆派人进入陈列室清点文物、标本及家具。

10月26日,省革委文教办公室宣布"'文化大革命'展览会"的军代表柏承忠兼本馆军代表。

11月8日,"贵州省无产阶级'文化大革命'展览"迁贵阳市工人文化宫举办。

11至12月,清理陈列室的古代石刻、自然标本和陈列家具。

是年,本馆举办"贵州省无产阶级'文化大革命'""毛泽东思想胜利万岁"等展览,接待观众12万余人次。

1968 年

3月20日,本馆成立以军代表为核心的革命"造反派"、革命干部、革命群众"三结合"的革命委员会。吴业君、宋世坤、潘中亮为副主任委员,李衍垣、白联树为委员。

8月8日,省革委宣传办事组通知省博物馆革委会进行调整:1.吴业君为一般委员;2.袁凤桐为革委委员,白联树退出革委;3.李衍垣为副主任委员;4.潘中亮调省军区学习,军代表暂缺;5.宋世坤仍为副主任委员。

10月,举办"庆祝全国山河一片红"图片展览和"毛泽东像章展览",共接待观众5万余人次。

10月28日,经省革委宣传办事组批准,复制展出四川大邑举办的"泥塑收租院"展览。

11月1日,工人毛泽东思想宣传队进驻本馆。

1969 年

2月1日至12日,罗会仁、陈云、袁有真、李盟去贵阳市工人文化宫接收"贵州省无产阶级'文化大革命'展览"的展品。

3月1日,"泥塑收租院"展览正式开放。是日,贵州省第二届贫下中农代表会的5000余人参观了展览。展览至1972年结束,观众达20万人次。

7月15日,举办的"毛主席去安源"展览正式对外开放。

9月至12月,本馆筹办"川藏道上十英雄"展览。

12月1日,工人毛泽东思想宣传队撤出本馆。

是年,举办"毛主席去安源"和"川藏道上英雄"展览,接待观众5.5万余人次。

1970年

6月初,成立"三查"领导小组,组长为吴业君,成员有陈云、吴仕忠、白联树、钟光源。

6月11日,派职工20人去花溪区小碧公社二堡生产队参与双霖对贵州112地质大队在桐梓发现岩灰洞的进一步调查,并作短期试掘。

7月11日,罗会仁、于建章、段维新等参与举办"贵州省三查展览"。

是年,刘延良向本馆捐献"严寅亮行书对联"等字画百余件。

是年,社建自然组的社建部分并入历史组,改称"革命历史组"。

1971年

4月至12月,顾隆刚、于建章、刘锦、刘骥林等协助遵义会议纪念馆扩大布置辅助陈列。

11月5日,馆革委会的"补台"工作结束,"补台"后的革委会成员为:吴业君、宋世坤、李衍垣、白联树、赵承坤。

12月,宋世坤、张以荣参加陕西省第三次文物工作会议,并在北京参加了座谈会。国务院图博口的负责人指出,各省可先办出土文物展览,然后再办断代或专题陈列。

冬季,中国科学院古脊椎动物与古人类研究所和本馆自然组对桐梓岩灰洞作进一步调查。1972年9月举行发掘,出土古人类牙齿化石2枚,石制品12件,烧骨1件,动物化石25件。

1972年

3至4月,清理遵义高坪宋代杨文,明代杨升、杨纲、杨爱的大型石室墓4座,出土墓志铭、骑马俑等。

3 至 4 月，谭用中、张以容、唐文元等在黔西罗布垮一带清理东汉墓 16 座。出土铜镜、铜釜、弹筝俑、说唱俑、舞蹈俑、托几俑及陶猪等文物，颇具时代特征。

4 月，何凤桐、李衍垣在清镇干河坝清理石棺墓 84 座，出土文物 210 余件，这批墓葬的时代上限可到北宋时期，下限至于明初。

5 月 23 日，在本馆举办"全省美术作品展览"，连同原有的"泥塑收租院展览"和新布置的"出土文物展览"同时对外开放。

6 月，举办"劳动创造人展览"，接待观众 4 万余人次。

7 月，宋世坤、唐文元、赵雅琴、严平等在安顺宁谷徐家坟山一带发掘汉墓 6 座。

冬季，中国科学院古脊椎动物与古人类研究所李炎贤等再次发掘观音洞。

是年，我馆二级机构设行政组、考古组、革命历史组、美术组、保管组、群工组、图书资料室等 7 个组（室）。

是年，本馆恢复正常工作，在"文革"中，我馆的文物没受到冲击和破坏。

是年，共进馆文物 2350 余件。

1973 年

7 至 10 月，发掘黔西甘棠的汉墓 20 余座，出土器物 100 多件。

8 至 11 月，在毕节举办考古训练班，对部分县（市）文物工作人员进行培训。

是年，对水城艺奇公社硝灰洞旧石器时代遗址进行发掘，出土古人类牙齿化石 1 枚、石制品 54 件及一部分动物化石和人类用火遗迹。

12 月 13 至 14 日，中国革命博物馆副馆长董谦及中国人民大学教授胡华等 4 人来馆了解革命文物情况，并对筹办中的"中国工农红军长征展览"提供了宝贵意见。

是年，入藏文物共计 420 余件。

1974 年

4 月，承办贵州省革委举办的"批林批孔展览"，7 月开展，接待观众 4 万余人次。

是年冬，曹泽田赴兴义顶效采集"贵州龙"化石，并在盘脚营发现了猫猫洞旧石器时代文化遗址。（到 1975 年春，发掘出土人类化石 7 件，石器 4000 余件，骨角器 14 件，哺乳动物化石 150 件；1982 年又进行第二次发掘。）

1975 年

4 至 6 月，与遵义、息烽、修文、金沙、黔西等县文化馆共同组成文物调查组，对乌江电站水淹区及周围地区进行文物调查。

10 月，贵州省革委批准成立"贵州省革命文物、历史文物调查征集办公室"。省文化局副局长田兵任主任，本馆参与工作。征集任务是协调各方面的关系，运用社会力量，开展革命文物调查工作。

11、12 月及 1976、1987 年间，在兴义、兴仁发掘古汉墓 20 余座，出土大型铜车马、"巴郡守丞""巨王千万"铜印等器物 300 余件。

是年，举办"贵州野生动物"展览，接待观众 8000 余人。

是年，入藏文物 410 余件。

1976 年

7 月 13 至 17 日，省文化局在安顺召开"安顺地区考古工作现场会议"。会后，省博物馆在安顺宁谷进行考古调查，发现汉代遗址 2 处，古墓葬 120 余座。发掘汉至魏晋时期古墓 14 座，出土器物 118 件。并在发掘现场举办"亦工亦农考古训练班"。

10 月，本馆收藏的毛泽东手书"遵义会议会址"，原稿由中共贵州省委办公厅转交中共中央办公厅。

是年，举办"中国工农红军长征文物"展览，至 1978 年接待观众 4 万余人次。

是年，入藏文物 340 余件。

1977 年

春季，赫章县古达公社半坡生产队挖土筑墙时，出土一尊明洪武"碗口筒"铜炮，炮身铸有楷书铭文。

8 月，与省革命文物征集办举办"贵州省部分县、市红军文物汇报展览"，到 1978 年 4 月结束。

9 至 11 月，在赫章可乐公社发掘古墓葬 26 座，获出土文物数百件，并发掘新石器时代遗址 75 平方米，获得磨制石器 30 余件及部分其他实物。

是年冬，在毕节青场发现古文化遗址 1 处，采集磨制石器 63 件。

是年，二级机构设办公室、行政组、自然组、考古组、革命历史组、美工组、群工组、图书室等。

是年，入藏文物 630 余件，接待观众近 5 万人次。

从 1977 年 4 至 11 月，以及 1978、1979、1981、1985 年，在全省采集鸟类标本 880 号，兽类标本 15 号。

1978 年

1 至 2 月，考古组在赫章可乐继续完成 6 座汉墓的发掘工作。

2 月，在玉屏城关塔坡发掘明墓 1 座，出土衣物、发簪、墓志若干及完整的男尸 1 具。

3 月，谭用中等对广顺来远神仙洞旧石器地点进行发掘，获石制品 200 余件，骨器 10 余件、动物化石 9 种。

3 至 5 月，历史组在思南、铜仁、纳雍等县开展调查征集工作，收集到革命烈士遗物 47 件。

4 月，举办"红军文物征集汇报展览"。

7 至 8 月，在普定调查岩溶洞穴 40 多处，发现化石点 7 处。其中最重要的是穿洞和岩脚洞。（1979、1981、1982 年间，先后对穿洞、岩脚洞进行试掘和发掘。出土石器、骨器、动物及人类化石 1 万余件。骨器种类之多，为全国罕见。）

是年夏，举办"贵州野生动物资源展览"。

10 月，李衍垣、何凤桐等在威宁中水发掘汉墓，历时 36 天，发掘探方 17 个，墓葬 36 座，出土遗物 270 余件。

10 至 11 月，考古组在赫章可乐发掘古墓葬 126 座，出土了一批具有地方特色的文物。

是年，修建办公楼一幢，共 4 层 17 间，建筑面积 914 平方米。

是年，进行藏品分级，鉴选出一级藏品 85 件。

是年，入藏文物计 2240 余件。共采集鸟类标本 420 号。

1979 年

2 至 3 月，历史组在上海及浙江金华征集龙大道烈士的遗物和革命事迹材料。

4 至 5 月，曹泽田、王新金等对普定穿洞旧石器遗址进行试掘，出土石器、骨器、动物及人类化石 200 余件；蔡回阳等对普定白岩脚进行试掘，出土石器、动物及人类化石 100 余件。

5 月，丁毅同志将其爱人李策烈士在狱中的书信等遗物 10 余件捐献给本馆。

7 月 29 日，贵阳陈汤智先生写信向省革委、国家文物局和省文化局反映原省人委办公厅负责人曾从省博物馆提去多幅徐悲鸿绘画，建议追还。之后，由中共贵州省委信访处大力协助，多数画卷已归还本馆。

9 月，中国革命博物馆将中华苏维埃共和国各革命根据地印发使用的纸币、粮票、柴票及草票证等文物共 670 余件拨赠本馆。

9 月，贵阳医学院党委书记方士新向本馆捐赠越南胡志明主席 1940 年在昆明为他书写的中英文题字和刘家祥烈士为他奔赴延安参加革命的题词。

10 月，王启霖烈士之姐刘家瑞及聂汝达烈士之女聂云分别将两烈士遗物 20 余件捐赠本馆。

11 至 12 月，对威宁中水汉墓进行第二次发掘，共开探方 9 个，发掘墓葬 22 座，出土遗物 168 件。

是年，入库文物计 1270 余件。

1980 年

3 月，在思南出土明代张守宗妻尸，保存完好，四肢关节活动，肌肉有弹性。身穿衣裙及覆盖各种丝、棉、麻纺织衣物八九十件。丝织物有明显的民间纺织工艺特色。

4 月至 1981 年，举办"贵州革命烈士文物展览"及"明代古尸展览"，共接待观众 90668 人次。

6 至 8 月，清理松桃云落屯仙人岭的晋至南北朝悬棺葬 2 座、清理岑巩桐柏岩的明代悬棺葬 2 座。

9 至 10 月，在普安铜鼓山进行古遗址试掘，出土半两钱、石、陶、玉、骨、铜质生产工具和生活用品 300 余件。还发现有范模、陶灶、陶窑等遗物、遗迹，具有浓厚的地方色彩。

是年，征集到立于贵阳河滨公园右侧坡上的《张石麒先生光复记功碑》重要革命文物。

是年，入藏文物 521 件。

1981 年

5 至 6 月，举办馆藏"近、现代国画展览"，展出名家绘画作品 100 件。

5 至 6 月，本馆与中国科学院古脊椎动物与古人类研究所联合组队，对普定穿洞遗址进行首次发掘。

10 月，李衍垣、万光云对平坝飞虎山遗址进行试掘，第二层以下为旧石器时代文化堆积。获旧石器 532 件，骨角器 79 件，动物化石 10 多种以及新石器时代的文化遗物等，是贵州首次发掘出土的新、旧石器时代有地层迭压关系的洞穴遗址。其中带状纹的彩陶片是贵州考古新发现。

是年，入藏文物 690 余件。

1982 年

3 月，"明代古尸展览"在安顺、毕节、兴义、铜仁及四川乐山、重庆等地巡回展出，至 1985 年 4 月共接待观众 1022383 人次。

6 至 7 月，举办"馆藏姚华作品展览"和"贵州少数民族服饰展览"，接待观众 3000 余人。

11 月，与省文管会、省文化局文物处联合举办"贵州碑刻拓片展览"，展品 350 余件。

是年，改"考古组"为"考古队"。

是年，入藏文物 210 余件。

1983 年

1 月，孙日琨、张宗屏等向中国革命博物馆征集马克思生平事迹的底片 404 张，资料 10 余份。

2 月 8 日，已故贵州大学李俶元教授的亲属李同寿、李惠珠、詹蓉等将其收藏的名人书画、古代铜器等 118 件珍贵文物捐献给国家。10 至 20 日，在本馆举办了"李俶元教授捐献文物"展览。

4 月，铁道部高级工程师赵家檉将他收藏多年的《丁文诚公墓志铭》拓片 1 套（2 张）、丁宝桢手书楹联 1 副，《青草堂集》14 册捐赠给本馆。

6 月，考古队在务川大坪团堡进行调查清理，出土青铜提梁壶、釜、蒜头壶、鼎、扁壶及陶罐等 8 件文物。

7 月，张森水等对普定红土洞进行清理发掘，获石器 40 多件，角器 10 件。

是年，与有关单位联合举办"马克思生平事迹""贵州珍稀动物""内蒙古民族民俗"等展览，接待观众 42253 人次。

是年，入藏文物 510 余件。

1984 年

3 月中旬，谭用中、刘恩元清理惠水明墓 1 座，出土软尸 1 具及丝棉衣物等 22 件，其中万历《大统历》6 册，被棺液泡成"纸饼"，经保管部李盟进行技术处理，逐页揭取，并修补复原。

3 月初，梁太鹤、万光云等赴务川沙坝发掘汉墓 1 座。出土有陶釜、陶罐、残提梁器及五铢钱等 20 余件。

5 月，本馆编辑的《红二、六军团、红七军、红八军在贵州革命活动史料选编》印刷出版。

6 月 27 日，对本馆二级机构进行调整，建立"部室"，取消"组"，设办公室、陈列部、考古队、保管部（包括图书室）、自然部、技术部、研究室等 7 部室。

7 月，与省文管会合编的《红军在贵州》（画册）由贵州人民出版社出版。

7 至 9 月，席克定等对毕节瓦窑遗址进行首次发掘，发现房址 4 座，窑址 1 座，出土石器、陶器、骨牙器、铜器 200 余件。

是年，举办、联办"优生展览""贵州集邮展览""贵州少数民族头饰、服饰展览""清代皇帝皇后生活文物展览"及"侗寨古楼图片展览"，共接待观众 170517 人次。

是年，由自然部同志撰写的《绥阳宽阔水林区综合科学考察》，获得全省 1984 年科技成果三等奖，由省人民政府授予博物馆集体奖状。

是年，协助遵义会议纪念馆修改陈列，迎接遵义会议五十周年庆典。

是年，征集历史民族文物 301 件，发掘出土文物 3000 余件，采集动植物化石标本 2000 余件。

是年，接待观众 241717 人次。

1985 年

3 月，蔡回阳、王新金赴兴义、安龙进行考古调查，并清理菩萨洞旧石器时代洞穴遗址，获得动物化石、骨角器等 800 余件。

6 月，自然部赴雷公山、梵净山等采集真菌、地衣、苔藓及种子植物等标本 1837 份。

6 月，经中共贵州省委宣传部批准《贵州省博物馆馆刊》创刊号出版，贵州省文物管理委员会主任秦天真、副主任张一凡为创刊号题了词。

10 月 15 日至 11 月 16 日，与省"红学研究会"联办《红楼梦》百美图展览"。

12 月 20 日，乌江渡发电厂青年工人顾亭向本馆捐献书画 36 件。

是年，职工总人数 75 人（其中大专以上文化程度 30 人），除去脱产学习、留职停薪、长期病号外，共有业务人员 51 人，管理行政人员 12 人。

是年，与中国科学院古脊椎动物与古人类研究所赴毕节青场、官屯等处进行洞穴遗址调查发掘，获石制品及动物化石 2000 余件。

是年，举办"贵州苗族风情展览"（1986 年先后在贵阳、北京展出）。

是年，入藏文物 451 件，收购流散文物 70 件。

1986 年

3 月，举办"'文革'期间查抄文物认领展览会"，退还文物 200 余件。

8 月，举办"建国以来各界人士捐献文物展览"。

12 月，印刷装订《贵州省墓志选集》。

是年，国家文物局拨专款 75 万元修建文物库房（1987 年 8 月动工，1988 年 4 月竣工验收，2016 年 11 月拆除）。

是年，协助毕节筹办"纪念中华苏维埃共和国川滇黔省革命委员会"和"庆祝红二、六军团长征过贵州五十周年"展览。

是年，与有关省（区）联办"红军长征五十周年"六省联展，共接待观众 65000 余人次。

1987 年

1 月 20 日，亚运会射击冠军张卫刚捐献所获金牌，特此召开表彰大会。

2月，经省工会批准，成立工会，胡进当选为主席，梁太鹤、龚正英、蔡回阳、万光云当选为委员。

3月，成立社会教育部。

3月，与黔西南州文化局等单位联合成立"交乐汉墓发掘领导小组"，4至5月由省博物馆考古队主持发掘，黔西南州文化局及兴仁县文管所等单位协助配合，共同清理发掘汉墓13座。连同追回的被盗部分，共出土了包括铜马车、摇钱树、连枝灯等文物600余件。

5月1日，举办"全省民族民间剪纸展览"。

5月，蔡回阳、王新金赴织金打括乡化石点进行考察，获犀牛化石骨骼40余斤。

6月6日，社会教育部发起组建的"贵州青少年校外教育研究会"在贵阳成立。研究会由省博物馆，贵州省及贵阳市团委、教委、科协、图书馆、体委，贵州人民出版社及青少年宫近40个单位组成，约100人参加。副省长张玉芹为名誉会长、教委副主任任吉麟为会长，聘文化厅潘廷映及秦天真、韩子栋等为顾问。

8月，新建文物库房动工。

8月，组织"贵州省首届青少年爱文物夏令营"活动。

9月，贵州老画家工作组将贵州画家及部分省外画家作品600余幅移交本馆。

是年，与有关单位联合举办"贵州省民族民间工艺美术和个体户产品""小小天地"及"贵州省民族民间剪纸"等展览，共接待观众160799人次。

是年，进馆文物资料170余件。

1988年

1月，经省文化厅职改领导小组授权并审批，本馆组织成立了"贵州省文博中级专业职务评审委员会"，罗会仁任主任委员，董有刚任副主任委员。

2月5至10日，与贵州老年大学联合举办的"贵州部分名书画家作品展览"在本馆展出。

3月，全国人大常委会副委员长廖汉生、常委段苏权、中顾委常委肖克，以及贵州的老领导申云浦、秦天真、张一凡等为本馆"开馆三十周年纪念专集"题词。

4月3日至5月5日，与中国历史博物馆联合主办的"贵州苗族风情展"在北京中国历史博物馆展出，中共中央顾问委员会常委王首道、全国政协副主席司马义·艾买提和省长王朝文到会剪彩，接待来自美、英、德、日等 20 多个国家的外宾及国内外观众 3 万余人次。4 月 29 日，展览会在中国历史博物馆举行专家座谈会。

6 月，"可爱的贵州"大型基本陈列正式开放。

是年，入藏文物资料 189 件。

1989 年

2 月 18 日，考古队清理文物时，发现存放在标本室的赫章可乐汉墓出土文物 23 件丢失。

3 月 7 日，考古队清理文物时，发现标本室存放的兴仁交乐汉墓出土的汉代"金手镯""小金珠""银指环"等 10 件文物被盗。

3 月 16 日，在本馆召开庆祝贵州省博物馆开馆 30 周年纪念大会。

4 至 6 月，征集文物 30 余件，较有价值的有六枝特区农民罗启富在家乡山洞掘出的青铜器 13 件，其中，7 件大小不同的"西南夷"式青铜小编钟，最大者体表铸有纹饰及文字符号。

10 月，成立贵州考古发掘领队资格初评组。11 月 3 日，召开第一次会议，通过贵州省博物馆考古团体发掘资格及熊水富、宋世坤、程学忠、蔡回阳、王新金等个人考古发掘领队资格。

11 月 4 日，考古队在清理文物仓库时，发现赫章可乐出土的汉代铜镜四面和"水晶珠""玛瑙珠"等 11 件文物被盗。

12 月 23 日，陈列楼二楼陈列室的国家一级文物"西汉铜提梁扁壶""铜马""东汉铜梁壶""双耳铜洗"被盗（双耳铜洗次日找回）。

是年，清理、鉴定旧存"文化大革命"的实物、资料 900 件，其中选出 694 件作为社建文物入库。

是年，全年接待观众 65000 人次。

1990 年

2 月，《贵州省博物馆藏品志》（一）由贵州人民出版社出版。

2 月，贵州电力厂某青工向本馆捐赠宋代晚期铜鼓。

2 月 9 日，成立公安科，科长高华东，指导员陈龙元。

3月，成立贵州省考古研究所筹备处。

5月下旬，用本馆参考品与省文物商店交换明清瓷器64件。

5月22日，黔文物字第15号文批复，建立贵州省博物馆考古研究所，从博物馆调编15人，设所长1人，副所长2人，仍归博物馆领导。

6至7月，对馆藏数千件民族文物进行鉴定，定出一级藏品3件，二级藏品40多件，三级藏品近500件。

是年，省博物馆举办"贵州少数民族银饰服饰展览"，赴重庆、成都、太原、呼和浩特等地巡展。

1991年

3月22日至4月27日，胡进、黄桂彬、李学英、吴天庄、刘明福赴遵义仙人山采集鸟、兽类标本205号。

3月22日，任命张桂林任展览服务部主任，王新金任自然部主任，杨弘任社教部主任，唐文元任实验室主任，民族部合并历史部。

5月，潘成义、简小娅等赴毕节征集苗族银饰10余件。

5至11月，由中国科学院古脊椎动物与古人类所李炎贤领队，本馆蔡回阳、王新金共同主持，对安龙观音洞遗址进行第一次正式发掘，获石器、骨器、陶片等3万余件。

是年，黄桂彬、吴天庄应邀协助贵州科学院、北京自然博物馆等单位赴梵净山、黄果树、农干院等地进行野生动物考察，并制作生态标本，历时约40天。

1992年

1至3月，为配合"爱鸟周"宣传工作，与林业厅联合举办的"贵州野生动物展"在馆展出。

5月，戴亚雄被评为"全国少年儿童校外教育先进工作者"。

5至6月，吴天庄、黄桂彬协助黄果树风景区举办动物陈列，为其采集、制作标本70多号。

8月30日至9月20日，省政府组织"贵州少数民族文化艺术展示团"赴日本开展文化交流活动，陈云为展示团成员，本馆负责展览，提供展品在登别市"天华园"展出。

10月4日，举办"纪念黎庶昌诞辰155周年展览"。

1993 年

1月，成立"贵州博文展览服务公司"，公司受博物馆领导，实行独立核算，全部筹办资金由职工自愿参加集资，每份 1000 元，至 1995 年 3 月公司撤销。

5月，潘成义、唐文元、简小娅等到中国航空博物馆举办"贵州苗族银饰展览"，历时 50 天。

9月，王新金等赴岑巩县处理化石点，获得 10 种 50 余件动物化石标本。

12月，吴天庄、艾克非赴织金处理化石点，获得 10 种 50 余件动物化石标本。

12月，编辑出版《贵州田野考古四十年》。

是年，取消展览部及实验室，恢复陈列部。

是年，为纪念毛泽东 100 周年诞辰，策划并联合 22 个单位（包括省、市教委）举办"贵州百人百米少儿书画蜡染大型展览"，蜡染书画百米长卷一幅被中共中央办公厅毛主席纪念堂管理局收藏，12 月出版了《贵州百名少儿书画集》。

1994 年

5月 12日，省文直党〔94〕10 号文批准建立中共贵州省博物馆离退休干部支部委员会，孙日锟任支部书记，成员有孙日锟、顾隆刚、吴业君。

5月，成立文博副高评审委员会。

9月，举办"贵州文物珍品展"。

是年，为梵净山自然博物馆采集、制作现生动物标本 30 余号。

1995 年

3月 29日，国家文物局组织革命文物一级藏品鉴定专家万冈、夏传鑫、季迅如、王南、陈肇庆等 6 人到我馆开展鉴定工作，本馆提供藏品 35 件，确认一级藏品 15 件。

4至 12月，对安龙观音洞遗址进行第二次发掘，获得石器、骨器、陶片等 4 万余件；对安龙龙广镇七星洞进行试掘，获得标本 1000 余件。

9月，黔府办发〔1995〕85 号文件，成立贵州夜郎考古领导小组，成员本馆有谭用中、熊水富、梁太鹤。

11月，国家文物局鉴定专家组一行 9 人对馆藏历史文物进行评级鉴定，本馆提供 98 件文物，确认 41 件一级藏品，另对馆藏出土文物和传世瓷器等 720 件进行鉴选，拟评二、三级藏品约百件。

是年，鉴选馆藏 1950 年前邮票 216 种，计 1569 枚。

是年，征集流散文物 20 余件。

1996 年

年初，中共贵州省委和省人民政府把维修扩建省博物馆列为 1996 年十件大事之一。

4 至 5 月，帮助梵净山自然保护处制作标本 20 多件，国家一类保护动物标本 3 件，填补了馆藏标本的空白。

5 至 6 月，协助公安机关依法收缴古生物化石千余件，鉴定一级标本 29 件，一至二级标本 13 件，二级标本 119 件，二至三级标本 27 件，三级标本 171 件。

9 至 12 月，主持安龙观音洞第三次发掘工作，获得各种标本近 5 万件。

是年，举办、承办 10 个展览和 2 个展览会，接待观众 50 多万人次。

1997 年

1 月，省财政厅拨款 140 万元维修陈列大楼。1 月 31 日，维修开工，4 月底竣工。

5 月，"5·18"期间，同时推出"贵州风情展""夜郎寻迹展""贵州石文化展""贵州铜鼓文化展""贵州明清以来书画藏品展""贵州省国画院美术作品展"及"贵州少儿书画展" 7 个展览。在本省"5·18"总结表彰大会上，被评为先进单位。

11 月 20 日，举办"中国贵州国际蜡染联展"，澳大利亚、奥地利、阿根廷、英国、日本、印度、印度尼西亚、比利时、荷兰、加拿大、苏格兰、爪哇斯拉根共 12 个国家及地区的 18 位蜡染艺术家，将 21 件作品无偿捐赠给本馆。

12 月 19 日，被省委、省政府命名为"省级爱国主义教育基地"。

是年，自办、协办、承接展览 29 个，接待观众 30 余万人次。

1998 年

4 至 6 月，在铜仁地区、黔南州等地征集文物 130 余件。

6 至 7 月，自然部与贵阳市文化局、息烽县文化局共同对息烽龙背坡恐龙化石进行抢救性发掘，共获 2 个个体的恐龙化石 200 多件，是迄今贵州发现的个体最大、属种分布最多的一处"恐龙群体"地点。

9月5日，文化部部长孙家政到我馆视察工作。

10月19至23日，筹备并举办了"中国南方及东南亚地区古代铜鼓和青铜文化第四次国际学术讨论会"。

11月23日，举行建馆40周年庆典，国家文物局副局长董宝华，副省长龙超云，省人大常委会副主任龚贤永，以及有关厅局的领导及中国博物馆学会，上海、安徽、湖南、重庆、甘肃等地博物馆专家和领导，省内文博界人士和专家出席庆典活动。本馆推出"贵州省博物馆馆藏珍品展"。

11月，编辑印刷《贵州省博物馆馆藏文物珍品》画册、《黔博耕耘录——贵州省博物馆开馆40周年暨建馆45周年文集》，由贵州人民出版社出版。

11月，董有刚将退休后征集到的文物（复制品、历史照片、书籍共千余件），吴仕忠将20年拍摄的民族照片4000余张，无偿捐赠给省博物馆。

是年，本馆举办、承办、接待的展览、展销会有："全国民族服饰图片展""'高原明珠'摄影艺术展览""南京美术品展""98贵州美术作品展""中外艺术图书展""刘少奇业绩展""改革开放20周年暨周恩来总理诞辰100周年书画展""珍爱生命、拒绝毒品展""王忠诚同志事迹展""上海永佳羊毛衫展销""毕节熊头集团产品展示会""98贵州CAD技术应用推广及学术交流会""上海秋季服装展示会""全国城市建设档案工作成就展·贵州展厅"和"乌当改革开放成就展"等。全年共承办展览18个，展销、展示会6个，接待观众20万人次。

1999年

2月5日至3月1日，对馆藏2000余件革命（近现代）类文物藏品进行了二、三级的定级工作，初步评选定出一级藏品5件、二级藏品18件、三级藏品50件、珍贵照片40余张。

4月，王新金、吴天庄分别在修文（泥猪洞）、惠水摆金清水苑（大洞）发现两处古文化遗址，获标本约50件。

8月18日至12月11日，自然部对平坝县城关镇转坡发现的恐龙化石地点进行抢救性清理发掘，共获10个个体的恐龙化石800多件。

8月，省政府在上海举办大型旅游招商引资推介活动，本馆推出"向黔进·贵州观龙展览"。

10 月，为庆祝中华人民共和国成立 50 周年暨贵州解放 50 周年，举办"贵州文物精品展"。

12 月，在黔东南州、黔南州和铜仁地区征集民族文物，共入库 91 件。

是年，唐文元获省政府授予"贵州省首批省管专家"荣誉称号。

是年，本馆全年举办展览、展示活动共 42 个，接待观众 20 万人次。

是年，共征集文物 385 件，接受社会捐赠文物（资料）30 件。

2000 年

1 月，与云岩区教育局、云岩区机关工委联合组织的"纪念党的一大代表邓恩铭同志诞辰 100 周年"专题展览，在贵阳的 18 所小学、1 所大学巡展 12 天。

3 月，与省文化厅合编的《苗族银饰》一书，由文物出版社出版。

4 月，《贵州古旧文献提要目录》一书，获贵州省政府颁发的"贵州省第四届社会科学优秀成果奖"三等奖。

5 月，成立贵州省博苑文化艺术商务展览中心。

6 月，王新金获贵州省政府授予"贵州省先进工作者"荣誉称号。

6 月 14 日至 7 月 3 日，王新金、吴天庄参加由中国科学院古脊椎动物与古人类研究所、省地矿厅、省博物馆组成的"贵州省三叠纪海生爬行动物研究"课题组，调查了省内 4 个地、州、市及云南罗平的 30 余个化石点，采集化石标本 20 件。

11 月，对馆藏近现代书画进行鉴定，100 多件藏品被定义成文物。

是年，省人大和省政协提案建议新建贵州省博物馆。

是年，吴仕忠参与编撰的《中国苗族服饰图志》出版。

是年，技术部唐文元、胡进、吴晓秋等为遵义杨粲墓陈列馆复制杨氏家族的出土文物 90 多件，有陶俑 70 件及石刻、铜鼓、铜镜、铁器等。

是年，入库文物 337 件，整理待入库 476 件。

2001 年

1 月 17 日至 2 月 19 日，参加由省旅游局组织的"贵州民族文化展示团"，赴新加坡参加"春到河畔迎新年"大型文化商展活动，进行了贵州少数民族工艺品展销，举办了"贵州开阳风光摄影展"。

3 月，吴天庄等 3 人对修文县扎佐镇石猫猫二叠纪鳞木化石点进行发掘，获化石标本 13 件。

4 月，吴天庄、邓雪梅赴修文县六长镇马卢坊村调查处理化石点 2 处，获动物化石标本 59 件。

5 月，王新金等参加渝怀铁路沿线文物普查时，专程调查铜仁黔东水泥厂采石场化石点，发现 3 个较完整的剑齿象头骨、熊猫头骨等。

6 月 28 日，承办由省委组织部、省委宣传部、省文化厅等 8 家单位联合主办的"纪念中国共产党成立 80 周年大型图片展览"，接待观众 5.8 万余人次。

8 月 12 日，自然部赴贵阳朱昌镇百花村调查处理化石点一处，获哺乳动物化石 3 件。同时，新发现大河湾犺口洞古人类遗址，采集实物标本 100 件。

是年，主办、承办、协办和接办各类展览及人才交流会、展销会计 32 个。

是年，以完善苗族服饰库为主，征集民族服饰、银饰 184 件（套）。

是年，共征集文物 203 件。

2002 年

4 月 9 日至 19 日，对平坝县现存的侏罗系地层进行调查，发现恐龙化石点 3 处，石器地点 8 处，哺乳动物化石点 2 处，复查古人类文化遗址 2 处，共获标本 600 多件。

4 月 25 日至 6 月 9 日，首次自筹资金且举办"世界第八大奇迹——秦始皇兵马俑展"。

6 月，贵州省文物考古研究所从贵州省博物馆正式分离，工资及办公经费进行独立核算。

8 月 15 日，余英捐赠文物（资料）仪式在本馆举行，她是贵州省委原副书记徐健生的妻子，老红军，捐出徐老生前文物 68 件（套），资料 66 件（套）。

是年，由戴亚雄承担的国家文物局 2000 年度文物博物馆人文社会科学重点课题"中国博物馆教育与社区教育发展现状对策研究"顺利完成。

是年，省委、省政府下达新馆项目所需前期借款及预可研专款 160 万，完成《贵州省博物馆新馆建设项目建议书》。

是年，开启文物藏品数字化管理工作，输入一级藏品 131 件，二级藏品 161 件，三级藏品 38 件。

是年，入库文物 428 件。

是年，主办、承办、协办展览、展示活动 14 个，接待观众 20 多万人次。

2003 年

11 月 10 日，与考古所及文物保护研究中心联合组建"贵州文博信息网"。

11 月 14 日，成立博物馆"计算机信息中心"。

是年，完成《关于贵州省博物馆新馆建设项目选址方案工作情况汇报》《一中选址与省博博物馆选址优劣势比较》《土地测算、工程造价及投资总价比较》。

是年，完成金阳新区田野调查、毕节地区史前遗址基本数据采集和生态园林框架设计及室内标本整理。

是年，举办、承办及协办展览展示活动 20 个，接待观众 30 万人次。

2004 年

5 月 1 日，按照《文化部、国家文物局关于公共文化设施向未成年人等社会群体免费开放的通知》，本馆向未成年人免费开放。

是年，接待观众 20 万人次。

是年，向国家文物局申报《中国苗族服饰库文物征集方案》《馆藏文物保护修复方案》项目，通过国家论证。

2005 年

是年，向国家文物局申报《贵州水族地区水书抢救性征集项目方案》及《抢救征集贵州傩面及傩器具实施方案》，通过国家论证。

是年，协助毕节、遵义完成向国家文物局申报《毕节地区文物保护修复方案》《遵义地区文物保护修复方案》。

是年，完成由中宣部等部门主办、省委宣传部等部门承办，省博物馆协办的"伟大壮举 光辉历程——纪念中国工农红军长征胜利 70 周年展览"巡展。

2006 年

10 月，《贵州民族民俗概览》由贵州人民出版社出版。

是年，承接"西部文化产业昆明博览会"贵州厅布展，"中国（成都）第二届西部文化产业博览会"贵州厅布展，获得博览会的最佳创意、最佳展览及优秀组织奖。

是年，协助省考古所主持"黔西甘棠文物考古发掘""沿河洪渡文物考古发掘""金阳新区考古调查""善泥坡水电站库区淹没区文物调查"及"双河口、团坡、上尖坡、冗各、灰洞等 5 个水电站库区淹没区及施工区文物调查"；参加"国道主干线贵阳绕城公路南段小河区王宽村西段侏罗系红层"作探测性发掘、贵阳市环城公路进行墓葬发掘、开阳水电站及红水河水电站水库淹没区的考古发掘、贵阳市金华镇三铺村大山脚汽油洞遗址发掘等项目。

是年，承办由省文化厅主办的"贵州威宁中水考古发掘成果展"及"贵州省非物质文化遗产保护成果展"。

是年，与省文化厅共同出版《贵州文物精华》。

是年，征集文物 1000 余件，含郑珍等珍贵墨宝及青铜兵器等历史文物。

是年，入库文物 992 件，接受资料 25 份，装裱字画 19 件。

是年，举办、承办、协办展览 22 个，接待观众 26 万人。

2007 年

1 月，新馆立项工作被列入 2007 年省委、省政府"十件事实"之一。省文化厅成立贵州省博物馆新馆建设领导小组。

12 月 13 日，省发改委批准省博物馆新馆建设项目，选址观山公园北侧，占地面积 67.84 亩，建筑面积 3.1 万平方米（不含地下室），建设总投资 3.68 亿。

是年，完成新馆基本陈列提纲初稿编写，组织省内知名的历史、民族、古生物方面的专家对提纲进行了论证。

是年，征集苗族服饰 25 套，117 件。

是年，完成《毕节地区文物保护修复方案》。

是年，主办、承办、协办各类展览 20 多个、观众 30 余万人。

是年，在连云港举办"少数民族服饰展"、在杭州举办"霓裳银装——少数民族风情服饰展"、在江苏省博物馆举办"贵州少数民族服饰展"。在国际博物馆日期间，主办"贵州文物精华图片展""清代画家作品展"。在中国文化遗产日期间，引进了"黄宾虹书画展"、主办了"非物质文化遗产图片展""版本书画图片展"，承办了由文物局主办的"五千年金戈铁马与四次军事变革——军事科普展"，先后到20个部队及学校巡展，还举办了"贵州首届绿色食品展""走进奥运奇石展"等商业性展览。全年主办、承办、协办各类展览20多个，接待观众30余万人。

2008 年

4月5日，根据中宣部、财政部、文化部、国家文物局《关于全国博物馆、纪念馆免费开放的通知》要求，本馆向社会免费开放。

6月中旬至10月底，对基本陈列及庭院环境进行改造，10月30日预展，11月11日正式向社会开放。

8月1至6日，在花溪迎宾馆，组织召开了"新馆建筑方案设计国际邀请竞赛"，从45家参赛单位中选出3个优胜方案。

12月29日，省发改委下达了《关于贵州省博物馆新馆建设项目可行性研究报告的批复》项目总投资为3.8553亿元。

是年，省文物局拨款3万元，将"贵州文博信息网"更名为"贵州遗产网"。

是年，共征集苗族服饰20余套，150余件，文物库房接收藏品314件。

是年，举办、承办、引进及输出展览"开国之路——庆祝建国60周年红色经典油画展""徐悲鸿留在云贵的足迹展""千年瓷都——江西省博物馆藏景德镇瓷器展""多彩中华·中国的少数民族展览""云南古代佛教艺术展""徐悲鸿书画特展""七彩霓裳·云贵高原民族服饰展""黄宾虹书画展""霓裳银装——少数民族风情服饰展""抗震救灾　众志成城——2008中国抗震救灾大型新闻图片展""贵州少数民族服饰展"及"中国原生态·摄影大赛精品展"共12个。

是年，接待观众26万人次。

2009 年

6月16日，省发改委下发《关于贵州省博物馆新馆建设项目招标初步方案核准的通知》。

9月23日，经过国际邀请招标，新馆建设工程设计由清华大学建筑设计研究院、惟邦环球建筑设计（北京）事务所、贵州省建筑设计研究院设计联合体中标。

是年，成立了"贵州省博物馆新馆建设指导委员会"。

是年，完成并移交毕节地区青铜器修复国家课题文物100余件。

是年，完成遵义市博物馆文物复制、仿制122件（其中书画12幅）。

是年，完成"贵州省博物馆馆藏丝织品保护维修方案"国家级课题。

是年，举办、承办及协办展览"一个普通工人的水彩世界""开国之路——庆祝建国60周年红色经典油画展""徐悲鸿书画展""贵州省政协庆祝中华人民共和国成立60周年暨人民政协成立60周年活动书画作品展""多彩贵州·中国的少数民族展览""庆祝建国60周年暨贵州解放60周年老年书画展""徐悲鸿书画特展""邱石冥书画展""多彩中华展""第五届中国（深圳）国际文化产业博览会·贵州厅""遵义市博物馆基本陈列展"及"贵阳市警备区军史博物馆基本陈列展"共12个。

是年，接待观众40万人次。

2010 年

9月14日，省发改委下发《关于贵州省博物馆新馆建设项目初步设计的批复》，总投资为4.2338亿元。

10月31日，在观山湖公园博物馆新馆地块举行了隆重的开工奠基仪式。

是年，完成青铜器修复40余件。

是年，征集文物200余件（套）。

是年，举办、承办及协办展览"千年瓷都——江西省博物馆藏景德镇瓷器展"、"徐悲鸿书画展"（四川省博物馆、桂林博物馆、广西壮族自治区博物馆、青岛博物馆）、"云南古代佛教艺术展"、"名人名枪展"、"潘天寿书画展"、"俄国列宾美术学院中青画家作品展"、"莱茵河畔风情——旅德华人狄方敏藏德艺画盘展"、"明清书画展"、"大写贵州精神——贵州艺术家走进冷洞村美术作品展"及"第二届全省美术作品选展"共10个。

是年，接待观众50万人次。

2011 年

3月8日至4月8日，申报国家文物局《"十二五"可移动文物保护修复方案》项目。

是年，整修裱装书画文物 24 件。

是年，完成馆藏青铜器 30 余件修复工作。

是年，撰写《贵州省博物馆可移动文物保护与修复方案》8 个。

是年，征集民族服饰、银饰 280 余件。

是年，整理关岭县公安局 1996 年涉案收缴的古生物化石标本 412 件，含无脊椎动物 323 件、鱼类 8 件、贵州龙 20 件、陆龟 29 件、恐龙蛋 4 件、哺乳动物化石 28 件。整理零星地点的无脊椎动物化石标本 259 件。

是年，举办、承办、协办展览"贵州省第九届少儿艺术节美术、书法、摄影获奖作品展""青岛市博物馆馆藏明清书画家作品展""徐悲鸿书画展""贵州青年画院美术作品展""陕西历史博物馆馆藏铜镜特展""霓裳银饰——多彩贵州少数民族服饰艺术展""贵州非物质文化遗产展览""中国革命军事博物馆'功勋与荣誉展'""纪念中国共产党成立 90 周年——老年书画展""新疆民族文化展""贵州省纪念辛亥革命 100 周年书画图片展""大道之行——纪念辛亥革命 100 周年影像展"及"城市记忆——贵阳老照片"共 13 个。

是年，接待观众 55 万人次。

2012 年

5 月 7 日，按照省委、省政府指示，新馆建设工程暂停施工。

6 月，与宁夏博物馆合编的《霓裳银装——贵州少数民族文物辑萃》，由文物出版社出版。

10 月，出版《邱石冥画册》，由贵州人民出版社出版。

是年，举办、承办、协办展览"韩文来教授师生书画展"、"走进大千世界——吉林省博物院藏张大千绘画作品展"、"霓裳银装——多彩贵州少数民族服饰艺术展"（吉林省博物院、黑龙江省博物馆、宁夏博物馆、新疆吐鲁番地区博物馆等地巡展）、"青翠欲滴幽静素雅——馆藏青花瓷器展"、"莲生妙相——青海藏传佛教唐卡艺术展"、"水银泻地汞魂经天——万山精神特展"、"江南晨曦——良渚文化展"、"纪念中国人民解放军建军 80 周年老年书画"、"邓散木艺术展"、"湖南省画院作品展"及"墨喧莲动——名家荷花邀请展"共 11 个。

是年，接待观众 45 万人次。

2013 年

6 月 21 日，省委、省政府成立新馆项目建设工作领导小组，李军任组长，省委常委、宣传部部长喻红秋，副省长何力任副组长，下设现场指挥部。

6 月 28 日，省委书记、省人大常委会主任赵克志，省委副书记、省长陈敏尔，省委副书记、贵阳市委书记李军到新馆调研。省领导谌贻琴、廖国勋、王江平、何力，省直有关部门和贵阳市负责同志参加，标志着新馆重新开工建设。

11 月 8 日，国家文物局副局长顾玉才率队到新馆调研，强调尽量争取中央财政经费支持，建成国内一流博物馆。

12 月，出版《贵州省博物馆藏品集》，由贵州人民出版社出版。

是年，征集文物 600 余件（套）。

是年，完成馆藏文物修复 31 件，完成 80 余件动物标本的制作与保护工作。

是年，自办、协办展览"贵州省博物馆馆藏现代名家画展"、"霓裳银装——多彩贵州少数民族服饰艺术展"（山西博物院、上海刘海粟美术馆）、"雅俗共赏多姿多彩——馆藏清代瓷器展"、"筑藏泉宝汇通天下——贵州省博物馆馆藏钱币展"、"中华文化四海行活动"、"中国书画精品联展"、"贵州省第三届美术专业比赛获奖作品展"、"贵州省首届女美术家美术作品展"、"刘登祺收藏展之一——文明忠油画写生作品展"、"青年画展"及"贵州省首届文化艺术品——金黔盛世拍卖预展"共 11 个。

是年，接待观众 40 万人次。

2014 年

1 月 8 日，省委副书记李军率省发改委、省财政厅、省建设厅等单位领导到新馆工地慰问一线工人。

9 月 9 日，省委副书记李军，省委常委、宣传部部长张广智调研新馆建设工地，听取大厅、幕墙、室外环境等设计方案汇报。

9 月 24 日，中国工程院周丰峻等院士考察新馆建设工地，高度评价空腹夹层板技术在新馆建设中的应用。

12 月，出版《贵州省博物馆藏瓷器精品集》《贵州省博物馆藏书画精品集》《贵州省博物馆馆藏精选·徐悲鸿书画作品集》《贵州省博物馆馆藏精选·古代书画作品集（一）》《贵州省博物馆馆藏精选·古代书画作品集（二）》《贵州省博物馆馆藏精选·清代贵州画家作品集》《贵州省博物馆馆藏精选·现代贵州书画家作品集》《贵州省博物馆馆藏精选·姚华书画作品集》《贵州省博物馆馆藏精选·莫友芝书画篆刻作品集》《汇珍聚宝》《中国地方志集成》《稀见清代民国丛书五十种》等图书。

12 月，完成首部 4D 科普影片《贵州古生物王国》。

是年，接收藏品 596 件（套）。

是年，修复馆藏青铜文物 5 件，陶质文物 5 件，石质文物 2 件，保护修复馆藏书画 10 余件。

是年，馆藏东汉铜车马、鹭鸟纹蜡染裙套装、韩琦书札、金凤冠送到北京中国文化遗产研究院保护修复。

是年，举办、承办、协办展览"纪念"5·18 国际博物馆日"图片展""巾帼风采——贵州省女美术家小幅作品展"及"为民务实清廉——贵州省党的群众路线教育实践活动展览"共 3 个。

是年，接待观众 42 万人次。

2015 年

1 月 24 日，新馆临展区域开馆试运行，标志着新馆开馆。省委常委、宣传部部长张广智宣布新馆开馆试运行。

4 月 29 日，在新馆多功能厅召开了博物馆理事会成立大会，选举产生理事长 1 人，理事 13 人。

6 月 4 日，省委副书记、省长陈敏尔对新馆进行视察，强调展陈要突显民族文化特点。

9 月 9 日，省文物局颁发"可移动文物修复资质"证书。

9 月 15 日，经厅党组同意，新馆试运行结束，进入全面整改阶段。

是年，修复藏品 69 件，其中一级品 37 件，二级品 9 件，三级品 7 件。

是年，在俄罗斯实用艺术装饰博物馆举办"霓裳服饰——贵州少数民族服饰展"。

是年，申报《贵州省博物馆珍贵文物预防性保护》项目，获批经费 1148 万；申报《贵州省博物馆馆藏甲秀楼铁柱等铁质文物保护修复》项目，获批经费 100 万。

是年，举办、承办、协办展览"邱石冥书画展"、"璀璨的欧洲绘画艺术展：16—18 世纪的绘画艺术"（意大利）、"彩墨黔山——贵州画家作品邀请展"、"威尼斯之辉展"（意大利）、"大师妙迹——贵州省博物馆藏徐悲鸿书画作品展"、"苏比拉克中国巡回大展"（西班牙）、"掭翠融青——自然与心灵交融的青色世界"及"瓷上园林"共8个。

是年，接待观众60万人次。

2016年

7月至8月举办"丹青溢彩、翰墨留香——贵州省博物馆馆藏名家书画展""俏比琼琚——贵州省博物馆藏颜色釉瓷器展"共2个临时展览。

9月，获得国家文物局指定的第二批涉案文物鉴定评估机构。

9月至11月，贵州省博物馆原址划归给贵州美术馆，成立了搬迁工作领导小组，连续工作60余天，完成5.4万余件（套）馆藏文物、20万件化石标本、1.9万册古籍、3万册图书资料搬迁。

是年，完成贵州省博物馆藏铁质文物保护修复项目，共计200多件铁质文物的保护修复工作。

是年，完成馆藏鱼龙化石文物保护修复，共计11件。

是年，完成馆藏纸质文物保护修复项目，书画文物修复装裱31件、42幅、80帧。

是年，举办、承办、协办展览"丹青溢彩、翰墨留香——贵州省博物馆馆藏名家书画展"、"霓裳服饰——贵州少数民族服饰展"（俄罗斯）、"俏比琼琚——贵州省博物馆藏颜色釉瓷器展"及"徐悲鸿、齐白石书画展"共4个。

是年，接待观众25万人次。

2017年

3月22日，"贵博讲坛"第一期开讲。

9月30日，贵州省博物馆新馆全面开馆。

是年，博物馆全体职工通力合作，顺利完成8000余平方米的基本陈列布展工作。

是年，完成200余件基本陈列所需文物、展品的征集、验收和入库，按进度计划进行布展。

是年，举办、承办、协办展览"牢记嘱托　不忘初心　走好新的长征路——迎接党的十九大特展""帝国记忆　夏宫往事——俄罗斯彼得霍夫国家博物馆藏文物特展""扬州八怪书画联展""传承与流变——徐悲鸿、张大千书画展""徐悲鸿画展""霓裳服饰——贵州少数民族服饰展"及"王阳明展"共7个。

是年，接待观众38万人次。

2018 年

6月，举办西南博物馆联盟第五次会议暨2018年西南博物馆联盟年会。

10至12月，对"民族贵州""古生物王国"和"历史贵州"等基本陈列进行整改。

12月，贵州省博物馆、贵州省文物考古研究所及凤冈县文体广电新闻出版局联合编著的《玛瑙山：考古、文献与口碑》，由科学出版社出版。

是年，《贵州古建筑》获得贵州省第十二次哲学社会科学优秀成果奖二等奖，学术图书《王玉莲》获贵州省第七届文艺奖民间文艺奖二等奖。

是年，征集民族服饰和民俗、社会生活类文物200余件（套）；征集并入藏犀头骨化石1件、三叠纪古生物化石11件；接受捐赠收藏藏品39件（套）。

是年，文化创意店全面投入运营，销售区域近700平方米。

是年，打造"贵博假期""贵博课堂"及"贵博文创"等系列主题社教活动。

是年，举办、承办、协办展览"时光凝固的美丽：波兰琥珀艺术展"、"不朽之旅——古埃及人的生命观"、"海丝遗珍——清代广东外销艺术品展"、"逝去的风韵——西夏与播州文物展"、"文艺复兴展"（意大利）、"咱们的40年——纪念改革开放40周年展"、"扬州八怪书画展"、"黼黻文章——贵州民族服饰技艺展"、"贵州苗族服饰艺术展"（中国丝绸博物馆）、"盛筵——见证《史记》中的大西南"（重庆中国三峡博物馆）及"徐悲鸿画展"（宁夏博物馆、扬州市博物馆）共11个。

是年，开放317天，共接待观众58.14万人次。

后　记

　　2018 年，借助贵州省博物馆建成一个甲子之际，编写这本《征途——贵州省博物馆建成六十周年纪念专集》，加予纪念，既是对以往工作的回顾与总结，也是对今后工作的鞭策和鼓励。

　　本专集所涉内容，从贵州省博物馆的馆史、馆藏文物概况、文物类别特点、新馆建设综述及大事记等方面，对贵州省博物馆建馆 60 年来的藏品及研究情况进行了综合概括。执笔者均为本馆长期从事专业研究的同事，为撰写其中的文章，他们将多年从事的业务研究成果进行了归纳，付出了艰苦的劳动，在此，编委会谨向他们表示发自肺腑的感谢并致以崇高的敬意！

　　应该说，本纪念专集摆脱了"情况汇报""经验之谈"的模式，强化了博物馆业务研究，弱化行政属性，着重向广大读者阐释建馆以来所取得的收藏及研究情况，与其他类别的纪念文集有所区别。